高等院校医学人文系列教材

医学伦理学

主　编　吴　菁
副主编　戴正庆　邢晓源　王夏强
编　者　（按姓氏汉语拼音排序）
陈　龙　陈　燕　戴正庆
高月霞　刘　俊　邵春明
王夏强　王小平　吴　菁
杨　敏　仲亚琴　周逸萍

科学出版社
北　京

内 容 简 介

本教材为了契合医师执业考试的需要，根据医师执业考试大纲进行编写，教材涵盖了传统医学伦理学的内容，同时融入生命伦理学的主要内容。在编写中汲取了中外医学伦理学教材的精华和最新的医学伦理学研究成果，教材共十五章，涵盖医学伦理学基本理论、基本原则与规范、临床医学伦理、生命伦理、卫生经济伦理等内容。

本教材主要作为普通高等院校医学专业的本科生教学教材，也可作为医务工作者提高医学伦理素养的读本。

图书在版编目（CIP）数据

医学伦理学 / 吴菁主编. —北京：科学出版社，2018.1
ISBN 978-7-03-055635-6
Ⅰ. ①医… Ⅱ. ①吴… Ⅲ. ①医学伦理学-医学院校-教材 Ⅳ. ①R-052

中国版本图书馆 CIP 数据核字（2017）第 292560 号

责任编辑：王锞韫 胡治国 / 责任校对：郭瑞芝
责任印制：赵 博 / 封面设计：陈 敬

科学出版社出版
北京东黄城根北街 16 号
邮政编码：100717
http://www.sciencep.com
北京凌奇印刷有限责任公司印刷
科学出版社发行 各地新华书店经销
*
2018 年 1 月第 一 版 开本：787×1092 1/16
2025 年 1 月第七次印刷 印张：14 1/8
字数：401 000

定价：59.80 元

（如有印装质量问题，我社负责调换）

丛书编委会

前　言

“医乃仁术”是一个古老的命题，医学是一种爱人之学、人道之学。传统的医学目的就是治愈疾病、阻止死亡。随着科学技术的飞速发展，医学界追逐着技术的进步，人们对医学的期望值也在逐步攀升，然而，医学能够医治的疾病还不到人类疾病总数的30%，更多疾病连发病的原因和病理机制还仍不清楚。人们开始反思医学的目的，1996 年 11 月国际医学目的研究小组提出医学的目的应该有四个：预防疾病和损伤，促进和维持健康；解除由病灾引起的精神上和肉体上的痛苦；照料和治愈患者，照料和帮助那些患有不能治愈的疾病的人；避免早死，寻找安详的死亡。中国的古代医学思想也提出“大医医未病”“治病救人”的观念。简而言之，医学的首要目的应该是促进和维持人的健康，治疗和照料患病的人，而不仅仅是治愈疾病和阻止死亡。医学目的的异化带来了医学伦理新的挑战，促进医学伦理向生命伦理迈进。

本教材以国家医师执业资格考试大纲为重点，基本知识点涵盖国家医师执业资格考试现行大纲及其知识要点，既可作为本科临床专业学生的医学伦理学教材，亦可作为国家医师执业资格考试的用书。本教材在理论体系方面，医学伦理学理论的广度和深度要更加契合医学本科生；在教材体例方面，更加贴近现代教学理念和医学伦理学教学改革的需要，帮助学生在掌握医学伦理学基本理论的同时，学会医学问题的伦理决策。

本教材由吴菁编制大纲，吴菁、戴正庆、邢晓源、王夏强负责修稿、定稿。具体写作分工如下：第一章，吴菁；第二章，陈燕；第三章，周逸萍；第四章，刘俊；第五章，陈燕；第六章，王夏强；第七章，戴正庆；第八章，杨敏；第九章，杨敏、胡春花；第十章，陈龙；第十一章，邵春明；第十二章，王小平；第十三章，戴正庆；第十四章，高月霞、仲亚琴；第十五章，陈龙。

本教材是江苏高校品牌专业建设工程资助项目（Top-notch Academic Programs Project of Jiangsu Higher Education Institutions，TAPP）。在写作过程中得到科学出版社领导的关心和帮助，在此表示衷心地感谢！限于我们编写人员的水平，教材中难免存在缺陷或疏漏，我们诚挚地希望使用本教材的老师和同学能提出宝贵意见，以便我们不断改进，使本教材日趋完善。

吴　菁

2017 年 6 月

目　　录

第一章 伦理学与医学伦理学

第一节 伦 理 学

一、道 德

“道德”一词，在汉语中可追溯到先秦思想家老子所著的《道德经》一书。老子说：“道生之，德畜之，物形之，势成之。是以万物莫不尊道而贵德。道之尊，德之贵，夫莫之命而常自然。”其中“道”指自然运行与人世共通的真理；而“德”是指人世的德行、品行、王道。在当时道与德是两个概念，并无道德一词。“道德”二字连用始于荀子《劝学》篇：“故学至乎礼而止矣，夫是之谓道德之极”。“道”是事物发展变化的规律，“德”是指立身根据和行为准则，指合乎道之行为。道德说明人的品质、原则、规范与境界。

在西方古代文化中，“道德”（morality）一词起源于拉丁语的“Mores”，意为风俗和习惯。因为人的本性是不满足，人们最终的追求是幸福，所以道德就是为了维护我们的幸福而逐渐约定俗成的一些行为规范。康德有一句名言：“有两种伟大的事物，我们经常执着地思考它们，我们心中就越是充满永远新鲜、有增无减的赞叹和敬畏：我们头上的灿烂星空，和我们心中的道德法则。”

从中外“道德”一词的历史演变中至少可以看出两点：①道德的存在是一个客观的社会事实，自古以来，它就是人类社会生活的一个重要方面；②道德现象包含着极为广泛的内容，有着复杂的内部结构。

关于道德的定义，可以归纳为：是指生活在一定历史条件下的人们，对实践活动过程中必然产生和形成的人际关系、利益分配、法律制度和思想行为等进行价值判断、价值追求、价值选择、价值实现的总和，是人们行为活动的规范或行为的准则，是调整人与人之间、人与社会之间关系的行为规范的总和。

道德是源于人的需要，源于人的社会的存在发展需要，以保障社会存在发展为目的。它是社会生活环境中的意识形态之一，它是做人做事和成人成事的底线。它要求我们且帮助我们，并在生活中自觉自我地约束着我们。我们应该清楚地认识到，是道德的驱使才建立了人类的和谐社会；是道德的要求才有了社会群众团体组织；是道德的体现，使人们自尊自重自爱；是道德的鞭策，营造人与人的生活空间。道德虽不是生活必需品，可它对人的修养和身心健康有着不可替代的作用。因此，文明的人类是靠道德的建立作为保障的。

二、伦理与伦理学

（一）伦理

“伦”“理”二字在中国古代很早就已出现。《礼记·乐记》中说：“八音克谐，无相夺伦。”“伦”指音乐的节奏或旋律的适当安排。《孟子》有言：“察于人伦”“学则三代共之，皆所以明人伦也”。“伦”字开始具有人际关系的意味。东汉的郑玄在注《小戴礼记》时解释说："伦，亲疏之比也。"赵岐在解释孟子所谓伦的含义时则说："伦，序……识人事之序。"还有一种解释说"伦者，轮也"，一辆车要由两个轮子协调才能运转，轮比喻人群的协调、交往关系。还有一种解说为"伦者，纶也"。纶线连贯方为布帛，引申为人际交往或关系。但无论何种解释，古人之"伦"主要是指人际关系的。由于中国文化特别强调血缘伦理关系，人伦所表达的人际关系在许多时候讲的又是人的名分和辈分等。"有天地，然后有万物；有万物，然后有男女；有男女，然后有夫妇；有夫妇，然后有父子；有父子然后有君臣；有君臣，然后有上下。"

"理"是中国古代哲学的核心概念之一。庄子说："天地有大美而不言，四时有明法而不议，万物有成理而不说。""理"乃万物运行的成法。不过中国文化是伦理性文化，理的内涵也就会自然延伸到人文领域。所以孟子以"心之所同然者"为理，朱熹以"主宰心者"为理。《吕氏春秋》则说："理也者，是非之宗也。"理在这个意义上说当然是伦理，是道德的当然之则。将伦、理二字合用，最早也可追溯到《礼记·乐记》："乐者，通伦理者也。"伦理在这里当然主要是人伦之理了。所以，如从中国文化而言，伦理是人际关系及其调整的客观规则。

"道德"与"伦理"是伦理学中的两个核心概念，两者经常处于概念模糊和逻辑混乱的状态。道德作为社会意识形态是指调节人与人、人与自然之间关系的行为规范总和。伦理，从本质而言，是关于人性、人伦关系及结构等问题的基本原则的概括。道德与伦理是有着显著区别的两个概念，道德范畴侧重于反映道德活动或道德活动主体自身行为的应当；伦理范畴侧重于反映人伦关系及维持人伦关系所必须遵循的规则。道德是主观法，是自律的；伦理是客观法，是他律的。伦理是应然性的社会关系，表述的是社会规范的性质；道德表述的是一种精神和最高原则，道德将伦理客观化的道理、原则内化为内在的规范和德行，具有主观性。伦理构成了道德的基础和前提；道德则成为伦理的载体和形式。伦理更关注的是和谐，这是伦理关系的核心；道德则更强调规范，是伦理联系的外在形式。

（二）伦理学

伦理学（ethics）是以道德现象作为自己的研究客体，即研究道德现象并揭示其起源、本质、作用及其发展规律的学科。伦理学是对道德生活的哲学概括，所以伦理学也称为道德哲学。

我国著名伦理学家周中之将伦理学分为两大类：规范伦理学与非规范伦理学；规范伦理学分为普通规范伦理学和应用规范伦理学，非规范伦理学分为描述伦理学和元伦理学。

规范伦理学（normative ethics）是关于义务和价值合理性问题的一种哲学研究。直至元伦理学在 20 世纪出现以前，规范伦理学一直都是西方伦理学的基本理论形式。规范伦理学把研究的对象指向现实生活，强调通过探讨善与恶，正当与不正当，应该与不应该之间的界限与标准，论证道德的价值，制订道德的规范，以指导和约束人们的生活实践。其内部有三大理论，即功利论、道义论、美德论。

描述伦理学是对道德现象的研究，既不涉及行为的善恶及其标准，也不谋求制订行为的准则或规范，只是依据其特有的学科立场和方法对道德现象进行经验性描述和再现的伦理学。

元伦理学是以逻辑和语言学的方法来分析道德概念、判断的性质和意义，即对伦理学的性质、道德概念、道德逻辑分析和道德判断等进行研究，而不制订道德规范和价值标准，并且对任何道德规范、价值都采取中立立场的伦理学。

第二节　医学伦理学

一、医 学 道 德

（一）医学道德的概念

医学道德是医务人员在医务活动中形成的道德品质，用以调整医务人员与患者、他人、集体及社会之间关系的行为准则、规范的总和。医学道德包涵了医务活动中的道德现象和道德关系。

道德现象包括意识现象、规范现象和活动现象。道德意识是人们在道德活动及道德关系中形成并能影响它们的主观认识基础上的道德观念、情感、理论观点等。道德规范是判断善和恶、正当和不正当、正义和非正义、荣和辱、诚实和虚伪等道德准则。道德活动是在道德意识支配下，体现利益追求并可以用善恶标准加以评价的群体活动和个体行为的客观表现（道德教育、道德评价、道德修养等）。道德关系是由道德活动结成的可以进行善恶评价的利益关系。道德意识具有指导、制约道德活动、改变道德关系的作用；道德规范不仅是人们在一定的道德活动和道德关系的基础上形成并概括出来的，而且是个体道德意识的升华，对道德活动、道德关系及个人道德意识具有约束和导向作用。

（二）医学道德的特点

医学道德是一种职业道德，区别于一般社会道德和其他职业道德，有其自身的特点。

1. 医学道德的实践性与稳定性　医学道德源自于医疗实践，它是医务人员在医疗实践中不断探索、积累和发展起来的，具有很强的实践性和稳定性。

2. 医学道德的继承性和连续性　古希腊的医学鼻祖希波克拉底和中国唐代的医学家孙思邈等一批先祖，为人类总结了宝贵的医德思想，也为医学界树立了医德榜样，“医乃仁术”的理念世代传承、流芳百世。

3. 医学道德的全人类性　医学是没有阶级性的，医学科技的任何成果都可以为全人类的健康服务。防病治病、救死扶伤、实行医学人道主义是医学界共同的基本道德原则。

（三）医学道德的作用

1. 维护作用　具备医德高尚、医术精湛的医务人员，不但维护了人们的身心健康，也维护了医务人员的良好形象。

2. 协调作用　医学道德是医务人员在医务活动中形成的道德品质，调节着医务人员之间、医患之间以及社会之间的关系。

3. 约束作用　医学道德以社会舆论、传统习俗、内心信念作为评价方式，规约着医务人员的行为，并在医疗实践中逐渐固化为医务人员自觉的医学行为。

4. 促进作用　医学道德有助于医务人员提升职业神圣感，激发医务人员救死扶伤的使命感，对医学科学的发展起十分重要的促进作用。

二、医学伦理学

（一）医学伦理学的概念

医学伦理学（medical ethics）是以医学道德作为研究对象，运用一般伦理学理论、方法研究医学实践和医学发展过程中的医学道德问题和医学道德现象的一门学科，医学伦理学属于交叉学科，是医学和伦理学的一门相互交融的学科。

医学伦理学经历了风俗习惯、职业观念及其规范、学说体系三个阶段，它是人们在对医学道德的探索、沉思、争议中不断发展的。1803 年，英国著名医学家托马斯·帕茨瓦尔公开发表了专著《医学伦理学》，为医学伦理学成为一门学科奠定了基础。二次世界大战以后，随着医学伦理学的研究不断深入和医学界迫切需要建立完整的现代医学伦理学体系，医学伦理学才真正作为一门独立、完整的学科得到长足的发展。随着医学高新技术的飞速发展、新的死亡观的产生及发达的经济社会背景，使医学伦理学理论不得不发生重大转折，医学伦理学开始向生命伦理学过渡，医学伦理学进入了后现代时期。

（二）医学伦理学的研究内容

医学伦理学不同的阶段其研究对象和内容不同。从传统的医德学到医学伦理学，再从医学伦理学到生命伦理学，它的研究内容不断扩展和丰富。医德学是义务论的，主要研究医务人员的道德规范和准则，其核心是医患关系；医学伦理学是价值论的，主要研究医德理论、医德规范和医德实践；生命伦理学的研究范围在前者研究的基础上拓展到卫生政策、生命技术、生态环境、死亡道德等问题。

综合伦理学界的观点，生命伦理学的研究内容分为理论生命伦理学和应用生命伦理学两大部分。理论生命伦理学包括元生命伦理学和文化生命伦理学；应用生命伦理学包括医务伦理学、生命与死亡伦理学、卫生经济与医疗保健政策伦理学、环境与生态伦理学。医务伦理学包括：临床决策和行为的伦理原则、患者及医生的权利与义务、医患及医际关系、医务人员的道德修养等；生命与死亡伦理学包括：生命科学研究的伦理问题、人体受试者的权益保护、高新生命技术应用中的伦理问题、脑死亡、临终关怀、生命质量与安乐死等；卫生经济与医疗保健政策伦理学包括：卫生经济伦理问题、医疗改革、保险与医院工作、医院伦理委员会、卫生政策与法制建设等；环境与生态伦理学包括：生态与环境保护、大地与地球伦理、动物权利保护等。

第三节　医学目的与医学伦理素养的养成

一、医 学 模 式

医学模式（medical model）是对健康观和疾病观的一种高度哲学概括，是一种特定的观念形态。医学模式的核心是医学观，它研究医学的属性、结构、功能和发展规律，是人们对医学总体特征的基本认识，也是指导医学实践活动的基本观点。

医学模式经历了神灵主义医学模式、自然哲学医学模式、机械论医学模式、生物医学模式、生物–心理–社会医学模式五个阶段的演变。

（一）神灵主义医学模式

神灵主义医学模式（spiritualistic medical model）认为世界上存在着超自然的神灵在支配着人们的健康与疾病。于是产生了巫医的祈祷、占卜、念咒和依靠巫术驱鬼逐疫。在这种医学模式的支配下，对疾病的治疗主要采用巫医巫术，有时也使用一些了解到的药物或体操疗法，这种巫医混杂的习俗就是神灵主义模式。这种原始的医学模式在当今世界的某些落后地区或特殊人群中仍有一定的影响力。

（二）自然哲学医学模式

自然哲学医学模式（nature-philosophical medical model）是在朴素唯物、自然辩证的自然哲学观产生后形成。由宗教神学为主导的巫医巫术逐渐发展为以古代自然哲学理论为基础的古典医学理论体系，注重人与自然统一的天人合一思想和整体观念。如中国古代的阴阳五行学说，不但用于观察自然现象，而且也用于说明人体的生理病理现象，并用于指导疾病的诊治和预后的判断。又如西医之父希波克拉底提出的“四体液”病理学说：认为有机体的生命取决于四种液体：血、黏液、黄胆汁和黑胆汁，四种液体平衡，则健康；四种液体失衡，则生病。

（三）机械论医学模式

机械论医学模式（mechanistic medical model）用机械论解释健康与疾病的现象。认为人体是自己发动自己的机器，并不是什么特别高贵神秘的东西，人和动物的不同在于“多了几个弹簧和齿轮”；生命活动就是机械运动，保护健康就是保护机器；疾病是机器某部分故障、失灵、医生的任务就是修补机器。

（四）生物医学模式

18 世纪后，人们运用生物与医学联系的观点认识生命、健康与疾病。人们认为健康是宿主（人体）、环境与病因三者之间动态平衡，这种平衡被破坏便发生疾病。这种以维持生态平衡的医学观所形成的医学模式，即生物医学模式（biomedical model）。

（五）生物–心理–社会医学模式

1977 年美国罗彻斯特大学精神病学和内科学教授恩格尔（Engel）在《需要新的医学模式：对生物医学的挑战》中，率先提出需要创立一种有别于生物医学模式的新模式，即生物–心理–社会医学模式（bio-psycho-social medical model）。他批评传统的生物医学模式只依据患者身体检查和化验参数是否偏离正常值来诊治疾病，而忽略了心理和社会因素对这些参数的影响，并指出：“生物医学逐渐演变为生物–心理–社会医学是医学发展的必然”。生物–心理–社会医学模式既把人看作“自然人”，又把人看作“社会人”；既把疾病的发生和发展看作是一种生物学状态的变化，更看作是心理状态和社会适应性的变化。生物–心理–社会医学模式的建立，将有助于解决传统的生物医学模式所难以解决的问题，以更好地满足人类发展医学、防治疾病、促进健康和提高生活质量的目的。

二、医学目的

医学目的是指在特定的历史条件下，人类对医学的发展和医学应实现的目标及其手段的认识和概括。

医学自产生以来，一直以“救死扶伤、防病治病、延长寿命”为目的。随着社会的进步、医学的发展、卫生需求的变化和人们认识水平的提高，“医学的目的是什么”这个问题又被重新提了出来，并且成为波及全球的有关医学目的的大讨论。首先，是发达国家普遍出现了“医疗危机”；其次，不惜代价去治疗不治之症，千方百计地延长生命价值极低的患者的寿命，以牺牲患者的尊严为代价去维持植物人的生物学生命等究竟是不是医学的目的？再次，人类不能消灭一切疾病。一种疾病消灭了，另一种疾病又产生了。花费大量的卫生资源在消灭疾病的研究上，而又难以对这些疾病的患者提供恰当的服务，这也是值得反思的一个医学目的问题；最后，存在重治轻防、重治轻护、重硬技术轻管理的倾向。

医学目的讨论的发起人：美国科学院院士、哲学家卡拉汉（Callahan）领导的纽约哈斯廷中心在研究了世界各国医疗卫生保健状况后，对医学的发展提出了四个方面的假设：①所有国家或迟或早都将发生一场医疗系统的危机；②现代医学并不能很好地解决人类疾病、衰老和死亡问题；③现代医学错误地把治愈疾病和阻碍死亡视为其首要目标；④追求良好的健康与治愈疾病和减轻痛苦是有根本区别的。

卡拉汉在客观地分析了现代医学发展所面临的困境和危机后，提出解决这些矛盾和危机，必须重新审视医学的目的。他提出三个令人深思的问题：①医学研究的未来目标究竟是什么？②什么应该是医疗服务的未来目标？③医学教育的未来目标是什么？

1996 年，该中心召开了有 14 个国家参加的关于医学目的研讨会。会议提出，必须改变目前世界范围内卫生服务的优先选择，将重视治愈和高科技转移到预防保健上来，尤其应将公共卫生和预防疾病作为优先选择的重点领域。《医学的目的：确定新的优先选择》宣言中将医学目的分为四个方面：一是预防疾病和损伤，促进和保护健康；二是解除由疾病引起的痛苦和疼痛；三是对疾病的保健和治疗，以及对不治之症的保健；四是避免早死，追求安详死亡。

新的医学目的可概括为：治疗疾病，延长寿命，降低死亡率；预防疾病，减少发病率；提高生活质量，优化生存环境，增进身心健康。其特征为：

（1）将促进和提高全体居民的健康状况作为主要目标，而不仅仅是医治患病的人群。

（2）新的健康目标包括生理、心理、社会适应性等全方位的良好状态，而不仅仅是没有疾病。

（3）对疾病的认识更加客观，认为医学本身和医学的目的并非是要消灭疾病，而是应减少疾病，预防疾病。

（4）视死亡为人类生活的组成部分，提供安乐和舒适的死亡也是医学目的之一。

（5）更加重视生命质量的提高，注重维护有意义的生命质量，有选择地阻止死亡，而不仅仅是单纯追求寿命的延长。

三、医学伦理素养的养成

素养是指一个人的修养，包括思想政治素养、文化素养、业务素养、身心素养等各个方面。而医学伦理素养是医务人员在医疗实践中逐渐形成的一贯的品质和修养。医学伦理素养的养成，就是医务人员将医德规范内化为自身行为准则的过程。

医学生医学伦理素养养成的途径主要有：一是培养与提高医学生的伦理思辨能力。当前，患者维权意识不断增强和医患关系日趋紧张，医学生不仅应该具备扎实的医学理论知识和医学基本技能，还需要掌握医学伦理知识和医疗决策能力。医学生通过学习医学伦理学的基本理论、原则和各种规范，掌握医学伦理学问题或难题的思辨和决策能力，就是要培养医学生医学伦理素养。即培养在医疗实践中对伦理问题的敏感力和掌握解决伦理问题的思维方法和能力。二是加强医德实践。医德具有非常强的实践性，如同理论知识需要经过临床实习才能转化为实际工作能力一样，医德的养成也需要密切结合实习，通过医德实践，医学生可以获得直观且真实的医学伦理辨析体验。

医学伦理素养的养成不是一朝一夕，也不是一蹴而就的事情，要通过医学伦理素养的系列教育，在医学实践中不断锤炼、不断学习、不断提高，这就需要医学生增强学习医学伦理理论的主动性和自觉性。同时要建立医学伦理素养的评价机制，长期的道德教育及适当的约束机制，可以促使医务人员建立自己的道德底线，将医德规范逐渐转化为内心信念和行为习惯，从而促使医务人员最终形成良好的医学伦理素养。

第二章　医学伦理学发展历程

第一节　中国伦理学的历史发展

一、中国古代的医学伦理思想

中国古代医学是我国优秀民族文化遗产的一个重要组成部分，在其数千年的发展过程中，逐步产生和形成了比较完整而丰富的古代医德思想，这是我国医学宝库中宝贵的精神财富，也是社会主义医德思想的重要理论来源之一。

（一）中国古代医德思想的萌生时期

从原始社会的后期到奴隶社会早期，是医学的萌生时期，也是古代朴素经验医学道德的萌生时期。原始社会生产力十分低下，人们在共同劳动中求生存，用树枝固定骨折，草药、拔火罐治疗内疾等。尽管这些治疗方法非常简单，却对当时人类的生存和发展起了重要的作用。原始人有多种疾病，当疾病发作时，不但生活无法自理，而且痛苦不适，如果没有人际间的互动，是不能治愈和生活的，互助观念的萌芽完全源自社会物质生活的需要，一旦这个集体中的成员有伤病，就将影响这个原始群和部族、氏族的生产能力和抗御自然敌人的能力。集体生存的需要，是朦胧的人道思想萌芽的根源。

从中国古代“神农尝百草”和“伏羲制九针”的传说可以看到，在古代的社会道德影响下，中国很早就形成了医学的目的是“以拯夭亡”，“令民知所避”等医德思想，也就是已经认识到医学的目的是拯救生命，为了让人类在药物运用中趋利避害。

（二）中国古代医德思想的形成时期

从奴隶社会末期西周到封建社会早期，特别是春秋战国时期，随着生产力的发展和思想文化的进一步繁荣，中国进入了各种思想观念层出不穷的“百家争鸣”时期，尤其是儒家、道家、墨家有关自然和人性思想的探讨和深化，为医学伦理和医学伦理思想注入了理论的源头活水，形成了初步的框架体系。

奴隶社会时期，随着生产力的发展出现了体力劳动和脑力劳动的分工，据《周礼》记载周朝出现了专司医业的医生，西周时期医学已经出现了分科，分为内科（内）、外科（外）、食科（营养）和兽科。不论哪一科，到年终的时候，医师都要对医生的疗效高低进行考核，根据医疗成绩分别规定他们的俸禄。标准是，“十全为上，十失一次之，十失二次之，十失三次之，十失四为下”。并且明确揭示了造成医生十不全的根本原因，是学识浅薄、医术不精以及谋取私利的不良品德和草率行为所致。

“仁”是儒家思想的核心，总的观点是“爱人，行善，慎独”。围绕孔子“仁者爱人”“泛爱众”的思想，儒家对医生的道德修养提出了“医乃仁术”的根本要求，强调医学是“救人生命”和“活人性命”的专门技术，强调医家应成为爱人、爱众的仁爱之士。“医乃仁术”贯穿于中国医学道德全部内容之中。既体现出朴素的人道主义精神，强调了医学“济世活人”的社会职能；也体现出医生的职业道德特点，强调医生的自我道德修养和自律。

对培养良好医德医风具有重要的指导意义。

战国时期的著名医学家扁鹊，不仅医术精湛，而且在医德方面有重要贡献。一是强调“随俗为变”，从医疗实践的需求出发，为群众解除疾苦。二是强调医巫分离，反对迷信。《黄帝内经》的《疏五过论》《征四失论》《师传》篇中对医德做出了专门论述，并从全力救治患者的角度出发，对医生提出了一系列道德要求。《宝命全形》指出“天覆地载，万物悉备，莫贵于人”，强调人的生命是天地万物中最宝贵的东西，医生要珍惜一切人的生命，并以此作为自己职业活动的出发点，把尊重患者的生命作为医者的基本原则，可以说是医学人道主义的萌芽。《征四失论》指出，医生“之所以十不全者，精神不专，意志不理，内外相失，故时疑殆”，明确医疗事故差错除了技术原因外，更有精神不专、意志不理的工作作风和工作态度问题，要求医生必须认真负责、一丝不苟，决不可粗枝大叶或敷衍失责。《灵枢》强调医者必须能“济群生”为大众服务，并有志于钻研医道，使之“可传而无患”的人，要求对学医者首先从品德方面进行选择。《师传》篇告诫医生，要“入国问俗，入家问讳，上堂问礼，临患者问所便”，论述了礼貌问诊与治疗的关系，强调要了解患者的各方面情况，必须尊重患者讲究礼貌，以取得患者与医者的合作。

（三）中国古代医德的思想发展时期

秦汉三国时期是中国经典医学的开始，科学与迷信分开；重视观察的作用；专业医生大批出现，新的医患关系出现，是医巫分开的实践转变时期。其中西汉淳于意开创的疾病分类和疗效统计的新时代，是归纳与分析的新尝试；张仲景开创的两汉医学理论的新时代；华佗开创的外科和麻醉的新时代，都没有拘泥于前人的经验和著作，强调科学知识、科学精神和科学方法，其道德意义在于摒弃反科学的精神。

两汉时期，《淮南子·说山训》讲：“良医者，常治无病之病，故无病”，明确了预防疾病不仅是正确的医学思想原则，也是正确的医学道德原则，东汉“医圣”张仲景在《伤寒杂病论·自序》中提出：“精究方术”，“上以疗君亲之疾，下以救贫贱之厄，中以保身长全，以养其生”，明确了医学的目的就是为治病救人。发出了“勤求古训，博采众方”的呼吁，做出了“居世之士，曾不留神医药”“唯名利是务”的痛斥。

魏晋南北朝时期，在整体观念和辨证论治的理论和实践基础上，把医德作为理论学的重要内容加以继承和发展。在医德理想、医德准则、医疗道德和养生道德等方面的论述和实践，都大大丰富了医学伦理学的内容，并粗略形成了医德模式的雏形。南北朝时期的医家杨泉非常重视医德认为评价医生有三条标准：仁、智、廉，把医德摆在比医术更为重要的地位。在《物理论·论医》一书中指出“夫医者，非仁爱之士，不可托也；非聪明理达，不可任也；非廉洁纯良，不可信也。是以古之用医，必选名姓之后，其德能仁恕博爱，其智能宣畅曲解”。

隋唐时期，我国封建社会走向繁荣鼎盛，医德理论也进一步发展。不但创立了医德准则和规范，使医疗行为有所遵循，而且还紧密结合临床实践，使伦理渗透到医理之中，进行医德教育和评价。以孙思邈为代表的医家，以尊重人和爱护人的生命为崇高的医德目标，发展了传统的“生命神圣论”的医德学说，使之逐渐系统化，提出了内容比较全面的医德规范，形成了一个比较完整的体系，成为我国古代医德思想发展史上的重要里程碑，孙思邈的《千金要方》《千金翼方》中专门论述医德的《大医精诚》《大医习业》比较全面地论述了从医目的、医生的品德修养、献身精神、医疗作风等。主张医家必须具备“精”和“诚”

两个方面。所谓“精”就是指作为医家必须不断学习提高医疗技术，具有精湛的医术；所谓“诚”就是指医生应具有高尚的医德，要有仁爱的“大悲恻隐之心”“好生之德”。要清廉正直不得追求名利对患者要“普同一等”“一心赴救”等。其主要精华可归纳为十条：①医者必须以救死扶伤、解除患者痛苦为唯一职责，要摒除一切私心杂念，处处想着患者的疾苦；②医生必须精研医术，用心精微，医术精确，切勿浮躁骄傲、粗心大意；③医生要排除杂念，在抢救患者时，不得瞻前顾后，考虑个人安危，要以救人疾苦为主；④医生对患者要一视同仁，不得歧视，凡遇救治的患者，不论贫富贵贱、年龄老幼、容貌丑美、恩怨亲疏、愚笨聪明、任何民族都要一视同仁，把他们全部当成自己的亲人；⑤医生要一心救治不得故意做作或以某种手段谋取名誉；⑥医生要有同情心，不能怕脏怕臭，不能嫌弃患者；⑦医生诊治疾病要认真仔细、准确，不能粗枝大叶不能只图轻快省事；⑧医生要一切为患者着想，尽量降低医药费，用便宜药代替贵重药，减轻患者负担；⑨医生对药方不要秘而不宣，应公开并传于后人，使药方家家悉解、人人自知；⑩医生要尊重同行，不应互相嫉妒、炫耀自己、嘲笑别人。

（四）中国古代医德思想的成熟时期

唐以后，医德理论和规范在临床实践中又经过后世医家的不断补充、发展而趋于完善，特别是一批具有医师道德规范性指导意义的文献陆续问世，成为我国古代医德思想走向成熟的重要标志。

宋代医家的医德活动比隋唐以前更活跃，活动方式和内容日渐丰富，医家十分重视医德的教育和修养。林甫《省心录·论医》中提出：“无恒德者，不可为医”。《小儿卫生总微方论》把《医工论》冠于篇首教育医家，指出：“凡为医之道，必先正己，然后正物。正己者，谓能明理已尽术也。正物者，谓能用药已对病也。”从“正己”与“正物”的辩证关系，阐明了医德的重要性。并从医德医术两个方面对医家进行了规范，宋代名医张杲采集历代医学中的一些典故和 16 个名医的传记，编成《医说》10 卷，从医德修养和原则等方面补充了孙思邈的医德思想。

到了明代，人们更加重视医师职业道德规范的研究和制订。龚廷贤著《万病回春》中有“医家十要”“病家十要”“医家病家通病”等篇章，明代著名的外科医生陈实功编写成《外科正宗》四卷，较全面地总结了明代前代科学、皮肤科学及肿瘤学方面的成就，其中专门论述医德的篇章《医家五戒十要》，就医生的专业学习、道德修养、言行举止、服务态度以及如何处理好同行之间的关系，均做了明确的论述，是非常具体实用的医德规范。1978 年美国出版的《生命伦理学百科全书》，把《医家五戒十要》与《希波克拉底誓言》和《迈蒙尼提斯祷文》并列为世界古代医德文献之一。

清代医家在医德规范的探索与实践方面又有了新的发展。一是清代初期医家喻昌突破了过去医家用“五戒”“十要”等箴言式的空洞说教去论述医德规范，结合临床实践，写出《医门法律》一书，提出对待疾病，从诊治的望、闻、问、切，到辨证施治，再到处方用药，都应分门分类，条条清楚，“这是法”，医生治病要依“法”。还提出了医生在辨证施治上容易犯的“六十种”错误，提出一些禁例，这是“律”，要以“律”来判断诊治效果失误的责与罪。喻家言第一次提出了要以“法”来诊治患者，以“律”来判断治疗的失误。《医门法律》把医德在诊断和治疗中的作用加以科学论述，明确对医生提出了在诊断和治疗患者时的医德规范和是非标准，开创了医德评价，可以说是一本临床伦理学。

二、中国医学道德的优良传统

在长期的历史发展中，我国传统医学道德以“医乃仁术”为核心，从理论到规范、从教育到修养形成了内容丰富、独具特色的理论体系，不仅是我国传统文化的重要组成部分，而且在历代的医疗实践中薪火相传，形成了许多优良的传统，值得我们永远传承光大，主要体现在以下几个方面。

（一）仁爱救人、一心赴救

仁爱救人是我国古代优良医德的核心和基本原则，历代医家都把医学医术视为“仁术”“救人生命”“活人性命”的技艺，“济世活人”是行医的目的与宗旨，为此，医家必须以尊重生命、救人疾苦为己任，以仁爱精神为准则，一心赴救。

历代医家认为“人”和“生命”有着至失重要的价值，强调对人类生命的尊重。《黄帝内经》指出“天覆地载，万物悉备，莫过于人”。孙思邈说：“人命至重，贵于千金，一方济之，德逾于此”。故而，把自己的著作取名为《千金要方》。都强调人的生命是天地万物中最宝贵的东西，医生要珍惜一切人的生命，把尊重生命作为职业的基本原则。强调“若有疾厄求医者，一心赴救”，要“大发慈悲恻隐之心”，不计得失，无畏艰险，全力救死扶伤。传说在古代，学医的弟子临出师时，老师总是要送一把雨伞和一盏灯笼给弟子，这就是要求弟子在今后行医中要牢记医生的职责，为患者看病不分昼夜寒暑，不避风雪雷雨，闻病而动，全力救死扶伤。

历代医家都认为仁爱是医生必须具备的基本技能，强调仁爱品格。南北朝时期的医家阳泉《物理论·论医》一书中指出：“夫医者，非仁爱之士不可托也。”宋朝林甫在《省心录》中指出：“无恒德者，不可以作医，人命生死之系。”就是说只有具备仁爱精神的人才可以从事医疗工作，才是可以信任托付的。强调医家必须具备救人生命的仁爱精神。

（二）廉洁正直、行为端庄

历代优秀医家都认为“医乃仁术”，作为“活人性命”的医生，绝不可追名逐利、贪图钱财、沽名钓誉、欺骗患者，绝不可以以一技之长，一味赚取钱财。要求医生在行医中必须具备和始终保持廉洁正直的品行，以解除病家疾苦为己任，始终做“至亲之想”，关心、体贴、爱护病家，不贪图钱财，真正造福病家。在历代所有职业道德中，都没有一条像这样强调以不营私利、不贪恋钱财为目的。孙思邈强调：“医人不得恃己所长，专心经略财物，但作救苦之心”“凡大医治病，必当安神定志，无欲无求”“医者，救人心，做不得谋生计”。李挺认为“治病即愈，亦医家分内事也”，不可“过取重索”。费伯雄提出“欲治人，学医则可；欲谋利，学医则不可”。廉洁行医是我国古代医家突出强调的高尚品德。

历代优秀医家还十分重视行业的仪表和言谈举止，要求医家必须仪表端庄，谈吐和蔼，举止有度，讲究礼貌。认为肆欲轻言，举止浮夸，都会失去病家的尊重与信任，为医德传统所不耻，早在《黄帝内经》中就提出医家不可“谬言为道，更名自功”，要“入国问俗，入家问讳，上堂问礼”，要尊重乡土风俗，尊重病家，彬彬有礼。孙思邈对医家应有的仪表做了更全面、更详尽地规定：“又到病家，纵绮罗满目，勿左右顾盼；丝竹凑耳，无得似有所娱；珍馐迭荐，食如无味；醽醁兼陈，看有若无……不得妄语调笑，谈嘘喧哗；道说是非，议论人物；炫耀声名，訾毁诸医，自矜己德。偶然治愈一病，则昂头戴面，而有自许之貌，谓天下无双，此医人之膏肓也”。陈实功还将为妇女治疗应注意的事项列入了《五戒十要》。要求医家作风正派，不借行医之便调戏污辱妇女。

（三）精研医术、一丝不苟

历代优秀医家都认为施行和实现仁爱救人“医乃仁术”的愿望，不能仅有仁爱之心和廉洁的医德，更必须有精湛高超的医术。医学深奥广博，疾病千变万化，为医者必须刻苦学习，精心专研医术，否则就会贻误人命。徐春甫在《古今医统》中用“医本活人，学之不精，反为夭折”“医学贵精，不精则害人匪细”，明确指出了医术精湛的极端重要性。孙思邈指出：“学者必须博极医源，精勤不倦，不得道听途说，而言医道已了，深自误哉！”做到“无一病不穷究其因，无一方不洞悉其理，无一药不精通其性”。凡欲为大医，必须谙《素问》《甲乙》《黄帝内经》诸部经方，《素问》更要求医者要“上知天文、下知地理、中知人事”强调医生要有广博的知识结构。

历代名医，无一不博览历代医书，刻苦钻研医术，并在实践中不断提高自己的医疗水平，推动着医学事业的发展。张仲景，苦心研究医学，寻求古训，博采众方，结合自己的临床实践，撰写了《伤寒杂病论》16 卷。提出了治疗外感热性病的总纲，对疾病的发生、发展及转变规律进行了科学的论述。

历代医家认为治疗疾病是一个复杂的过程，必须做到认真负责、一丝不苟，绝不能有半点粗心大意、敷衍马虎。医界历来就有“临病胜临敌”“用药如用兵”“用药如用刑”之说。孙思邈要求医生“省病诊疾，至意深心，详察形候，纤毫勿失，处判针药，无得参差”。明代陈实功对那些生命垂危的患者，总是本着认真负责的态度，有一线希望就要尽百分之百的努力。一次有位 60 多岁的老妇背上毒疮发作生命垂危，家中已为其准备后事。陈实功经过诊视后，便再三要求家属让他施治，患者家属正忙于后事，不相信有救，总是不答应。陈实功一连几次登门说服，终于获准治疗，仅 1 个月就使这位行将就木的老妇恢复了健康。清代名医徐大椿，医术高明，即使成了名医之后，并不凭借技术和地位来垄断居奇。平日临诊，仍然耐心地询问患者的喜怒哀乐，细致地分析病因、证候，辨其异同，审其真伪，然后详记病案，审慎处方，绝不因循敷衍，游移逃避。

（四）不分尊卑、一视同仁

历代优秀医家从“医乃仁术”和“广济苍生”的医学仁爱思想出发，强调治病不分亲疏贵贱，对任何患者都要一视同仁地关心爱护。孙思邈对此尤有精辟论述：“若有苦厄来求救者，无论贵贱贫富，长幼妍媸，怨亲善友，华夷愚智，普同一等，皆如至亲之想”。只要是患者来求救，医生不得以任何理由拒绝为之治疗，把所有患者都当作自己的至亲好友来对待。不分尊卑贵贱，患者一律平等，这是我国古代医德中又一优秀传统。

北宋唐慎微医术十分高超，“治病百不失一”，凡病家来请，“不以贵贱，有所召必往”。明代医家缪希雍，不仅医术高，经验多，而且不管患者富贵贫贱，他都一样看待，特别是对贫苦和地位低下的患者更是同情怜悯，认真医治。一次，北京富户人家的一个婢女患传染病，危在旦夕。由于患者是婢女，请来的医生不认真诊治，认为婢女死了没关系。缪希雍得知此事后，立即赶去为其诊治，很快将这个婢女救过来了。明代医生钱同文，精通医术，遇危重疾病，投剂立愈。患者请求看病，不管穷人富人，总是按患者来的先后次序进行治疗。

患者一律平等，特别强调对有过宿恨旧怨的患者，也不能拒绝为之治疗。明代儿科医学家万全与胡元溪有仇。胡元溪的 4 岁儿子生病，遍请诸医治疗无效，只好去请万全。万全不念宿怨即刻前往。服药五剂后，患儿病情好转。然胡元溪心存芥蒂，终不放心，另请医生治疗。至此，万全完全可以扔下不管了。但他认为“彼只有一子，非我不能活也。吾去，彼再不复请也。误了此儿，非我杀之，亦吾之过”。他仍留下来，看新请来的医生处方是否合理。当发现处方不对症时，立即提出更改意见，但胡元溪拒不接受他的意见，万全只好告辞。结果，病儿服药后，病情恶化。胡元溪至此才后悔，重新去请万全，万全不计胡元溪的态度，连夜赶去。经过半月余悉心治疗，患儿康复。这种宽大的胸怀，高尚的品德堪为医家之楷模。

（五）尊重同道、谦和谨慎

历代优秀医家本着“医乃仁术”和“济世活人”的共同医学目的，高度重视同行之间的关系，形成了互相尊重，谦和谨慎，共同提高的优良传统。明代医家陈实功在《医家五戒十要》中对医生之间的道德作了精辟的论述，指出，“凡乡井同道之士，不可生轻侮傲慢之心，切要谦稳谨慎。年尊者恭敬之，有学者师事之，骄傲者逊让之，不及者荐拔之”。龚廷贤在《万病回春》一书的“医家十要”篇中，还专列了“莫嫉妒”一条，将之作为处理同行关系的准则。

历代优秀医家对待医学都强调要谦虚谨慎，实事求是的态度，既不能沽名钓誉，吹嘘自己，夸大治疗的效果，也不能掩饰自己的缺点。汉代名医淳于意治病相当有把握，很少出差错，但当汉文帝问他所有的病是否全能治愈时，他回答：“时时失之，不能全也”。他还认真总结行医经验，建立病案，在他保存的 25 个病案中，有 10 个失败的记录，坦白承认自己的失误，给他人以借鉴。在治疗发生疑问时应请教同行，绝不能不懂装懂，贻误病情。对于自己不能诊治的患者及时地介绍给其他医生。金元四大名医之一的朱丹溪，一次治一妇女结核病，病已基本痊愈，但面颊上有两红点不褪，经再三揣摩无法，便毅然邀请比他年少，名声小的葛可久来治，果然诊治得愈。

历代优秀医家对于医术上的不同见解，都是在相互尊重的基础上，各抒己见，相互切磋，取长补短，共同提高，不仅尊重他人成果，遵守学术道德，而且还把自己精研一生的秘方公开，造福于民。唐代王焘的《外台秘要》，宋代唐慎微的《证类本草》，明代李时珍的《本草纲目》等的写作，都认真说明文献来源，以示对别人劳动的尊重，为古代同行做出好榜样。张仲景在传染病流行期间，一面四处行医拯救百姓疾苦，一面劝导医家快把预防和治疗传染病的医方公开于众。在他的影响下，医家纷纷献方，救活了很多濒于死亡的百姓。

三、中国近代的医学伦理思想

鸦片战争以后，在中国沦为半殖民地半封建社会的过程中，西方医学知识连同西方文化开始连续、广泛地传入中国，从 1569 年澳门建立第一所教会医院开始，到 1937 年全国已有教会医院 300 所，病床 21 000 张，诊所 600 个。中国近代医学伦理学思想是伴随着反帝、反封建的革命斗争形成与发展的，是以民族主义、爱国主义和人道主义为特征，孕育形成了民族主义和人道主义结合的旧民主主义医德，更孕育了革命人道主义的新民主主义医德。

（一）旧民主主义革命时期的医学伦理思想

晚清时期，许多具有爱国主义和民族主义思想的知识分子和医生，在探索救国救民道路的过程中，为近代中国医学伦理思想的发展做出了杰出贡献。孙中山 1892 年毕业于香港西医书院，他怀着“医亦救人之术”的目的去学医，怀着讲“仁爱”“济世为怀”的精神去行医。并从医家转为革命家，从医人转为医国，从重医德转为重政德的杰出代表，不仅推动了医学伦理思想的发展，而且推动了社会伦理道德的进步和解放。秋瑾在《中国女报》译述的《看护教程》绪言中明确指出：“看护为社会之要素……健者扶掖病者，病者依赖健者，斯能维持社会安宁深”。深刻阐释了医疗扶助的社会价值。

民国时期，随着西方医学在我国的进一步传播和发展，对我国医学界提出了“如何对待中西医学”以及“中国医学如何发展”这样一个十分严肃的问题。当时主要有三派主张：一派主张全盘西化；一派主张完全尊古；一派主张中西汇通。这场论争，既是医学观之争，又是医德观之争，也是一场维护传统医德和发展传统医德的斗争。

1926 年的《中国医学》刊有中华医学会制订的《医学伦理学法典》，其中涉及对一般医疗行为的论述，并论及经验不足的中国医生和经验丰富的外国护士之间的关系，这在 20 世纪早期全世界的医德规范中是少有的，体现了当时的中国所特有的医学伦理观。此法典明确规定：医生的职责应是人道主义的，而非牟取利益。这表明中国近代医学伦理学已开始与国际上的近代医学伦理学接轨。

1932 年 6 月，上海出版了由我国知名的医学教育家和医学伦理学的先驱宋国宾（1893～1956）主编的《医业伦理学》，这是我国第一部较系统的医学伦理学专著。他的伦理思想是以“仁”“义”这一传统道德观念为基础，阐发医生人格、医患关系、同业关系和医师与社会关系的“规己之规”，属义务论的医德理论。

（二）新民主主义革命时期的医学伦理思想

新民主主义革命时期，在中国共产党的领导下，以马克思主义世界观和历史观为基础，在清除封建主义腐朽的道德观念和批判资产阶级人道主义的基础上，继承中外历史上优良的医德传统，把爱国主义和国际主义结合起来，大力倡导救死扶伤的革命人道主义精神，建立同志式的新型医患关系，使我国医学道德跨入了一个新的历史阶段。

土地革命时期，我党我军就积极倡导医务人员要医德医术并重，逐步形成了以“政治坚定”和“技术优良”为两个基本点，以“一切为了伤病员”为主线的“两点一线”医德模式。在医德认识与实践方面具有重大创新意义。1931 年毛泽东同志为红色卫生学校制定了“培养政治坚定，技术优良的红色医生”的医学教育方针。1932 年，朱德同志在《怎样做一个红色医生》的报告明确指出了如下要求：“红色医生必须要具有坚定的政治立场，对人民、对病员要满怀阶级感情；要有艰苦奋斗、舍己为人、救死扶伤的工作精神，同时还必须具备科学知识和精湛的医疗技术。”在党的领导教育下，红色根据地的医疗领域形成了亲如手足同志式的医患关系、平等合作的医护关系以及医院群众之间鱼水关系等相关著作、指示和实践，为革命人道主义的提出，做好了思想理论上的准备。

抗日战争时期，一方面，我党我军医务工作者发扬了自力更生、艰苦奋斗、英勇顽强、不怕牺牲的精神，尊重科学讲求实际的精神和军民一家依靠群众的精神，突出了爱国主义、革命英雄主义、革命乐观主义精神，有力推动了我军医德发展；另一方面，随着白求恩、马海德、罗生特、傅莱等国际友人带着先进的医疗技术投入我军医疗卫生工作，同时从医学人道主义和国际主义的角度，丰富了我军医德思想的内涵。特别是随着《纪念白求恩》《为人民服务》等光辉文章的发表为丰富提升我军医德思想奠定了基础，坚持“救死扶伤，实行革命的人道主义”坚持全心全意“为人民服务”、坚持“防治结合，预防为主”等重要指导原则的提出，形成了我军医德原则的基本框架，也成为我军我党领导的抗日根据地的整个医疗卫生工作的医德指导思想。

1939 年毛泽东同志发表的《纪念白求恩》一文中倡导的“毫不利己、专门利人”“对工作极端的负责任”“对同志对人民极端的热忱”“对技术精益求精”，做“一个高尚的人，一个纯粹的人，一个有道德的人，一个脱离了低级趣味的人，一个有益于人民的人”的白求恩精神，是对我党我军医疗卫生工作职业道德和精神风貌的高度概括凝练，是我党极其重要的医德文献。

解放战争中我军的医德思想和医德建设也达到了新的水平。贯彻阶梯式治疗原则，突出专科救治的职能，按照技术规范和医德规范开展我军各级医疗救治实践活动；加强了思想教育和法规、制度等规范建设，积极整顿医疗卫生单位的思想作风和服务态度；医疗卫生系统作为体现革命人道主义和落实俘虏政策的重要窗口，充分展示了我军的革命人道主义精神。反映了我军医德建设走上了较为成熟的阶段。

总之，从土地革命、抗日战争到解放战争的新民主主义革命时期，在长期防病治病和抢救伤病员的实践中，概括形成了“救死扶伤，实行革命的人道主义”“全心全意为人民服务”“一切为了救治伤病员，一切为了战争的胜利”具有战争特色的闪烁着共产主义思想的医学道德，充分展示了医务工作者的革命人道主义与革命英雄主义相结合的精神，由于社会主义生产关系和人民政权没有在全国建立，这种先进的医德思想只能在革命根据地、革命队伍内部，而不可能在全国范围内贯彻实行，但却是我国社会主义医学道德的基础。

四、社会主义医学伦理思想

中华人民共和国成立后，随着社会主义生产关系的确立和卫生工作方针的制定，为广大人民群众服务成为医疗卫生工作的重点方向。在弘扬优秀医德传统的基础上，大力进行社会主义、共产主义、爱国主义和为人民服务的宗旨教育，大力倡导集体主义的道德价值观，在全社会逐步树立和确立了社会主义的医德观。大体说来，社会主义医学伦理思想的完善和发展经历了三个阶段。

第一个阶段（1949～1966 年）：防病治病、救死扶伤、全心全意为人民服务的医学伦理思想和伦理原则，在全国范围内确立、体现和发展。1949 年，中国人民政治协商会议通过的《共同纲领》第 48 条，明确提出和规定了“提倡国民体育，推广医药卫生事业，并注意保护母亲、婴儿和儿童的健康”的任务，成为建国纲领中的一项重要内容。1950 年第一届全国卫生工作会议上，确立了我国卫生工作“面向工农兵，预防为主，团结中西医”的方针。在 1952 年第二届全国卫生工作会议上，根据周恩来的建议，“卫生工作要依靠人民群众，消灭疾病讲卫生必须有人民群众参加”，提出了“卫生工作和群众运动相结合的原则”，从而构成了新中国卫生工作的四大原则方针。1954 年，我国第一部宪法第 93 条明确规定了保护人民群众健康的权利，确立劳动者有权享受休息、休养、治疗和福利设施。从治疗疾病到卫生保健直至把健康作为一种权利，并以法律形式固定下来，充分反映了历史转折中，政府重视人和人的健康权利。

第二个阶段（1966～1976 年）：在特殊的历史条件下，虽然绝大多数的医疗卫生工作者，仍然秉承革命人道主义和全心全意为人民服务的医疗宗旨，保持高尚的道德情操，忠于职守，勤奋为人民健康工作。但是，在“文化大革命”阶级斗争为纲和“破四旧”思想的冲击下，医疗服务领域一些行之有效的制度被视为“条条框框”，被“砸烂”废除，甚至医护人员的分工都被取消，混乱的医疗服务秩序严重影响了医疗质量，差错不断发生，对人民的生命健康造成了不应有的损害，社会主义医学人道主义受到了玷污。

第三个阶段（1976 年至今）：党的十一届三中全会以来，职业道德作为社会主义思想道德建设的重要内容重新确立，尤其是在邓小平提出的“两个文明一起抓”“两手都要硬”思想的指导下，在医学高等院校开始了医学伦理学的教学和研究，开设课程、编写了教材。医学伦理学的研究和指导作用，日益得到党和国家卫生部门的重视，医学伦理学得以复兴发展。在卫生部的领导和支持下，1981 年 9 月人民卫生出版社出版了新中国成立以来的第一本医学伦理教材《医德学概论》。

1981 年 6 月，在上海举行了第一次医学伦理道德学术讨论会，会议的主要成果，一是在全国医药院校倡议普遍开设医学伦理学课程，二是确定了“救死扶伤，防病治病，实行社会主义人道主义，全心全意为人民服务”的社会主义医德原则。同年 10 月 18 日，国家卫生部制定颁发了《医院工作人员守则和医德规范》，标志着我国社会主义医学道德的形成。1988 年，卫生部颁布了《医务人员医德规范及其实施办法》，系统地概括了“救死扶伤，人道待人；尊重患者，一视同仁；文明礼貌，关心体贴；谨言慎行，保守医密；互学互尊，奋发进取；廉洁奉公，遵纪守法”的医德规范，明确了医疗卫生服务的道德要求和标准。1999 年 5 月 1 日起施行的《执业医师法》，明确规定“医师不得利用职务之便，索取、非法收受患者财物或谋取其他不正当利益”，明确了人道主义是医生根本职责。从立法目的、医师素质、执业规则、考核培训、法律责任等多方面对医学伦理问题进行了立法规范，标志着我国的医学事业步入法制化轨道，为医德医风的建设和发展提供了强有力的保障。1988 年 10 月，全国第五次医学讨论会暨中华医学会医学伦理学会成立大会在西安召开，在西安医科大学创办的《中国医学伦理学》杂志，成为我国第一个医学伦理学研究的专刊和阵地。

1981 年后，一方面全国性的学术会议蓬勃发展，医学道德理论的研究交流不断深化，对医德的基本理论、基本原则、医德教育、卫生改革和医学科学发展实践中的伦理问题进行了系统广泛的探讨，促进社会主义医学伦理学体系的发展完善成熟。另一方面，随着对外开放和国际医学科技和伦理交流对话日益频繁，尤其是随着我国现代医学技术的发展和应用，价值论、公益论和人道论、义务论的冲突融合，死亡定义和标准、安乐死、器官移植、产前诊断、人工生殖、行为控制、胚胎干细胞研究、卫生资源分配等人类社会普遍关注的敏感伦理问题的出现，使我国医学伦理研究由一般的理论和临床医疗扩展到预防、科研、管理政策等所有医学领域，促进了我国生命伦理问题的研究，使我国医学伦理学的发展步入一个新的水平。

第二节 国外医学伦理学的历史发展

国外医学道德思想发展有着悠久的历史，这与其所处的历史条件、社会制度、宗教信仰、经济文化背景有着密切的关系。国外医学道德的历史大体以文艺复兴为标志，划分为以经验医学为特点古代医学道德和以实验医学为基础的近代现代医学道德。

一、国外古代医学伦理思想

国外古代医德思想大体分为古代东方医德和古代西方医德。

（一）古代东方医德思想

1. 古埃及医德 埃及是一个历史悠久的文明古国，约在公元前4000年进入奴隶制社会，当时埃及的科学、文化相当发达。在医学方面，也具有解剖学方面的一些知识，在灌肠和放血等技术上也有所掌握，医生也在相当程度上出现了专科化。古埃及的医德思想大多是通过法典形式表现的，规定奴隶主享有最好的医疗。当时出现的比较先进的医疗技术，如美容、按摩、水疗，使用贵重药品和复杂处方以及尸体防腐（制作木乃伊）等都是供奴隶主专用的，奴隶则没有资格享受。

2. 古印度医德 印度是一个历史悠久的文明古国，约在公元前4000年末至前3000年初进入奴隶社会。印度医学发展得很早，当时称医学为"关于生命的知识"，作为医学重要部分的医学伦理道德问题，自然也是源远流长。最古老的医学经典是《阿输吠陀》，（又译《寿命吠陀》《生命经》），在许多篇章中都记载了印度当时的一种思想。印度医学上的辉煌成就集中反映在两部医学著作中，一部是外科书《妙闻集》（*Susruta Samhita*），一部是内科书《卡罗迦集》（*Caraka Sarnllita*），这是具有世界影响的两部医学巨著。

公元前5世纪"印度外科鼻祖"名医妙闻的医德思想可以归纳为：①从医疗工作的总体上对医生提出了"四德"要求，即医生要有"正确的知识，广博的经验，聪敏的知觉和对患者的同情"，这是医生的四德；②在医患关系上强调："医生需要有一些必要的知识，要洁身自爱，使患者信赖，并尽力为患者服务甚至牺牲自己的生命也在所不惜"；③强调医生要有一个好的仪表，习惯和作风；④强调医生要全面掌握医学知识与医学技术。他说"只通晓手术技巧而忽略医学知识的医生，不值得尊敬，因为它危害生命"；⑤在外科治疗中，他特别强调医生和助手的密切配合；⑥对军医专门提出了要求。他说，凡遇君王征战的时候，应该有医师随行，强调军医的职责和任务。

公元前1世纪的"印度内科鼻祖"卡罗迦，极力反对医学商业化，并且鄙视那些医学知识贫乏，只图钱财的医生。提出了为人类谋幸福的行医目的和一系列医德标准，要求医生要持续学习，听取有益的指导。要求医生全心全意为病者努力，不能伤害患者，"不论是白日黑夜，不管你繁忙与否，你都必须全心全意地为你的病者的解脱而努力"。这些论述体现了朴素的医学人道主义思想。卡罗迦的医德思想，一直受到印度医生的崇敬，并作为职业理想人格的镜子和行医遵循的规范，对当时印度医德发展影响很大。

此外，印度的医德有些也是用法律体现的，如《摩奴法典》规定，医生给患者治病，引起医疗差错，根据患者的阶级地位不同，所受处罚也不同。

3. 古巴比伦医德 巴比伦王国约在公元前3000年至前2000年初出现在伊拉克的两河

流域地区。国王汉谟拉比制定的著名的《汉谟拉比法典》突出特征是内含医学伦理规范，阐述了医生的行医准则、报酬和处罚条例。有7章写到医生的地位、报酬和处罚规定，体现了较系统的医德规范。《汉谟拉比法典》规定：医生用青铜刀治上等人的病而致死亡，应处以断手之罪，而使奴隶死亡则只需赔偿一个奴隶；治上等人眼的白内障引起的伤害，也以断手处之，而使奴隶失明，只要罚奴隶身价的一半等。这些记载是最早规定医生的刑事和民事责任的文献。

（二）古代西方医德思想

1. 古希腊医德 古希腊是欧洲文明的发源地，古希腊医德约在公元前6世纪至前4世纪形成，是欧洲医德思想的源头。古希腊医德思想的奠基人希波克拉底（Hippocrates，公元前460～前377），是西方医学的创始人之一，在杰出的医学实践中对医德进行了系统的概括和总结。在他的著作《希波克拉底文集》中《希波克拉底誓言》《论法规》《论艺术》三篇文章集中体现了他的医德思想，对医生和患者之间、医生相互之间关系的行为准则和规范，对医生的仪表和品质以及诊治患者的具体行为都做了详细系统的规定阐述。

《希波克拉底誓言》强调了“为患者谋利益”的医学宗旨：“我愿尽余之能力与判断力所及，遵循为病家谋利益之信条”“医术是一切技术中最美和最高尚的，它的目的是解除患者的痛苦，或者至少减轻患者的痛苦”。强调医生的品行修养：“永不存一切邪恶之念，即使受人请求，我也绝不给任何人以毒药”。“无论至于何处，遇男或女，贵人及奴婢，我之唯一目的为病家谋幸福，并检点吾身，不做各种害人及恶劣行为，尤不做诱奸之事”。强调尊重老师同行和医学传承：“凡授我艺者，敬之如父母，作为终身同业伴侣，彼有急需，我接济之。视彼儿女，尤我兄弟，如欲受业，当免费并无条件传授之。”强调保守医学秘密：“凡我所见所闻，无论有无业务关系，我认为应守秘密者，我愿保守秘密”。强调医生“应具有优秀哲学家的一切品质：利他主义、热心、谦虚、高贵的外表，严肃、冷静的判断，纯洁的生活，简朴的习惯，对生活有用而必备的知识，摒弃恶事、无猜忌心”。

《希波克拉底誓言》是希波克拉底及其学派，在长期的医学实践中总结出来的道德行为准则，是历史上倡导医学道德最早、最系统、最重要的文献，为后来形成的医学道德起了不可磨灭的奠基作用。后来欧洲人学医都要按《希波克拉底誓言》进行宣誓，以示忠于医生的职业道德。1984年，世界医师协会在这个誓词的基础上加以修改定名为《日内瓦宣言》作为国际医德规范。《希波克拉底誓言》至今还被国外不少医学院作为学生毕业时必须宣读的誓词。

2. 古罗马医德 公元前2世纪上半叶，希腊被罗马灭亡，从此直至到公元后5世纪，罗马成为欧洲、亚洲西部及非洲北部的中心。当时的罗马科学文化有很大发展，医学也比较发达。罗马人继承了古希腊的医学和医德思想，并在希波克拉底的医学和医德的观点上有了发展。原籍希腊的盖伦（Galen，公元130～220）是古罗马杰出的医生、自然科学家和思想家。他继承了希波克拉底的体液学说，发展了机体的解剖结构和器官生理概念，创立了医学和生物学的知识体系。在医德方面也很有建树，在《最好的医生也是哲学家》一文中认为：“医生应力求掌握哲学及其分科逻辑学、科学和伦理学”。强调：“作为医生不可能一方面赚钱，一方面从事伟大的艺术——医学”。他说：“我研究医学，抛弃了娱乐，不求身外之物”。盖伦的医德思想，尤其是他提出的轻利的观点，深为人民敬仰，但是盖伦的朴素唯物的医学观念中，混有唯心主义的目的论观点，认为自然界中所进行着的一切现象都是有目的的，是非物质力量所使然，被宗教神学所利用和歪曲，奉为教条，对后世医德思想产生了消极影响。

3. 中世纪的医德　公元5～14世纪欧洲进入封建社会时期。中世纪的欧洲基督教神学统治了西方的一切意识形态领域，医德也被披上了宗教的外衣。宗教为医生制定了许多内容繁杂、条目细致的带有宗教色彩的规范，限制了人们理性的思考，阻碍了医德思想的发展，使西方医德思想处于长期的停滞状态。

4. 阿拉伯和犹太医德　当欧洲医德思想停滞不前时，在公元6～13世纪，阿拉伯医德继承了古希腊以来的医德传统向前发展。阿拉伯犹太名医迈蒙尼提斯（Maimonides，1135～1204）就是这个时期医学和医德思想的杰出代表。他的著作《迈蒙尼提斯祷文》是当时医德的重要文献，《祷文》的中心思想是：为了人类生命健康，要时时刻刻有医德之心，不要为贪欲、虚荣、名利所干扰而忘却为人类谋幸福的高尚目标。“启我爱艺术，复爱世间人，愿绝名利心，尽力为患者，无分爱与憎，不问富与贫，凡诸疾病者，一视如同仁。”“存心好名利，真理日沉沦，愿绝名利心，服务一念诚。神清求体健，尽力医患者”。他的行医动机、态度和作风，体现着崇高道德标准和令人感动的奉献精神，至今仍值得效仿。《迈蒙提斯祷文》可以和《希波克拉底誓言》媲美，在阿拉伯和世界医学生中都有重大影响。

二、国外近代医学伦理思想

17世纪至19世纪末，是西方医学伦理由古代医德学向近代医学伦理学转变的重要时期。古代的医德学只不过是一些道德准则和行为规范的积累，并不能视为一种学科，古代医德学向近代医学伦理学的转变来自于两方面因素的影响，其一是近代社会结构的巨大变化所引起的政治、经济、文化的重构，势必改变社会思想和人们的道德观念。文艺复兴运动冲破了中世纪封建宗教统治的黑暗，资产阶级思想家们提出的人道主义思潮兴起，自由平等博爱的伦理思想渗透到医学领域，为医学伦理学的建立提供了理论基础；其二为科学技术，科学文化事业进入了一个划时代的发展时期，尤其是医学技术的革命使得以实验医学为基础的医学科学迅速发展，为近代医学伦理学的形成提供了物质基础。

近代医学伦理学摆脱了神的影响，人道主义成为医学义务论的核心思想。德国柏林大学教授胡弗兰德（Hufeland，1762～1836）提出了著名的《医德十二箴》，对于医生从医的目的，如何处理医患关系以及与同仁的关系提出了更为明确具体的要求。他指出：“医生活着不是为了自己，而是为了别人，这是职业的性质所决定的。不要追求名誉与个人利益，而要忘我的工作来救治别人，救死扶伤，治病救人，不应怀有别的个人目的”。体现了患者利益高于一切的思想，被视为是对希波克拉底医德思想的发展。胡弗兰德认为不应拒绝那些濒临死亡的患者。人道主义被鲜明地引入医学道德领域。此后的许多医学家都提出了人道主义应成为医学道德的基本原则之一。18世纪的法国医学家、精神病学创始人比奈尔（Philippe Pinel，1775～1826）首先提出应以人道主义态度对待精神患者，他认为要尊重精神患者的人格，摒除不文明的言语和行为，要给他们以良好的治疗。从此，强调医护人员对患者的道德责任，强调医生对患者的治疗是自主的，不接受非医学需要的干扰。人道主义的“义务论”成为医德行为的指导思想。

近代医学伦理学有对医生个人规范发展到对集体行医中的道德要求。17 世纪英国医生哈维（Harvey，1578～1657）用实验的方法发现了血液循环，于 1628 年发表了《动物的心脏运动和血液运动》，此后随着实验医学迅猛的发展，近代医学在生物科学技术的基础上发展起来，医学的发展又推动了医疗卫生服务事业的社会化，随着医院的出现和发展，医疗活动的主要形式也从医生个人行为发展到集体行医，医学的发展对医德提出了一系列新的要求，医学道德由对医生个人规范发展到对集体行医中的道德要求，为近代医学伦理学的产生创造物质条件。

医学伦理学作为一门独立的学科首先诞生于英国。这是由于英国社会政治经济文化科学的背景和约翰. 格雷戈里、托马斯·波茨瓦尔等努力的结果。

1772 年，英国爱丁堡大学医学教授约翰·格雷戈里（John Gregory，1724～1773），出版了《关于医生的职责和资格的演讲》，指出过于烦琐的成规可能导致浮夸和不真诚，对于医生的美德是有害的，医生的仁慈应来自其道德感。当然，成规仍然是有意义的，但它仅适合于指导绅士的行为，而不适合于医生，医生应该有他们职业特殊的伦理学。强调应将对医生的道德判断建立在道德哲学（伦理学）的基础上。把道德情感论应用于医学伦理学，不仅为近代医学伦理学提供了道德哲学的基础，而且还创建了一个至今仍充满活力的观点，即在疾病的治疗过程中，医生理解患者的情感与医学学科的作用同样重要。因此，Gregory 被认为是近代西方医学伦理学的奠基人，是现代生命伦理学的先驱。

1791 年英国医学家托马斯·波茨瓦尔（Thomas percival，1740～1804）为曼彻斯特医院起草了《医院及医护人员行动守则》，在 1794 年出版了《医学法学》，以后又经过向医生、律师、神学家以及普通公众等 25 人征求意见，做了补充和修改，于 1803 年再次出版并更名为《医学伦理学》，从此诞生了世界上第一部《医学伦理学》。Percival 继承了 Gregory 的道德情感论，但侧重于实际操作，更适合于当时医学界的需要，从而成为统治了一个多世纪的西方医学伦理学专著。

1847 年美国医学会成立，以波茨瓦尔《医院及医务人员行动守则》为基础，制定颁布了包括“医生对患者的责任和患者对医生的责任；医生对医生同行的责任；医学对公众的责任和公众对医学的义务等”为主要内容的《医德教育标准和医德守则》。

1864 年由南丁格尔发起，在瑞士日内瓦成立了“万国红十字会”，订立了《日内瓦国际红十字会公约》。该公约主要内容有：一是白底红十字的标志；二是改善战场伤病员境遇的国际通则；三是各国伤兵救护组织有保护和使用红十字标志的特权，战时应保护有关战地和俘虏救护的组织机构；四是医护人员在敌对双方中保持中立。对在战争中医护人员如何救护战地伤员，如何以人道主义精神对待放下武器的战俘做出了明确国际规定。红十字会开始只是一种志愿的、国际性的救护救济团体，只从事战时救护，后来发展到包括自然灾害救济和平时社会福利、输血、急救护理等任务内容。可见，近代医学伦理思想从内容到形式都有了新的发展。

三、国外现代医学伦理思想

医学伦理学作为一门独立完整的学科是在第二次世界大战后。二战中，纳粹医生不顾医务人员最基本的职业道德，用毒气屠杀战俘和大批无辜的妇女、儿童，对人进行毒气和细菌武器试验，犯下了不可饶恕的罪行。传统的人道主义医学伦理原则受到法西斯主义的粗暴践踏，其反人道罪行令世人震惊。战后，随着全人类对法西斯分子医学暴行的伦理反思反省；随着医学科学的发展以及医学日益的社会化、国际化，随着生物医学模式向生物–心理–社会医学模式的转变，医学道德在保障人类健康事业中的重要作用日益凸显出来，国际医学交往的日益增多和国际性医学组织的建立，一系列的国际医德规范和法律文献相继产生。

（一）成立了世界医学会，通过并发布了一系列宣言，医德规范国际化、系统化

1946 年在德国纽伦堡对纳粹医生进行审判的基础上，制定发表了著名的《纽伦堡法典》，为医学人体试验制定了“一是必须有利于社会；二是应该符合伦理道德和法律”为主要内容的国际基本原则，作为世界医学界的行为规范，使医学真正为人类服务。1947 年，在巴黎成立的世界医学会，作为代表医生的国际组织，通过在全世界范围内的医学教育、医学科学、医学艺术和医学伦理以及健康护理等领域确立和实现国际最高标准，为世界人民服务。1948 年，世界医学会制定了《医学伦理学日内瓦协议法》，作为全世界医务人员共同遵守的行为准则。1949 年，世界医学会在伦敦通过《国际医德守则》，进一步明确了医生的一般守则，医生对患者的职责、医生对医生的职责。1953 年，国际护士会议制定了《护士伦理学国际法》，1965 年在德国法兰克福通过了《国际护士守则》，此后 1973 年又做了修改与补充，1964 年，在芬兰赫尔辛基召开的第 18 届世界医学大会通过的《赫尔辛基宣言》，制定了指导人体实验研究的重要原则，强调人体实验知情同意。现在已修改五次。1968 年，世界医学会第 22 次会议又制定了《悉尼宣言》，对个人死亡的概念、死亡的诊断、死亡的确定和器官移植的道德原则做了原则性的规定；1975 年第二十九届世界医学大会通过并颁布了《东京宣言》，规定了“对拘留犯和囚犯在给予折磨、虐待、非人道对待时医生的行为准则”；1977 年第六届世界精神病学大会上通过了《夏威夷宣言》，提出了“精神病医生道德原则”。1977 年，第三十届世界卫生大会，提出“使全世界人民获得最高可能的健康”，加强国家协作，在居民中间均匀地分配卫生资源，使所有居民都能够享受基本卫生保健。1981 年，世界医学大会通过了《患者权利宣言》，在世界范围内明确了患者的基本权利。2000 年，世界生命伦理学大会在西班牙吉汉市召开并通过了《世界生命伦理学宣言》，坚决主张科技必须考虑公共利益，提出人类共享生命科学技术成果，每个人都有获得最佳医疗保健的权利。并对人类基因组研究、辅助生殖技术的应用、临终关怀、遗传食品的生产等做出了规定。明确提出禁止人体克隆，禁止人体器官买卖。这些文件从不同的方面对医务人员提出了明确的国际性医学道德原则。国际宣言和准则的制定，使现代医学伦理学文件和文献初步体系化，医学伦理学的基本原则逐渐完善深入。1949 年世界医学协会采纳了《医学伦理学日内瓦协议法》，标志着现代医学伦理学的诞生。

（二）世界各国对医德思想的教育和研究进一步深化

各个国家特别是发达国家十分重视医学伦理道德的教育，有计划有组织地对医学生、医务人员进行医学伦理教育。美国、英国、日本、加拿大等国家的医学院校普遍开设了医学伦理课程。美国的一些医科大学把医学伦理课程由选修课改为必修课。为了提高医德思想教育质量，有的国家很重视师资培训，如英国医学伦理学研究会与医学院的人文科学系，

为医学和护理学教师举办医学伦理学讲习班，帮助教师从多方面提高对医学伦理学的认识和思考。许多国家还十分重视对医学伦理学的研究。美国自 1947 年通过了《医学伦理学原则》以来，先后讨论修订 5 次。他们提出医学伦理学的内容应由三部分组成：即关于善的理论，关于业务的理论，关于公益的理论。1976 年肯尼迪伦理学研究所主办了季刊《医学与哲学杂志》。美国《在版图书总目 1979～1980 年》一书收集的医学伦理学书籍已经多达 96 种。医学伦理学的深入研究使其日臻成熟，而且成为医务人员和生命科学工作者一门必修课。

（三）医德的核心内容由义务论向公益论转化

以往的不同历史时期，医德的核心思想都是义务论，要求把患者的利益放在第一位。但是义务论在注重人的生命价值的同时，往往忽视或不顾社会价值，不考虑社会责任和社会后果。这就难以解决在当今医学科学发展条件下出现的许多伦理学难题。所以，要求医务人员，不仅要对患者负责，也要对社会负责。在治疗疾病的同时，要考虑到昂贵的费用对社会经济带来的沉重负担，以及社会公益的价值。要使医学科学的成果提供的益处能够公平合理的分配，不只是落到少数人身上，使有限的资源，得到最合理的分配等。公益论不是对义务论的否定，而是医德思想发展过程中对义务论的新认识、新发展，要求医务工作者更多地注意社会公益的同时，并不摒弃义务论。

（四）医德的发展和实践，对法律的依赖性越来越大

在西方社会，道德是多元的，不同的价值观，可以产生不同的道德标准，医德也是如此。然而，医德的实践是涉及全社会人人普遍利益的一项系统工程，所以，医德思想的原则越来越需要以法律的形式加以体现和推行。而医德思想的发展则必然导致对法律的制定和修改产生影响。如安乐死问题，荷兰通过了安乐死法案；脑死亡问题，美国已通过承认脑死亡的法律和实施程序，越来越多的国家正在加快本国的医学法规建设。

第三节　生命伦理学的历史发展

现代医学伦理学以人道义务论和美德论作为理论基础，并对医德建设产生了重要影响，但存在不强调公众利益、只对个人负责思想的缺陷。随着医学科学的发展、环境污染、医疗卫生资源短缺、人口老龄化、新技术应用带来的新课题等现实问题的挑战，使得功利论为特征的人道主义逐步成为西方医学伦理学的理论核心。此外，人权论与公益论也成为西方医学伦理学的重要理论来源，丰富了医学伦理学的理论基础。20 世纪 60 年代以来，西方医学伦理学又跨入了一个新阶段，即生命伦理学阶段。

一、生命伦理学的诞生和背景

20 世纪 60 年代以来，一方面生物医学技术发展应用十分迅速，另一方面以“人权”为核心的各种社会文化运动和伦理思潮接连不断，在医学实践中出现了前所未有的技术伦理难题和思想观念冲突，激发了人们对生命伦理的思考研究。

（一）新生命科学技术的发展应用

医学高技术的迅猛发展和广泛应用，医学从传统意义上的防病治病，逐渐兼容了人类的享乐、完善和发展自我，同时又进一步刺激着医学的潜能，医学逐渐向复杂的社会生活和多样的生存嗜好延伸，如美容、变形、长寿等与高新技术结合成为医学的社会图景，器官移植、精神控制、克隆和胚胎干细胞技术、基因学技术、人工辅助生殖技术、冷冻复苏和生命支持技术等的研究应用，不仅开启了人类医学的新阶段，还带来了复杂深刻的伦理问题。

（二）权利运动和患者权利

战后美国兴起了女权运动，不仅把人们的注意力引到对女患者的关心，更影响人们对生育控制和人工流产问题以及家庭和人口政策问题的看法。其中节育和生育控制成为运动的重要问题之一，到 20 世纪 60 年代流产堕胎问题更成为争论的中心。20 世纪 50 年代美国国立卫生研究院开始成立并支持临床科研，把科研引进医学教育和对患者的照顾，试验受试者数量范围扩大，涵盖了患者和健康的志愿者，1965～1971 年纽约 Willowbrook 医院发生了把肝炎疫苗注射到弱智儿童身上进行研究的事件。1966 年 Brooklyn 的犹太慢性病医院，在未经患者同意的情况下，把活的癌细胞注射到老年人身上，这些都引发了人们对人体实验和患者权利的关注。起始于 20 世纪 60 年代对低劣食物抗议的消费者权益运动，开始频繁地影响医疗领域，患者权利问题成为公民权利运动中一个备受关注的领域，70 年代的“患者权利运动”成为更大的民事权利的一部分，最终促成 1973 年美国医院联合会《患者权利法案》通过，患者的“医疗、护理、康复、转院、知情、同意、资料、保密、试验、查账”的十大权利得到保证。此外，反战和平运动和瑞切尔·卡尔逊的《寂静的春天》出版，引起的环境保护浪潮，把人们的注意力引到由于战争、环境污染问题等而引发的国际健康问题上。

（三）卫生资源的公正分配

社会经济的迅速发展，医学高新研究不断获得大规模资金支持，医疗技术的突飞猛进，医疗机构不断扩大规模提升服务层次。由于医学高新技术广泛使用，医疗服务成本急剧上升，同时社会贫富之间的差距和严重的社会分配不公现象大量存在，民众购买保险的能力减弱，大部分的美国人仍不能得到足够的医疗照顾，器官移植、肾透析、生命支持技术等稀有卫生资源的分配中，为谁治疗成为伦理选择的难题，美国当时的社会标准筛选方式引起了巨大的社会反响。复杂的医学技术、公平公正的使用医疗技术及人口分布不均匀，增加了公正享受医疗服务的障碍：富人医学、奢侈医疗和社会普通人群的基本医疗在资源分配上的冲突引发社会的高度关注。

（四）死亡标准和方式的变革

高技术生命支撑疗法，在延续人的生命的同时，生命质量的低水平存活成为客观的现实问题。什么是死亡，如何对待濒临死亡，如何对待安乐死的问题提上了社会日程。在由生命维持技术和移植技术引发的社会压力下，哈佛大学于 1968 年提出了脑死亡的标准。1975 年 Karen Ann Quintan 案件，即新泽西州法官同意患者父母撤出其呼吸机，就是在社会对死的权利和主被动安乐死广泛讨论后，依据哈佛标准做出的决定。案件引发的安乐死等问题的讨论，是美国生命伦理学历史上的里程碑。1976 年加利福尼亚首先通过了自然死亡法案。

（五）医学模式的转变

随着医学科学和技术知识的分工细化，很多医生走进越来越窄的领域，使自己局限于某一专业，加之医生的社会和经济地位明显提高，造成了医生和很多患者在生活态度和生活方式等方面大不相同，最终导致了医疗照顾的非人性化、片面化，医疗的社会、行为、环境和人性化方面被忽视，疾病的生物和生理方面被强调到不适当的地步。患者抱怨医生已失去对他们整体方面照护的能力，从以前密切的关系转变成陌生的关系。随着社会文化的进步，随着人类对于自己生存状态的反思和审视，再次把医学作为人的文化哲学看待并研究成为必然的趋势和结果。医学模式作为人们观察、处理疾病健康的基本思维方法和行为方式，必然随之改变。

正是社会和文化方面的态势和生物医学科学的发展共同构成了 20 世纪 60 年代末开始的生命伦理学运动。1971 年，在《生命伦理学：通向未来的桥梁》一书中，美国威斯康星大学教授波特，创造性地使用了“生命伦理学”一词。从此，生命伦理学作为一门新兴的交叉学科，在医学伦理学的基础上，迅速扩展，成为世界上备受关注和引人注目的学科。美国在生命伦理学领域处于世界领先地位，最重要的标志是 1969 年成立的美国社会伦理学和生命科学研究所（后于 1971 年更名为哈斯廷斯研究中心）和 1971 年成立的肯尼迪研究所。至 20 世纪 90 年代已出版学术专著达千种，创办以生命伦理学为主的杂志 100 余种，如美国的《医学与哲学》，哈斯汀报告都具有较大影响。一般认为，1991 年美国医学伦理学家罗斯曼的《床边的陌生人》一书问世标志着这门学科的成熟。1963 年英国成立了医学伦理学学会和医学伦理学研究所，后者在 1975 年创办了《医学伦理学杂志》，1985 年创办了《医学伦理学简报》。1989 年 3 月，在联邦德国巴特洪堡召开了“第一次国际生命伦理学会议”。至 20 世纪末，世界各国几乎所有的医学院校都先后设立了生命伦理学课程，开办了生命伦理学硕士、博士学位点。医学伦理学开始向生命伦理学过渡，并进入后现代时期。

随着高新医学技术的进步，医学中的伦理问题越加复杂，人们面临着深刻的伦理困惑，如克隆人、胚胎干细胞、人工授精、器官移植、基因医学、人类基因组计划、变性手术、精神控制、严重遗传性残疾新生儿处置、放弃治疗、安乐死以及卫生资源分配等卫生经济政策伦理学问题，研究讨论生命伦理学的热潮在全世界迅速掀起，与人类生命健康息息相关的生命伦理学，根植于公众对个人权利、社会公正环境质量问题的关心，这不是某一个国家的问题，也不是西方特有的问题，而是全球性的问题。每个国家的政府必然会通过政策法规等的制定对生命伦理学领域的问题进行指导和控制。生命伦理学研究的国际联盟逐步成立，联合国正式成立了国际生命（生物）伦理学委员会。为了统一有关生命伦理学方面的政策，各种国际组织先后召开了种种会议，公布了多方面的宣言和公约，生命伦理学发展成为具有重要理论意义和社会现实意义的、众人瞩目的一门全球科学。

二、生命伦理学的学科内容

（一）生命伦理学的含义

1971年，美国威斯康星大学的教授波特在所著的《生命伦理学：通向未来的桥梁》一书中创造性地使用了"生命伦理学"一词。旨在建立一门新的"把生物学知识和人类价值体系结合起来的学科"，作为科学和人文学科之间的桥梁，帮助人类生存，维持并促进世界文明。波特指出："生命伦理学是利用生命科学改善人们生命质量的事业，同时有助于我们确定目标，更好地理解人和世界的本质，因此它是生存科学，有助于人们对幸福和创造性的生命开出处方。"

肯尼迪伦理研究所《生命伦理学百科全书》主编比彻姆，把生命伦理学定义为"对生命科学和卫生保健领域中人类行为的系统研究，用道德价值和原则检验此范围内人的行为"。随着生命伦理学深入发展，学者们也使用和借鉴其他学科的研究方法与伦理研究方法共同研究生命伦理学问题，以解决生命科学与人的需求、人与社会、人与自然、人与人的冲突。

由于生命伦理学本身还处于发展过程中，其定义还无法统一。我们可以认为：生命伦理学是对生命诸问题的道德哲学注释，是对人类生存过程中生命科学技术和卫生保健政策以及医疗活动中道德问题的伦理学研究，是有关人和其他生命体生存状态和生命终极问题的学科，它应包括"理论生命伦理学"和"应用生命伦理学"两部分。

（二）生命伦理学的研究范围

拉南·格尔轮在权威的《应用伦理学百科全书》中对生命伦理学研究范围做出了如下的界定：生命伦理学是研究产生于生物学实践领域包括医学、护理学乃至兽医站内的其他卫生保健职业中伦理问题的学科。他的研究范围除了生物科学研究中的伦理学，还包括环境伦理学，包括性、生殖、遗传、人口中的伦理问题以及各种与卫生事业相关的社会政治道德问题，如贫困、失业、歧视、暴力与迫害、犯罪与战争等对人类健康的影响。涉及该学科的人员除医生、护士、生命科学工作者、患者、受试人员外，还有政策专家、管理者和政府官员。生命伦理学的学术领域涉及哲学、道德神学、法学、经济学、心理学、人类学、社会学和历史学等。

生命伦理学的主题一直在变化，范围也在不断扩大，一般分为四个阶段。第一个阶段以某些医学行为准则的形成为标志，如禁止医学广告、不容许诋毁同行等，此阶段以古老的义务论作为思想基础，可称为"医学伦理学阶段"；第二阶段即"医学伦理学向生命伦理学过渡阶段"，医生的处境发生根本性的变化，传统医务执业活动中的家长主义、生命绝对无价论、讲真话等受到挑战，此期的生命伦理学家应成为患者权利的代言人，医务人员的行动道德不仅要用传统的伦理原则去规范，而且还要用价值论和公正理论以及社会与政治哲学去说明；第三阶段是"生命伦理学形成阶段"，除生命价值论日益影响医学行动决策外，生命伦理学家开始关注卫生医疗政策、卫生经济和医疗改革问题，生命伦理学已逐步成为国家政府制定卫生政策或立法的重要理性资源；第四阶段为"生命伦理学的发展阶段"，国外有学者把这一阶段称为"人口保健的生命伦理学"，它包容了所有传统医学伦理学内容，并且超越了医患关系的范围，应用生物学、人类学、管理学等诸多人文社会科学理论与方法，对卫生保健等多种因素进行研究，除高新生命科学技术中的各种难题外，它把目标集中在为什么及如何解决人类平等享有医疗保健的权利上。总之，生命伦理学的研究内容广泛，关注领域非常宽阔，并且始终处于开放的态势，由于研究者处于不同的视角，划分方法不尽相同。综合伦理学界的意见，可划分为理论生命伦理学和应用生命伦理学两大部分，理论生命伦理学包括元生命伦理学（或生命伦理学理论）和文化生命伦理学；应用生命伦理学包括医务伦理学、生命与死亡伦理学、卫生经济与医疗保健政策伦理学、环境与生态伦理学四个分支。

（三）生命伦理学的基本问题

1. 基本理论问题 生命伦理学的基本问题就是围绕人类的生死和健康问题而展开的生命神圣性与生命质量的关系、生命价值与社会价值的关系、对患者的义务为社会公益的关系。在这基本问题的处理上始终存在着不同价值观的冲突，这种冲突在当今主要表现为生命神圣论、生命价值论和生命质量论的交叉和矛盾。生命伦理学的实践就是要不断地把它们统一起来，并使之符合在一定的国情和文化背景以及大多数人的心理承受能力的基础上，发展人们的观念，规范人们的行为，最终使人类更好地生存和发展。

生命伦理学的兴起，与传统医学道德观念发生了巨大冲突。这种冲突首先表现于对待人的生死观念的问题上。传统观念认为人的生命是神圣的，这只有无条件地保护生命才是道德的；而生命伦理学认为，当代生物医学技术对生命的保护是有条件的，我们既可以有条件地维持生命也可以有条件地接受死亡。其次，表现在道德价值观的变化上。传统观念认为，医学伦理学的价值目标是生命的生理价值；而生命伦理学追求的价值目标则是以人的价值和社会的价值为前提的生理价值和医学价值，要求把生命的尊严和神圣性与生命的价值和生命的质量结合起来。最后，传统医学道德认为，医学与患者之间只有义务的关系，医务人员的高尚道德全部表现在对患者的尽职尽责，而且仅对患者负责；而生命伦理学不仅要求医生对患者负责，而且同时也要求对整个社会和人类负责。这样，生命伦理学就把义务论、价值论、公益论统一起来了，从而义务论、价值论和公益论一起，构成了生命伦理学的理论基础。

2. 基本应用问题 生命伦理学研究的基本应用问题，不仅存在于科研临床及医疗领域，而且存在卫生检测领域。大体可概括为：生命控制、死亡控制、人体实验和医疗卫生资源分配。生命控制了包括避孕、流产、人工授精、体外受精、无性繁殖；遗传和优生方面的产前诊断、性别选择、遗传咨询、基因治疗 DNA 重组、优生；人体器官移植。死亡控制包括脑死亡和心肺死亡标准；主动被动安乐死；植物人的处理等。行为控制主要指对精神病患者的行为干预，包括药物控制、机械控制、手术控制。资源分配包括稀有卫生资源的宏观和微观分配；卫生政策和医疗保障的公正等。

三、生命伦理学发展中的普遍性原则主义和非普遍性原则主义

随着生命伦理学的发展，在生命伦理学的研究争论中，存在着不同的观点和看法。有的来自宗教界，有的来自自然科学家和医生，有的来自哲学家，有的来自女权主义者等，意见分歧很大。从伦理学和哲学的层面审视整理，则主要有两种对立的观点值得重视，即

普遍原则主义和非普遍原则主义。

（一）普遍原则主义

“普遍原则主义”是生命伦理学观点，是17、18世纪天赋人权理论在新的历史条件下的变体，代表人物有美国伦理学家博尚和吉特雷斯等。他们在2001年出版的《生命医学伦理学》一书中，从天赋人权观点出发，提出了生命伦理学的“放之四海而皆准”的四项基本原则。即正义（justice）原则、自主原则（the principle of autonomy）、行善原则（the principle of beneficence）、不伤害原则（the principle of non-maleficence），并认为这四项原则的重要性是同等的，它们中的任何一项都不具有优先地位，在具体应用时需要进行权衡。“普遍原则主义”深受当代西方伦理思潮中罗尔斯等的新自由主义或新个人主义的伦理观念的影响，是传统的先验主义的伦理观念在当前生命伦理学中的体现。这四项原则提出后，由于长期受天赋人权观念的影响，在西方社会就受到许多人的拥护和接受。普遍原则主义被人们认为是西方生命伦理学中的主流思想。但是在具体应用中，常常使人陷入两难境地。例如，根据维护婴儿的生存权的原则，应该禁止人工流产；而根据孕妇的自主权的原则，则又应该允许孕妇自愿人工流产。同样，根据个人的生存权原则，应该禁止医生帮助患者安乐死，而根据患者的自主权原则，又应该允许医生帮助患者实现自愿的安乐死等。于是后来出现了种种反对这种普遍性原则主义的呼声的“非普遍原则主义”理论。其中主要是条件主义。

（二）非普遍原则主义

非普遍原则主义，或称条件主义（contextualism）、情境主义、社会历史条件主义。受社团主义者麦金太尔等“美德是教育而非原则”的思想，或者受黑格尔主义、马克思主义的历史主义等的影响。条件主义并不反对原则，但反对先验的“放之四海而皆准”的或永恒不变的原则。反对传统的普遍主义的规范伦理学，提倡一种描述的伦理学或实践的伦理学，强调不是先有原则后有生活，而是先有生活后有原则。脱离生活实践的抽象的永恒不变的伦理原则是不存在的。伦理原则是从人的具体生活的情境中或一定社会历史条件下产生或形成，并随人的生活情境或社会历史条件的变化而变化的。它是人在生活情境中的权衡和抉择，因而用17、18世纪和传统的伦理原则套用于因高科技日新月异而产生的生命伦理学，则不仅在应用上会出现上述种种两难的问题，而且还会阻碍当今生命科学与生命伦理学的发展。在科学与伦理的关系问题上，他们主张两者的协调发展，而不是一方禁止另一方的发展。他们承认科学的发展应受伦理原则的制约，但又认为伦理原则也应随科学的发展而不断修改和完善。

条件主义的重要代表人物琼森，从当前医学科学技术的实践出发，反对普遍原则主义的生命伦理学理论。他认为现代医学科学技术的实践正在朝“非宗教经文解释”（secular-aggadan）的方向发展。但在西方的医学伦理学说中却浸透着一种粗野、迷信、神话、神学相混合的，像犹太法学博士解释犹太教义似的，“宗教的经文解释”的医学思维模式和精神，常常把医学的伦理学原则看成是上帝的普遍、永恒的规定，而康德的“至上命令”的先验的普遍原则主义的伦理学说就是这种宗教伦理观的变体。当今新兴的医学科学技术与古老的“宗教经文解释”的伦理学说与方法日益尖锐化，利己主义与利他主义的悖论更加明显。古老的永恒不变的“人性论”应该与日新月异的医学科学技术以及不断变化的社会、经济环境相适应。新兴的医学科学技术应该有新兴的医学伦理学理论与之相适应。

在方法论上，琼森反对普遍性原则主义的从一般性原则出发到具体案例应用的演绎法，提倡从具体情境或具体案例出发上升到一般性原则的类比归纳法。不是“理论—原则—具体”的方法；而是“具体—原则—理论”的方法。他称之为“决疑法”（casuistry），他认为运用这种方法从各种不同案例中归纳产生出来的原则就不是永恒不变的绝对原则，而是可以随情境的变化而不断变化的相对的普遍性原则。这种原则的应用不仅可以避免生命伦理学中上述两难问题的发生，而且还可以使生命伦理学随生命科学技术的发展而不断完善和发展。

四、中国生命伦理学的发展趋势

中国的生命伦理学研究发展，在马克思主义指导下，坚持社会存在决定社会意识，社会意识对社会存在具有反作用的基本原则，坚持从社会实践的角度认识道德的起源、发展，认识道德对社会发展进步的作用。坚持实践到认识再到实践的实事求是认识路线，坚持真理的绝对性和相对性的辩证统一，坚持世界的普遍性和特殊性的辩证统一。既不片面地搞生命伦理研究的绝对主义的普遍原则主义，也不片面地走向伦理的绝对相对主义。

中国的生命伦理学研究，必须坚持从我国社会思想的实际出发，坚持从生物医学技术发展的实际出发，把社会主义先进道德思想和中华民族的传统文化结合起来，把生命道德和促进人的全面发展结合起来，把生命道德和促进人的全面发展结合起来，不断创新理论，积极构建中国特色的生命伦理学学科体系。

第一，以社会主义人道主义为旗帜，把生命神圣论、生命质量论和生命价值论有机统一起来，科学把握正确处理生命医学技术发展和社会进步中的优生优育、人工生殖技术、基因治疗、器官移植等生命控制问题，死亡标准、安乐死、临终关怀等死亡控制问题。

第二，以可持续发展为指导，从我国国情出发，坚持人口资源环境的协调发展和中华民族未来的高度、正确认识和引导我国的计划生育政策，把降低人口数量提高人口质量的计划生育国策落实好。

第三，中华民族的优良伦理传统习俗和医学实践中的生命伦理原则结合起来。在不伤害个人基本生命健康权益的基础上，把个人的知情同意和家庭或监护人的知情同意结合起来。

第四，以集体主义的价值观为主线，把医疗卫生事业的经济效益和社会效益统一起来，在市场经济条件下，坚持医疗卫生事业的公益性质。

第五，以全心全意为人民服务的医疗宗旨为方向，科学制定卫生政策，把高新技术的应用和常规技术的普及协调起来，把有限的卫生资源发展好，使用好，确保卫生资源分配的合理公正，确保人人享有基本医疗保障。

第六，以科学发展为指导，把道德观念的进步更新和生物医学技术的发展协调起来，既要不断解放思想促进医学技术的进步，也要严格规范具有负面影响的新技术的使用，如我们既要允许胚胎干细胞的研究和治疗性克隆技术的研究，又要坚决禁止克隆性生殖的研究，确保人类的尊严和权利，确保社会和谐稳定。

生命伦理学和社会传统、文化背景有着密切的关系，在生命伦理的实践中，我们既不能采用强制的方法，让社会所有成员都持一种观念，也不能放任自流，从抽象的个人权利出发，以个人利益为核心为所欲为。对生命伦理学问题较好的解决办法就是通过协商、对话、讨论等达成一致。正如丹尼尔·维克勒在第三次国际生命伦理学会议上的主题报告——《生命伦理学家和社会责任》中提出，应把生命伦理学解释为理解为这样一个学科，它给持有各种观点的所有学者提供了场所。生命伦理学因其极强的现实针对性而成为当代医学伦理学研究的一个热门学科，并呈现出方兴未艾的发展势头。

第三章 医学伦理学的理论基础

第一节 生 命 论

从古至今，人们对于生命的认识经历了复杂的过程。从最初的人们认为生命是至高无上的、神圣不可侵犯的，即生命是神圣的，到后来人们对于生命的质量与价值的认识，在这个认知过程中逐渐形成了不同的生命理论，主要有生命神圣论、生命质量论以及生命价值论。这些理论使生命理论的体系更趋于完美，也不断影响着以生命为研究对象的医学，为医疗护理实践提供了富有科学理性的行为指南。

一、生命神圣论

（一）生命神圣论的概念

生命神圣论是指强调人的生命至高无上、神圣不可侵犯的伦理理念及其理论。其基本要求包括：无条件的保存生命；不惜任何代价地维护和延长生命；一切人为终止生命的行为都是不道德的。

生命神圣论的观点，无论古今中外、宗教的或非宗教的伦理思想莫不推崇备至。在我国，《黄帝内经》中有“天覆地载，万物悉备，莫贵于人”的论述；孙思邈在其《千金要方》的自序中解释此书之命名曰：“人命至重，有贵千金，一方济之，德逾于此，故以为名也”。在西方，古希腊哲学家毕达哥拉斯主张：“生命是神圣的，我们不能结束自己和别人的生命”；历代基督教和天主教也主张：“谁杀死自己就是对上帝的犯罪”；《希波克拉底誓言》承诺：“决不为妇人施堕胎术”；《日内瓦协议法》规定：“即使在威胁之下，我也要从人体妊娠的时候开始，保持对人类生命的最大尊重，绝不利用我的医学知识，做违反人道原则的事”。所有这些都从不同的角度反映和论证了生命神圣论的观点。

按照生命神圣论的观点，人的生命不容践踏，当人的生命遭到疾病侵袭或面临死亡威胁时，作为人类生命保护神的医务人员，应该义不容辞的利用其掌握的医学知识和手段竭尽全力地去维护生命的存在，不遗余力地去恢复健康，挽救生命，延缓死亡的来临。因此，生命神圣论成为医务人员必须遵守的最重要的伦理原则与道德行为准则，它是激励古往今来医务人员不断探索生命奥秘、推动医学科学进步的动力，也是医学乃至广大医务工作者受人尊敬的基础。

（二）生命神圣论的现实意义

1. 生命神圣思想是生命质量论和生命价值论的基础 生命神圣思想具有相对的独立性，就是说尽管生命质量论和生命价值论在现代社会占主导地位，但它们得以成立的前提是生命神圣论，“人的生命的价值来源于人类生命的神圣性”。因为承认生命的神圣性，也就是肯定了人是世间万物中最宝贵的存在，在此基础上生命才有质量和价值可言。生命神圣论是生命质量论和生命价值论的前提与基础，强调这一点，并不是取消后者在现代医学实践中的主导地位，而是使具有可操作性的生命质量和生命价值标准的制订和践行不会过于宽泛和轻率，以避免出现对某些生命的漠视。生命神圣思想可以在生命的神圣性和可操作性之间保持必要的张力，使人类始终对自身生命的改造保持一种谨慎、严肃的态度。

2. 生命神圣思想彰显医学人道主义的优良传统　在生命质量论与生命价值论大行其道的当代社会，提倡和正确理解生命神圣思想，充分彰显了医学人道主义的优良传统，可以保证现代社会对每个人的生命都给予最大限度的尊重。医学人道主义要求关怀和尊重每一个人，因为所有人的价值都是平等的。“人类生命具有与生俱来、内在的价值；本身就是神圣的”，即我们敬畏生命不仅是因为生命对人类的重要性，更是因为生命本身的神圣性值得我们这么做。由此可见，生命神圣性就是生命存在的内在价值，且每个生命的内在价值都具有普遍平等性，其核心就是每一个人拥有平等的权利，人的生命权或者生命健康权作为人的权利的一种基本表现形式，都是平等的，都是神圣不可侵犯的。也就是说，只要人类的生命一旦开始，就具有其内在固有的神圣性。强调生命神圣思想并不意味着一味保存或延长人的自然生命，更多的是表现为人们在任何情况下都始终对他们的生命保持严谨、尊重的态度，即肯定与重视他们的人格尊严。

3. 生命神圣思想推动了医学科学和医学道德的产生与发展　从一定意义上说，生命神圣论是医学科学和医学职业产生的基础。生命神圣论强调“生命至高无上、神圣不可侵犯”，所以，当生命受到伤害、受到疾病折磨的时候，就需要医学为生命提供保护和帮助；正是在生命神圣观念的感召下，一代又一代医务人员不断探索生命的奥秘，发现诊治疾病的新方法，千方百计地解救患者的痛苦，大大促进医学科学的发展和医疗技术的进步。生命神圣思想还使人们一开始就把仁爱救人、救死扶伤当作医学的内在宗旨和崇高职责，并在此基础上确立了把患者利益放在第一位的医德原则和规范，指导和激励医务人员对患者深切同情、悉心关怀、普同一等、一心赴救，对医疗工作审慎严谨、认真负责，对医疗技术刻苦钻研、勤勉不倦，推动了医德理论和医德实践的发展。

（三）生命神圣论的历史局限性

生命神圣思想作为传统医学伦理学的思想基础，在医学伦理学发展史上起到积极的作用，特别是在医学社会化程度还很低的时候，医者关注的重点是患者个体的生命健康利益，生命神圣论是医者为医行善的道德基础。但生命神圣思想包含着许多盲目的因素，随着社会进步和医学科学技术的发展，在医学的社会价值日益发展的前提下，特别是出现了生命质量和价值观后，生命神圣观的历史局限性就越来越明显，需要我们重新审视和反思。

1. 生命神圣论会导致生命神圣的绝对化　生命神圣论把生命神圣指向人类整体，认为相当于世间其他生命而言人的生命是最宝贵的，这是具有积极意义的；如果采取绝对化的形式，把生命神圣指向每一个个体，强调不管什么样的生命，只要是人，就要不惜一切代价救治，往往会导致重视人的生命数量及生物学生命，而忽视人的生命质量及人的社会学生命，这种观点对人类控制人口数量、提高人口质量、公正分配卫生资源等，客观上设置了伦理障碍。

2. 生命神圣论会导致医学新技术的研究与应用　20 世纪 50 年代以来，随着医学科学的进步，一大批新技术应用于医学领域，如人工生殖技术、器官移植技术、遗传工程、产前诊断等，这些现代生物医学技术的临床应用，使人们操纵生命、优化生命的能力提高；依靠现代医学技术保护“无效生命”存在的能力也大大提高，按照生命神圣论的观点，毫无疑问，要不惜代价地用医疗高新技术去挽救人的生命。而这样必然导致投入的大量增加，造成有限卫生资源的浪费和不合理分配，还会导致大量医学伦理难题。如能否实施生育控制措施；能否停止对患者的抢救，实行安乐死；能否对生命进行研究，进行人体试验；能否摘取人体器官进行移植；能否进行干细胞研究等，这一系列问题解决，必须克服生命神圣论的局限，医学才能快速发展。

二、生命质量论

（一）生命质量论的概念

生命质量论是 20 世纪 50 年代提出来的，是指以人的自然素质（体能和智能）的高低、优劣为依据来衡量生命对自身、他人和社会存在价值的一种伦理观念及其理论。它强调人的生命价值不在于生命存在本身，而在于生命存在的质量；人们不应单纯追求生命的数量，而应着重关注生命的质量，增强和发挥人的潜能。

生命质量是 20 世纪 50 年代，随着生物医学工程技术的发展而逐渐产生的，它是现代医学（生命）伦理学的核心观点，并为改善人类生命及生存条件提供伦理依据。随着人类社会从低级向高级的发展和人类自身的完善和进步，人的自主意识不断成熟，人们逐渐重视生命的质量，人们不再仅仅为了生存而活着，而要问一问自己究竟活得怎么样？是幸福还是痛苦？人们不只是追求延年益寿、长生不老，而是更加注重追求生活的幸福愉快和健康长寿。生命质量论的提出标志着人类生命观迈向成熟，更加理智。

人的生命有别于其他一切生命体，其中，最本质的区别在于人是社会环境的产物，具有自我意识，有人脑这个高度发展的生理物质基础。因此，作为人的生命必须具有基本的两条标准：一是作为前提的自我意识；二是作为条件的社会关系。作为从所处的社会关系中产生的自我意识，把人与受精卵、胚胎、胎儿及脑死亡者区分开来。在人的生命过程中，由受精卵到婴儿，发展到自我意识的产生，就开始由生物学生命转化为人的生命，如果生物生命终止或自我意识丧失，人的生命就失去它的根本意义与价值，此时又复归为生物学的生命。因此，自我意识的具备，还必须有正常发育的脑结构与脑功能；处在社会关系中，还必须充当一定的社会角色。因此，人的生命是自觉的和理性的存在，是生物学存在与社会学存在的统一。

（二）生命质量的标准

生命质量，主要是指人的生命的自然的质量，是指某一种生命就生物学生命的意义上讲是否具备作为人的基本要素。

生命质量的标准，是指个体生命健康程度、德才素质、治愈希望、预期寿命等。从医学角度上讲，对生命的质量可从体能上和智能两方面来加以判断和评价。

生命质量一般可从三个层次上衡量，一是主要质量，即指个体的智力发育或身体状态，这种生命状态能满足个体自身生理及生存的最基本需要，是一种基本的生命质量状态；二是根本质量，即指生命的目的和意义，体现与他人和社会的相互作用关系中生命活动的质量；三是操作质量，即用客观方法测定的生命质量，如国外用智力测定法衡量人的智力状况，智商在 20～40 是有问题的人，智商在 20 以下者即不能算为正常人。另一方面，生命质量也可用患者痛苦和意识丧失的程度来衡量，如晚期癌症患者、不可逆性的昏迷患者、植物人等，其生命质量是非常低下的。

（三）生命质量论的历史意义

1. 生命质量论使医学生命观更加深刻与合理 生命质量论在生命神圣论的基础上，把个体的生命利益与群体甚至人类的生命利益联系起来，把珍惜生命与尊重生命质量联系起来，补充并完善了生命神圣论所规定的医学目的，也丰富了生命理论。

2. 生命质量论使医学伦理学研究方法和理论基础更加进步与科学 传统医德的生命神圣观与义务论，是以医生善良的动机为基点，并作为道德的主要评价标准，而很少考虑行为的后果。生命质量论以动机与效果统一的新功利主义为基本原则，把生命质量与行为效果作为主要判定标准，注重对生命区别对待，对那些毫无质量，只能给社会增加负担，没有价值的生命，就没有义务予以保护。这就使以义务论为核心的传统医德进入到以价值论为核心的医学伦理学的新阶段。生命质量观的形成与发展，对人们认识与处理生命问题提供了重要的理论依据。对长期以来困扰人们的生与死的权利及生与死的选择问题，提供了新的标准和理论依据。

3. 生命质量论为认识和处理当代医学道德难题奠定了理论基础 生命质量论为医务人员对不同生命质量的患者采取不同的治疗方式提供了一定的道德取舍标准，为医学新技术的推广和应用提供道德辩护，对一些医学道德难题做出比较明确的道德结论，从而不仅为医务人员的医疗决策提供了理论支持，如避孕、节育、绝育、遗传咨询等，更为社会制定一系列相关法律政策提供了理论依据。

（四）生命质量论的局限性

生命质量观就人的自然素质谈论人的生命存在的价值，只看到了生命的自然属性，忽视了生命的社会属性，也有一定的局限性。一般意义上说，人的自然属性和社会属性是统一的，但是，现实生活中也有特殊的情况，例如，有的人生命质量很高，而其存在的价值很小，甚至是负价值；也有的人生命质量很低，却有他的存在价值，甚至超过常人。因此，要正确地评价一个生命现象，必须把生命质量观和生命价值观统一起来。

三、生命价值论

（一）生命价值论的概念

生命价值论就是主张个人以其对他人和社会的作用及意义的大小为标准，确定其生命的社会意义，以保证人类和谐生存与发展的生命观及理念。

生命价值论形成于 20 世纪 70 年代，它是对生命神圣论及生命质量论的扬弃，是生命伦理学的核心理念。

（二）生命价值的标准

价值即意义，表示主体和客体之间的一种关系，是客体的属性对作为主体的人的需要的满足关系。生命价值在这里专指人的个体生命价值，即个体生命所存在具有潜在的创造价值的能力在现实中发挥作用，实际地满足人们的需要的属性。即个人的生命对他人、对社会及对自身具有何种作用与意义。人的生命的价值在于它本身能创造新的价值。人本身既是价值主体，又是价值客体。作为价值主体，它可以通过自身的实践活动改造世界，创造出物质和精神财富；作为客体，它本身又是被改造者，通过不断的改造而得到日益自我完善和提高，从而具有更大的价值。

人的生命价值是自然现象与社会现象的综合，它是生命的自我价值与社会价值、内在价值与外在价值、潜在价值与现实价值等诸多价值的有机统一。

1. 生命的自我价值与社会价值 生命的自我价值是指个体的生命对自己的生存和发展所具有的意义，主要表现为对自身物质和精神需要的满足程度。生命的社会价值就是个体的生命对社会和他人的存在与发展的意义，是个体生命对社会和他人需要的实现和满足，主要表现为个人通过劳动、创造对社会和他人所做的贡献。

2. 生命的内在价值与外在价值 生命的内在价值是由生命本身的质量所决定，是生命具有的对自身具有效用的属性；外在价值就是生命具有的对他人、社会具有效用的属性，是生命对他人、对社会和人类的意义，是判断生命价值的目的和归宿。

判定人的生命价值要把内在价值和外在价值相结合，不仅重视生命的内在质量，更应重视生命的社会价值。

3. 生命的潜在价值与现实价值 生命的潜在价值是指个体的生命所具有的潜在创造力的意义，即生命目前尚未显现、将来才能显现出对自身、他人和社会的效用；生命的现实价值是指个体的生命在创造性活动中实际具有的意义，是已经显现出来的生命对自身、他人和社会具有效用。

4. 正生命价值、负生命价值和零生命价值 正生命价值是指生命有利于自身、他人和社会的效用的实现，即对自身、他人和社会有积极效用；负生命价值是指生命有害于自身、他人和社会的效用的实现，即对自身、他人和社会有消极效用；零生命价值（无生命价值）是指生命无利无害于自身、他人和社会的效用的实现，即对自身、他人和社会既没有积极效用又没有消极效用。

5. 生命价值量的确定 判断人的生命价值的大小主要依据两个方面：一是生命本身的质量，二是这个生命对他人及社会的意义；前者决定生命的生物学价值，后者决定生命的社会学价值。由此可见，生命质量是生命价值的基础和前提。

生命个体必须是在社会生活中扮演一定角色，具有主体意识，并能为他人和社会做出贡献，才是有价值的生命。

人的生命价值也不只是物质价值，还包括精神价值和人生价值。一个人的生命素质越好，对社会的贡献越大，创造的物质和精神财富越多，其生命的价值就越高。生命价值论主张对这样的人的生命给予更多的权利，相反，对生命质量低劣、维持其存在所花费的代价过分昂贵，或给他人、社会带来沉重负担甚至无价值的生命，必须负担起责任去决定采取行动加速一些生命的衰亡过程。

（三）生命质量论的历史意义

1. 生命价值论完善了人类对于生命的医学伦理理论 生命价值论将生命的自然属性与社会属性有机地结合在一起，这样就可以补充生命质量论中的不足。生命价值论“把生命的神圣性建立在生命的质量和生命的价值辩证统一之上”，并不否认生命的神圣。但生命价值论认为，生命神圣的根基在于所具有的特定的尊严和权利；在于人本身的主体性和创造性；在于人因此而具有的潜在的和现实的价值；没有这些，生命的神圣便无从谈起。可以说生命价值论也补充和完善了生命神圣论。这样，生命理论的体系逐渐完善起来，也为医学护理实践提供了更加富有科学理性的行为指南。

2. 生命价值论为医护人员解决医学伦理难题提供正确的价值判断　生命价值论强调生命对他人、对社会、对人类的贡献，关注个体的生命对他人和社会的意义，是生命伦理观上的飞跃。它使医德的观念从传统的维护生命的格局，上升到提高生命质量和价值的格局，使医德的目标从关注人的生理价值和医学价值，扩展到对人的社会价值的关注，从而为计划生育、优生优育的国策提供了道德论证，也为处理临床工作的一系列难题，如不可逆转的患者的抢救、器官移植、严重缺陷儿处置、节育技术的推广、安乐死的运用等提供了新的思路。

四、生命三论的综合应用

生命神圣论、生命质量论和生命价值论表明了人类对生命伦理不断地认识的过程，只有三者有机地统一，才能表达对生命完整而全面的看法。生命神圣论是人类对于生命认知的基础，生命质量论与生命价值论通过明确生命神圣的范围，将有价值、有质量的生命作为至高无上的，又补充、完善了生命神圣论。此外，生命质量论与生命价值论在生命神圣论的基础上，使医学的目的与取向趋向了多元化与整合化，强调以维护和促进人类的健康为医学的根本目的，不但同时兼顾了个人生命的自然属性与社会属性，也将医疗与护理服务对象的范围由单个的人扩展到了人的群体。这就指示我们在从事医疗实践时，要将生命三论统一起来，综合分析，合理判断。例如，在分析晚期癌症患者是否该继续接受治疗的问题时，我们既要以生命神圣论为核心，尊重患者的生命，不放弃治疗；但也要根据生命质量论与生命价值论的有关理念，解决患者的痛苦，提高患者的生存质量，不过度地采用一些放、化疗措施。我们应根据患者的具体情况，将患者的生命视为“生物–心理–社会–环境”的统一，采用合理的方法对晚期癌症患者进行适度的治疗。这正是生命三论在实际中的综合应用。

第二节　人　道　论

一、人道论概述

在中国传统伦理思想中，“人道”作为与“天道”相对应的伦理学范畴，是指人事、人伦、为人之道的社会行为规范，即人们在处理各种社会关系时需要遵循的一些伦理准则和规范。在西方，“人道主义”一词源于拉丁文 humans，是欧洲文艺复兴时期新兴资产阶级用以反对封建制度和宗教神学的一种思想武器。人道主义有狭义和广义之分。狭义人道主义是指欧洲文艺复兴时期新兴资产阶级的反封建、反宗教神权的一种思想和文化活动。广义的人道主义则泛指主张维护人的尊严、权利和自由，主张重视人的价值，要求人能得到充分自由发展等思想。

二、医学人道论

（一）医学人道论释义

医学人道论属于广义人道主义范畴，是以关心人、尊重人的权利和人格为前提，以关心患者、同情患者、治病救人、重视人的生命价值为宗旨，以关心全人类的健康、预防疾病的发生、保障人民身心健康为目的的伦理思想，是医务人员应当大力提倡的人道主义精神。

医学人道观与一般人道思想既有区别又有联系，主要表现在：医学人道论吸收了一般人道主义思想的精华，两者在强调尊重人的价值、人格和权利方面是一致、相同的。但两者具有明显的区别：首先，两者运用的领域不同，医学人道论适用于医学范围内的实践，而一般人道思想涉及广泛的社会生活。其次，两者追求的目标是不同的，这是本质的区别。医学人道论追求的仅仅是道德目标，而一般人道思想追求的主要是政治目标。因此，一般人道思想都带有较鲜明的阶层性，而医学人道论则更多地表现出其共同性和全人类性。再次，两者产生的时代背景是不同的，医学人道思想是在医疗活动中产生的，自从有医学职业开始，朴素的医学人道思想就产生了，而一般的人道与人权思想是在中世纪文艺复兴时期，资产阶级掀起反封建主义和宗教黑暗统治的政治背景中提出来的。

（二）医学人道论的产生及历史发展

医学人道思想起源于医疗实践，中外各个时期的医家所倡导的医学道德，无不渗透着人道主义的意识和精神。医学人道主义的产生，一是基于人类生存的基本需求；二是由医学发展的目的决定的，即救治因为遭受疾病折磨可能丧失生命的患者。就其目的和社会意义来说，医学就是一种人道的事业。

作为一种特殊的社会意识形态，在医疗实践中，医学人道主义是随着社会的进步和医学的发展，逐步由低级阶段发展到高级阶段，其内涵不断地丰富和拓展，其发展经历了三个历史阶段：

1. 古代朴素的医学人道思想 从原始社会到封建社会的漫长历史时期是医学人道主义最初阶段，表现为对患者的关心、同情、仁慈、救人活命等，是对患者朴素的情感流露。其特点是：第一，对患者的关心、同情是出于恻隐之心。第二，由于医疗水平低下，在医疗实践中经常存在着医务人员的人道主义的主观愿望和客观非人道的医疗实践的矛盾。如无麻醉剂，手术者常用木棒击打患者头部至昏迷或用捆绑办法为患者施术，使患者难以忍受，痛不欲生。第三，人道精神只限于医务人员与患者个体之间的狭小范围内。第四，人道精神与“神”相联系。如著名的《希波克拉底誓言》、《迈蒙尼提斯祷文》都明显具有这种特点。

朴素的医学人道思想对古代的医学发展，起到了重要的作用。它保障了人类健康、人类的生息繁衍和兴旺发展，并赢得了人们对医学的信赖。

2. 近代医学人道思想 近代医学人道思想是指资本主义历史时期的医学人道思想和人权观。它是在反对封建专制主义的医疗等级制度的斗争中形成的，基本上摆脱了神学的影响，它以人为出发点，把为患者治病，保护人的健康和生命视为自己神圣的使命，具有明显的科学精神和进步意义。其特点有：第一，受到资本主义制度萌芽、形成和发展时代的深刻影响，医学人道主义表现出明显的反封建、反神权的特点，明确提出为人文主义而行医的道德要求。第二，由于医学科学的发展，解剖学、生理学、卫生学、病理学等新学科的建立，麻醉、消毒、防外伤感染及诊断、治疗技术的提高，使人道主义的实现有了科学的保证。

在实验医学时期的近代医学人道思想在深度、广度上与内容、形式上有了较大发展。它以完整的形式和内容，激励着广大医务工作者，为解除患者的疾病痛苦，维护患者的生命而工作。但是，由于受历史发展及医学水平的制约，近代医学人道主义，仍具有局限性，它只重视生命的自然属性，忽视了生命的社会属性，仍需进一步完善。

3. 现代医学人道论 现代医学人道论是指 19 世纪末 20 世纪以来的医学人道论，这是医学人道论发展的新阶段。进入 20 世纪以来，医学人道主义随着医学发展日益成熟，其内容更加全面而具体，成为捍卫患者和人类社会利益的一种思想武器。现代医学人道论的理论基础是义务论、公益、公正论、生命质量、价值论，在这期间及以后，随着医学人道观内容深度和广度的拓展，使医学人道论更成熟和更富有理性。其特点是：第一，强调把医学看成是全人类的事业；第二，把人的生存权和健康权看作基本人权的重要内容，坚决反对利用医学作为残害人类或政治派别斗争工具的行为；第三，强调医生对患者治疗的自主性，不接受非医学需要的干扰；第四，要求给予战俘、囚犯以医疗权利和人道主义待遇。

（三）社会主义医学人道主义

社会主义医学人道主义继承了传统医学人道主义的合理思想，又在新的历史时期根据医学和社会的新发展汲取了新的营养，是一种新型的医学人道主义思想，它比传统的医学人道主义更加合理、更加丰富，使医学人道主义得到新的发展。其主要特点有：第一，坚持社会主义的医学服务方向，把社会效益放在首位。第二，强调医学的出发点和归属应是维护人类的健康，对人民生命的尊重和爱护超出了医务人员与患者个人之间的联系，而扩展到防病、治病、保障人民身心健康的整体层面。第三，提倡发扬无产阶级国际主义精神。第四，坚决反对不人道行为，要求把战俘、囚犯、精神患者、智力障碍患者与一般人同样对待，反对法西斯主义、恐怖主义对人的残害，保障人的健康权利。

三、医学人道论的核心内容

尊重、同情、关心、救治患者是医学人道主义的核心思想。在医学活动中，特别是在医患关系中表现为同情和关心患者、尊重患者的人格与权力、维护患者利益、珍视人的生命价值和质量。

（一）尊重患者生命

这是医学人道主义最基本的或最根本的思想。唐代名医孙思邈曾言“万物悉备，莫贵于人”“人命之重，有贵千斤”，集中体现了人是天地万物间最有价值的，而人的生命只有一次，故医者应当珍重生命，尊重人的价值和权利，尽力救治患者。

（二）尊重患者的人格

尊重患者的人格有两个重要依据：首先是患者不仅具有正常人的权利，而且还有一些特殊的权利；其次，尊重患者人格是提高医疗质量及效果的必然要求。

（三）尊重患者平等的医疗权利

人人享有基本医疗保健权利，这是医学人道论的基本主张和重要目标。医疗中应当尽量排除非医疗因素（如政治、经济、文化、宗教）的干扰，每个患者都能人道的、平等的被对待和实现医疗目的。

（四）尊重患者的生命价值

尊重患者的生命价值既要求重视患者的生命质量，也要尊重患者的生命价值。

四、医学人道论的伦理意义

传统的医学活动一直以人道主义作为自己的道德戒律和活动宗旨，要求视人的生命为最宝贵和最神圣；医务人员的最基本责任就是关心患者的生命，同情患者，竭尽全力挽救患者生命，增进人的健康。因此，医学人道主义对于保证和推动医学为人类健康服务起了重大作用，它体现着医学的道德价值，规定着医学界的基本道德要求，代表着人类的共同价值，使得医学赢得了人们的尊敬和信赖。

现代医学人道主义不仅吸取了传统人道主义的积极的、合理的因素，同时又包含了新的内容，是对传统医学人道主义的扬弃。首先，它体现了对人的生命价值的尊重。生命应该是生命存在、生命质量和生命价值的统一。生命价值论把生命的神圣性建立在生命质量和生命价值的基础上，认为只有那些具备一定质量、能够在与他人和社会的互动中展现自身价值和有益于社会的生命才是神圣的生命。其次，现代医学人道主义提倡无私奉献，但又主张兼顾利益。现代医学面对的最大的伦理学挑战是道义与功利的冲突。作为医院主体的医务人员，他们有权追求自身的正当利益。特别是在现代市场经济的大潮下，合理、正当地获取一定的利益能起到一定的激励作用，这是现代社会的客观要求。所以，坚持奉献与获取的统一，个人利益与集体利益、国家利益的统一，是现代医学人道主义的内在要求。最后，现代医学人道主义非常注重“普同一等”的相对性。在我国现阶段，人人享有平等的医疗服务是相对的，应该在人们的基本医疗都能得到保障的前提下，按照差别原则，建立医疗等级制度。这样既能满足一部分收入高的人们的需求，又能刺激医疗消费，调动医疗单位的工作积极性。

第三节 美 德 论

一、美德论概述

美德论又称德行论或品德论，是指以个人内在德行完成或完善为基本价值（善与恶、正当与不当）尺度或评价标准的道德观念体系。它认为，伦理学的核心不是“我应该如何行动”的问题，而是“我必须如何生活”的问题，或者是“我应该成为一个什么样的人”的问题。美德论的目的是要培养和产生高尚、卓越的人，这种人是出于他们高尚、卓越的品格来自发地行动的，因此，在思考我们应该如何生活时，那些人就成为我们的楷模。美德论的主要代表有古希腊时期亚里士多德、中国儒家传统伦理思想、麦金太尔的伦理思想等。由此可见，美德论主要研究和说明做人应该具备的品格、品德或道德品质，回答什么是道德上的完人以及如何成为道德上的完人。

从亚里士多德的德行伦理学和孔孟的伦理思想来看，德行是一切美好品质的概括，它包括状态、性情和习惯等。在西方传统里，它分为勇敢、慷慨、谦逊、节制、大方、大度、温和、公正等条目；在中国传统里，它则分为恭、宽、信、敏、惠、忠、孝、礼、智、义等条目。麦金太尔把德行定义为："是一种获得性品质，这种德行的拥有和践行，使我们能够获得对实践而言的内在利益，缺乏这种德行，就无从获得这些利益。"麦金太尔的定义为社会生活中大众的道德生活提供了一种可依从的根据。

二、医学美德论

（一）医学美德论的定义

医学美德论是研究探讨医务人员应该什么样的医学品德或品格，回答什么是道德上完美的医务人员以及如何成为这样的医务人员等问题的伦理学基本理论。医学美德论是美德论在医学职业领域的具体体现。

（二）医学美德的主要内容

医学美德是医务人员在长期的医德行为中形成和表现出来的比较稳定的心理特征和行为倾向。这些美德是从传统医德中概括出来的，是被医患双方共同认可的，是一个完美的医务人员具有的修养，也是医务人员追求完满所应该具备的道德品格。医学美德所涉及的范围十分广泛，而且，不同的时代、国家、民族对美德的内容的理解和概括也会有所不同，这里主要讨论五个方面的内容。

1. 仁慈 仁慈就是仁爱慈善，是对患者同情、关心、爱护、尊重的人格品质。具体说来就是医务人员具有人道精神的品德，因为仁慈最能体现人道主义思想和道德要求，是医务人员长期一贯遵守"人道"道德要求所形成的医德品质。

2. 诚挚 诚挚就是忠于职守、诚实守信，对医术实事求是，不夸大、不隐瞒，对同行以诚相待，对患者诚心诚意，是医务人员具有的坚持真理、忠诚医学科学、真诚无欺的品德。

3. 严谨 严谨就是严格、严肃、严密，医务人员行为之前的周密思考和行为过程中的小心谨慎，钻研医术、精益求精，具有对待医学和医术严肃谨慎的品德。

4. 公正 公正就是公平、公正、无私，医务人员对待患者一视同仁，对待同事平等互助，具有按照社会道德要求公平合理地协调处理公私关系和分配卫生资源的品德。

5. 节操 节操指人的气节、操行、正义感，医务人员不以医术谋取不当之利，具有扬善抑恶，坚定遵循医德原则和规范的品德。

在医学史上，涌现出许多"富贵不能淫、贫富不能移、威武不能屈"的具有节操的医德典范。如三国时期的名医华佗，不为权贵所屈服，一心为民除疾，宁死不屈；宋代名医何澄不贪色；明代名医严乐善见利思义，坚决制止利用害人等。

三、医学美德论的伦理评析

医学美德论在医学伦理学中占有重要的地位，对医务人员塑造完美人格具有重要的理论指导意义。

（一）医学美德论的意义

1. 医学美德论是医学伦理学的重要组成部分 医学伦理学是关于医学道德的理论体系，主要由如下三部分组成完整的体系：①元医学伦理学，是医学道德制定之方法；②规范医学伦理学，是优良道德之制定；③医学美德伦理学，是优良道德之实现组成。因此，医务人员养成良好的美德无疑是医学伦理学的归宿和目的，医学美德伦理则是医学伦理学的重要组成部分。

2. 医学美德论有利于医务人员塑造完美人格 医学美德论揭示医务人员医学伦理素养养成规律、确立医学伦理人格养成目标并直接提供理性指导，为医务人员医德修养的指明方向和目标，从而有利于其塑造自己的完美人格。

（二）美德论的局限性

医学美德论是医学伦理学发展的初始阶段的知识积累，人们首先认识到的医学美德这样直观具体的医学道德现象，并对此进行了理论概括，具有明显的个体性、检验性和自律性，仅仅从直观、理性的层面上、从医学职业本身对医务人员提出了“应该具有什么样的美德”的要求，注重个体自律与自觉，而对外部制度的制约与调节关注不够，一旦遇到社会层面的医德问题时，就会暴露出缺陷；此外，在强调个人道德修养的同时，忽视了医务人员应享有的维护自我权益、追求自我价值等正当的权利。

第四节　公　益　论

一、公益论概述

（一）公益及公益论的含义

1. 公益的含义 公益即公共利益、社会人群的共同利益。主要包括：

（1）群体公益：公益首先是着眼于群体的概念，着眼于绝大多数人的利益。

（2）科学公益：要求医学科学的发展必须符合人类的长远利益。

（3）后代公益：提倡在对当代人健康负责的基础上，保障后代的健康，给后代创造一个良好的生存环境和生活条件，包括保护环境、节约资源等。

（4）医疗群体公益：医疗卫生服务要以患者为中心，但并不排除兼顾医务人员的利益。

2. 公益论的含义 公益论即关于公共利益的理论。其本质是如何使利益的分配更加合理，更加符合大多数人的利益，这是伦理学的一个基本原则。

医学伦理学的公益论是一种强调以社会公众利益为原则，是社会公益和个人健康利益相统一的伦理理论。具体来说，就是从社会和全人类的长远利益出发，公正合理地解决医疗活动中出现的各种利益矛盾，使医疗活动不仅有利于患者个体，使人人得以享受医疗卫生保健；还有利于群体乃至后代，有利于人类生存环境的改善，有利于医学科学的和技术发展。公益论体现了义务、价值与公益相统一的原则，是处理当代医学伦理学难题的支撑点，也是生命伦理学的理论核心，对卫生政策的制定与决策有重要意义。

（二）公益论的理论渊源

公益原是伊斯兰教法用语，在古希腊哲学中可找到有关公益的思想，梭伦、赫拉克利特和柏拉图等人都论述过公正。在亚里士多德的论述中，已明显涉及公益观念，他把公正分为广义和狭义两种。广义的公正是依据全体成员的利益，使行为符合社会公认的道德标准；狭义的公正主要是调节个人之间的利益关系。亚里士多德同柏拉图一样，都强调城邦国家和奴隶主阶级的整体利益。

公益论的进一步阐述是 18 世纪欧洲的功利主义派。他们最早提出个人利益和公共利益的关系，但是在启蒙时代，功利主义哲学家标榜的公益是不彻底的。功利主义的代表人物、英国的边沁（Jeremy Bentham）认为，功利就是利益，追求功利就是追求利益。但这里所说的“利益”并不是单指对物质利益有追逐、获得、享受与满足，还包括精神上的、情感上的、心灵上的利益追求、获得与满足。他还认为，社会利益与个人利益是同一的，社会利益只是一种抽象，它不过是个人利益的抽象化，只有个人利益才是唯一现实的利益。功利主义另一代表人穆勒（John Stuart Mill，被翻译为“密尔”）突出了个人利益与社会利益之间冲突的一面。他认为两者冲突时，可以用法律和良心来加以调节。功利主义把追求多数人最大幸福当作最高道德，依据法律和良心来调节个人和社会利益的矛盾，这些思想，对公益论的形成有重要作用。

马克思主义并不一般地反对功利主义。公益论在马克思主义中有了新的发展。共产主义道德的集体主义精神提倡眼前利益服从长远利益，局部利益服从全局利益，个人利益服从集体利益。共产主义道德丰富了公益论的内容，克服了功利主义的虚伪性和片面性。

（三）公益论的现实背景

1. 公益论是医学社会化趋势的必然结果　20 世纪以来，医学发展迅速，并加快了社会化的速度，产生了新的医学伦理体系，提出了一系列的新问题。1973 年在美国召开的“保护健康和变化中的价值”讨论会上，约翰逊（A.R.Johnson）和赫尼格斯（Henegers）首次把公益论引入医学伦理学，并指出：“医学已经从医生与患者个人间的关系发展为一种社会性事业”。医疗卫生事业在社会化的趋势中，发展为庞大的结构体系，医学的服务方向也主要转向社会人群，从而使医德关系转变为医学活动与社会的关系，医学行为与人类后代、生态环境的关系。从医德的调节机制上，传统的义务论就显示出明显的局限性，必须有新的医德理论和规范来调节这种新的关系。当代医学中的公益论正是在这种条件下产生的。

2. 公益论是为了解决现代医疗的道德冲突的必然结果　医学的社会化趋势强劲，医学的社会价值越来越大，涉及群体及社会利益越来越多、越来越深刻，在医学活动中，实践生命质量和价值的精神，需要解决社会公益与个人利益、两者与社会公正的关系问题，卫生决策、卫生资源的宏观与微观分配、临床价值与预防价值的平衡、人类当前利益与长远利益的互动都突显出来。这些问题都需要新的理论来加以解决，公益论的出现就是必然。

二、公益论的内容

（一）公益论的兼容观

我国医疗卫生工作的发展目标包括两个方面，一是要不断满足人民群众日益增长的健康和卫生保健需要；二是提高全社会的整体健康水平。这两者没有根本的矛盾冲突，具有促进人们在健康利益上的一致性与合理性。公益论主张社会公益、集体利益、个人利益相统一，三者兼容，不排斥任何一方。

（二）公益论的兼顾观

在社会利益、集体利益与个人利益的关系上，除具有同一性外，有是也存在着多种矛盾与冲突。如人们的健康需求同社会提供可能的矛盾；患者的需要与有限医疗资源的矛盾；满足患者要求与社会不良后果的矛盾；危重患者抢救与医生义务的矛盾；医学科研中维护患者利益与发展医学科学的矛盾等。解决处理各类矛盾，必须体现利益兼顾的原则，并以社会利益为主，不做因任何个人利益而牺牲或影响社会利益及集体利益的抉择。必须使个人利益统一于集体利益，集体利益统一于社会利益，近期公益统一于长远公益。

（三）公益论的社会效益观

医学的公益性是通过卫生服务而实现的，卫生服务效果的好坏、大小是通过其经济效益和社会效益体现出来的，经济效益与社会效益是辩证统一的关系。公益论强调，在医疗服务中，坚持经济效益和社会效益并重、社会效益优先的原则。医疗卫生工作要不断提高社会服务能力，提高社会人群的健康水平，促进社会生产力发展，这是发展社会效益的关键。同时需要注重经济效益。

（四）公益论的全局观

以公益观为基础的医学伦理学，把医学伦理关系扩展到整个人类社会，并提示人们不仅注视到人类的现在，而且前瞻于人类的将来。既注重卫生资源的合理分配与有效运用，又注意到保护和优化人类赖以生存的自然环境，为人类将来的繁荣昌盛创造条件。

三、公益论的基本原则

要求在处理个人利益与集体利益、当前利益与长期利益的关系时，坚持个体利益与群体利益兼顾，以群体利益为重；局部利益与整体利益兼顾，以整体利益为重；当前利益与长远利益兼顾，以长远利益为重的基本原则。

四、公益论评析

（一）当代医学发展中面临的困惑

由于社会进步，医学科学的发展，传统医学伦理学的单纯义务论已经不适用于现在的社会条件，需要有新的原则、新的行为规范来调节和制约新的关系。尽管医学伦理学中的价值论适应现代医学的需要，补充了传统医学人道主义道德观念的不足，回答和解决了医学科学发展中提出的一些道德问题，但它并不是完美无缺的。当代医学仍然面临着三个基本问题或矛盾。这就是：①个人与社会之间的矛盾，如照顾个人的健康与保护全民的健康、福利之间的矛盾，满足某一患者的要求和损害他人利益的矛盾；②效能与公平之间的矛盾，如医药资源的有效利用与资源的公平分配之间的矛盾，医药资源的消费与这些资源消费所获效益之间的矛盾；③眼前利益与长远利益的矛盾，如向现有人口提供完善的保健服务与仅仅对后代有利的医疗技术发展之间的矛盾。正是这些矛盾使得医学伦理学中许多问题处于进退两难的困境，无论人道论、价值论或者是两者的结合都难以做出完满的回答。

（二）公益论在当代医学伦理学中的地位

怎样解决医学伦理学面临的这些矛盾呢?西方医学伦理学界提出了公益的理论，认为公益论是摆脱医学伦理学当前困境的正确途径。把生命论、人道论和公益论三者结合起来，可以使得医学伦理学面临的难题得到妥善的解决。西方学者 A.R.Jonsel、和 A.E.Hellegens 认为：“公正固然是个人的美德或品质，但更重要的是社会性事业的美德。”因此，我们应当像以往社会提出过的公正的法律、公正的法庭、公正的税收一样，也应提出公正的医学，即医学中的公益。公益问题，已经成为当代医学伦理学一个十分重要的理论和实际问题。公益论不仅解决了长期以来单纯义务论和功利论不能解决的问题，而且为政府制定卫生政策、发展卫生战略、进行医德行为的评价，都提供了有力的依据。

公益论如何解决“公正的医学”这个问题?这里有两个问题必须回答：第一，究竟什么是公益?第二，公益如何实现，即如何保证最大多数人的利益?一般而言，在个体与类或群、少数人与多数人利益发生冲突的情况下，毫无疑问地应把类和多数人的利益放在第一位，即前者服从后者，而不是后者服从前者，这是集体主义道德的基本原则，医学道德也不例外。考虑到医学涉及人的生命这一问题的特殊性，我们不能粗暴地、简单地以牺牲少数人的生命为代价去换取多数人的利益，而应当采取中介的、变通的、渐进的多种办法，使个人生命损失减少到最低限度，并为少数人理解和接受。但是，公益作为首要的原则应该是不能否定的。实际上，当代医学伦理所遇到的优生、器官移植、基因工程、堕胎、严重缺陷新生儿的处置等问题，也只有本着这一原则处理，才能有益于医学科学的进步，有益于人类自身。这就是说，把生命论、人道论和公益论三者结合起来，以公益论统帅人道论与生命价值论，是使医学伦理学克服当前面临的危机的最佳途径，也是生命伦理学伦理思想的立足点。

按照上述观点解决当前医学伦理实际中的某些问题，的确存在一些困难。这种困难产生的原因就是传统伦理观念的束缚和人们对旧传统的留恋。这就需要通过研究、宣传等多种途径，广泛传播医学伦理学的这种新观点，争取人们逐步接受和理解，首先是医务人员自身能够接受和理解，使目前许多争论不休的问题得到统一。另一方面，公益论的落实，在相当程度上取决于卫生行政机关确定的体现公众利益的卫生政策。现代医疗卫生的实践表明，医生个人的道德固然不能忽视，但卫生行政机关和医疗团体所执行的卫生政策和管理制度、办法的道德水平越来越重要了。从宏观方面说，有限的医疗费用如何分配?医疗机构的设置和医务人员的分布，新技术的采用和推广，以及我国现阶段医疗保障制度的调整，医院体制的改革；从微观方面说，医生个人技术的发挥和使用，住院和门诊的轮转，会诊的安排和医务人员的培养，都有一个使少数人受益或多数人受益的问题。概括地说，当前卫生政策迫切需要以公益论回答的问题主要有以下四个：①设法控制先进的医疗技术在治疗个人时对社会和经济的负面影响；②使因医学知识得到的好处更为公平合理的分配；③利用医学知识来推进有利于这一代或下一代的集体利益和理想目标；④使有限的费用和资源得到最合理的分配。如果我们按照公益的原则处理好了这些问题，我们就可以说，我们已经建立了公正的医学，道德的医学。

总之，医学伦理思想发展过程中的生命论、人道论和公益论，反映了医学伦理思想演进的历史过程，反映了人们对医学道德认识的深化和进步。以公益论为主轴的生命论、人道论三者的统一，是处理当代医学伦理学难题的支撑点，也是当代生命伦理学的理论核心。

第四章　医学伦理学基本原则与规范

第一节　医学伦理学的基本原则

医学伦理学的基本原则（basic principle）是医学道德的最一般的道德原则，是调节各种医学道德关系必须遵循的根本准则和最高要求。

美国学者比彻姆和查尔瑞斯提出的了生命伦理四原则，即自主原则、行善原则、不伤害原则和公正原则。生命伦理四原则一直作为伦理决策的首选，我国国家医师资格考试将自主原则改称为尊重原则，行善原则改称为有利或有益原则。

一、尊 重 原 则

尊重原则是指医务人员尊重患者的伦理原则。狭义的尊重原则是指医务人员尊重患者及其家属人格和尊严。

尊重原则是医学人道主义的具体体现，也是现代生物—心理—社会医学模式的必然要求。在医疗过程中，医务人员既要从生物学角度，还要从社会学、心理学角度去认识疾病的发生、发展和转归；不仅仅着眼于患者的躯体疾病，还必须探究患者的行为方式和心理状态。尊重原则是和谐医患关系构建的基础和保障。

尊重原则的内容主要包括尊重患者的生命、尊重患者的人格、尊重患者的隐私权、尊重患者的自主权。

1. 尊重患者的生命　生命对每个人来说，一生只有一次，每个人心中都饱含着对生命的渴望，身体健全的人如此，身体有缺陷的人也同样如此。尊重生命就是要敬畏患者的生命，尽力救治、关心呵护患者，要有良好的道德良知和社会责任感。唯有尊重生命，善待患者，才能得到社会的认可和公众的信任。

2. 尊重患者的人格　人格权就是一个人生下来即享有并应该得到肯定和保护的权利。在我国，依据现行法律法规和价值观，每位公民享有的人格权利有：人的生命权、健康权、身体权、姓名权、肖像权、名誉权、荣誉权、人格尊严权、人身自由权等。在医疗过程中，患者的人格应该受到尊重，这是社会给予每个人的基本权利。

3. 尊重患者的隐私权　隐私权是公民的个人隐私得到保护、不受他人侵犯的权利。我国《中华人民共和国执业医师法》规定：对患者生理、心理及其他隐私，有权要求保密。病历及各项检查报告、资料不经本人同意不能随意公开。医疗职业的特点决定了医生常常可以了解到患者的隐私，医生有义务为患者保守秘密，以免泄露信息给患者带来不必要的伤害。

4. 尊重患者的自主权　患者自主权是指具有行为能力并处于医疗关系中的患者，在医患交流之后，经过深思熟虑，就有关自己疾病和健康问题所做出的合乎理性和自身价值观的决定，并据此采取负责的行动。

患者实施自主选择的伦理条件：一是患者有正常的自主选择的能力；二是患者有充分的理解能力；三是患者的自主选择不会与他人利益、社会利益发生严重的冲突。如果患者自主权、拒绝治疗权或其选择意向违背社会、他人利益或本人根本利益时，患者的自主选择可视为无效，医生可以行使干涉权。

医生干涉权是医生为了患者利益、他人利益和社会利益，对患者自主权进行干预和限制，并由医生做出决定的一种医疗行为。它主要适用于以下几种情况：一是患者昏迷，病情十分危急，需要立即进行处置和抢救，来不及获得患者家属的知情同意；二是患者缺乏理智的决定，拒绝治疗会给患者带来严重的后果，如对自杀的患者实行施救措施；三是患者的疾病会危害到他人、社会且有不合理要求和做法，医生可以决定对其进行约束，如传染病患者的隔离治疗。

二、有利原则

有利原则是指在医疗过程中医务人员把有利于患者的生命健康放在第一位，并切实维护或增进患者相关利益的伦理原则。在诊疗中，医务人员使患者的利益不受破坏，不被减损，并努力在患者现有利益的基础上，力求患者利益的最大化。

有利于患者是中外优良的医德传统，概莫能外。在中国，“医乃仁术”的行医准则；在西方，“为病家谋利益”的行医信条，都是有利原则的具体体现。有利就是医务人员为患者做善事。这一原则在西方被称为行善原则。行善原则的基本精神是做好事、不做坏事、制止坏事。这一精神实质要求从业人员善待生命、善待患者、善待社会。

有利原则体现在医务人员真诚关心患者的以生命和健康为核心的利益；全面权衡利害得失从而选择受益最大、伤害最小的医疗决策，努力预防或减少治疗过程中无法避免的伤害；满足其正当心理学和社会学需求，提高其生活的质量；坚持社会公益原则，将有利于患者同有利于社会公共利益有机统一起来。

在现有的医疗保障体制下，还必须考虑患者的家属、患者的医疗保险机构等，尤其是患者的直系家属，不同医疗行动方式的选择会直接影响到他们的利益。因此，医务人员在做医疗决策时要综合评判分析，将患者的健康放在首位。

三、不伤害原则

不伤害原则是指在临床诊治过程中医务人员不让患者受到可以避免的或不应有的伤害。任何一个临床诊疗过程本身都可能存在利弊两重性，因而，可能的医疗伤害与患者的生命健康利益是无法完全分离。医学好似一把“双刃剑”，为患者带来生命健康利益的同时，也无法避免对患者的潜在伤害。

不伤害患者是古老的传统行医规则，医师应该尽力避免可预见的伤害，尽量将可预见但不可避免的伤害控制在最低限度，主观上不有意做减损患者利益之事，客观上尽量避免过失性减损患者利益的行为。

通常来说，不伤害原则所要求的是医务人员的一种消极义务，即不可减损利益。不伤害原则是一系列具体原则中的底线原则，它提供了一种使自由平等的交往和合作能够进行的最为基本的伦理底线。

现代社会是一个价值观多元化的社会，不同的价值观影响着医患双方对不伤害原则的理解，使得他们对医疗伤害有不同理解甚至相悖的理解。在医生看来有益的治疗，在患者看来则可能是有害的和不必要的；在医生看来有害的治疗，在患者看来很可能是有益的和必要的；这两种情况在临床上时常会出现。因此，现代医学伦理学中的不伤害原则，其内涵要丰富得多，其操作难度也成倍地增加。

四、公 正 原 则

公正原则是指医务人员在诊疗中公平、正直地对待每一位患者。公正原则，一方面要求医务人员合理配置和利用有限的医疗卫生资源，一方面要求医务人员与患者平等交往和对有千差万别的患者一视同仁。

约翰·罗尔斯是现代被公认的最具影响力的政治哲学家和伦理学家。约翰·罗尔斯认为，人们的不同生活前景受到政治体制和一般的经济、社会条件的限制和影响，也受到人们出生伊始所具有的不平等的社会地位和自然禀赋的深刻而持久的影响，然而这种不平等却是个人无法自我选择的。因此，这种社会存在最初的不平等，就成为正义原则的最初应用对象。也就是说，需要正义原则来调节主要的社会制度，来从全社会的角度处理这种出发点的不平等，尽量避免社会历史和自然方面的偶然因素对于人们生活前景的影响。

医疗卫生资源在任何一个国家、地区和社会中都具有绝对稀缺性，而民众对医疗卫生资源的需求则具有无限性。个人能否得到卫生资格，关系到这个人是否能够切实享有医疗权，进而关系到这个人的生存问题。公正分配医疗卫生资源，要求以公平优先、兼顾效率为基本原则来优化资源配置。医疗卫生资源分配包括宏观分配和微观分配。宏观分配是实现现有卫生资源的优化配置，以此充分保证人人享有基本医疗保健，并在此基础上满足人们多层次的医疗保健需求。微观分配是由医院和医生针对特定患者在临床诊治中进行的分配。在中国，目前主要是指住院床位、手术机会以及贵重稀缺医疗资源的分配。

公正分配医疗资源需要把握几个伦理要求：一是底线保障。每个社会成员在生命受到威胁的时候，应该享有最基本的医疗保障；二是机会平等。每个社会成员在医疗资源的享受上不可能完全均等，但是应该享受大致相同的基本医疗保障；三是调剂分配。为了促进医疗卫生事业的长足发展，立足于社会的整体利益，可以制定相关政策来进一步调节医疗卫生资源分配，使医疗卫生资源分配更加科学、合理，让社会成员普遍得到收益，满足社会的可持续发展需要。

在现实社会中，医疗公平的内容与其实际兑现之间往往存在着明显的差距。完全实现医疗公平只是一种理想。医疗公平内容与其实现程度之间之所以会出现差距，是因为医疗公平受到经济与科技因素、卫生政策与法律因素、思想与道德因素的影响和制约。

第二节 医学伦理学的应用原则

医学伦理学的应用原则实际上是医学伦理学的规则，包括患者至上、医疗最优化、知情同意和医疗保密原则等。

一、患者至上原则

（一）患者至上的概念

患者至上就是医务人员在诊疗过程中始终以患者为中心，并把患者的利益放在首位。从维护患者利益出发，将为患者服务，满足患者合理医疗保健需求，作为医院各项工作的中心，一切为了患者。

（二）患者至上的临床运用

患者是医院中最重要的，最应受到礼遇的人。患者的到来不是打扰了医护人员，而是医护人员工作的开始。是患者给予了医护人员服务与工作的机会。在满足患者需求过程中，医护人员与患者共赢。努力去营造“以患者为中心”的服务氛围，患者需求的理解是逐渐发展更新的，只要核心价值观坚定不变，实施的方法可以千变万化。

在优质诊疗服务的背景下，“以人为本”的理念已成为医疗诊治中的非常重要的素养。医护人员面对的是有生命、有思想、有情感的人。建立良好的医患关系，做好心理维护，使患者能消除心中的不愉快因素，以平静的、积极的心态去面对疾病，促进健康，这对医护人员的诊疗水平提出了更高的要求，医护人员必须适应现有的文化背景和体制，提升自己的职业素养。在医疗过程中，医护人员应该不断思考患者的需求，不断改进服务方式，认真对待患者的需求；查房时敲敲门，查完体后将患者扶起来等。这些小事体现的是一种精神，一种把别人当作人来尊重的人文精神，主动换位、主动察觉、主动介入、主动关怀，走在患者需要之前、想在患者需要之前、做在患者开口之前起到润物细无声的效果。始终坚持患者需求至上，对每一位患者的健康和幸福给予诚挚和独特的关注。善于适时而变。持续努力，追求卓越，恪守诚实与正直的道德规范。医护人员对患者做到竭尽所能、不遗余力、一切为了患者，为了患者的一切。

纽约东北部的撒拉纳克湖畔有一座坟墓，一位“无名”医生特鲁多博士长眠于此。墓志铭上写着：“有时去治愈；常常去帮助；总是去安慰。”这句话道出了医疗的真谛。医学技术的发展从根本上改变了人类的生活，但是技术至上却导致医学离人越来越远，并由此带来了许多社会问题。作为一位医护人员应该树立“患者至上”的价值观。吴孟超不放弃一切诊疗机会，多为“看病难”尽责，不折腾患者花冤枉钱，多为“看病贵”减负，不怠慢每一位患者，多为“看病寒”暖心的医疗实践，成为当代医护人员学习的楷模。“患者至上”就是把患者的利益摆在第一位。衡量“患者至上”就是让患者切身体悟到的人文精神。

二、医疗最优化原则

（一）医疗最优化的概念

医疗最优化原则是不伤害原则在临床工作中的具体应用，它是指在临床实践中，治疗方案的选择和最终效果以最小的代价获得最大的疗效。如医疗决策方案的最优化、辅助检查的最优化等。

（二）医疗最优化原则的主要内容

1. 疗效最佳 疗效最佳是指诊疗效果在当时的医学发展水平或当地的医疗技术是最好的。判断疗效最佳需要把握三个问题：一是选用的诊疗措施应该是医学界普遍认可，二是选用的诊疗措施所产生的效果应该是医学界普遍公认，三是患者经济上能够承受的。

2. 损伤最小 任何诊疗技术都存在利弊两重性，难免会或多或少地给患者带来一定的伤害。临床诊疗工作中，诊断准确、治疗科学能治病救人；反之，误诊或漏诊会对患者造成伤害。在疗效相当的情况下，临床工作者应以安全度最高、副作用最小、风险最低、伤害性最少作为选择诊疗方法的原则，坚持医疗最优化原则就是要选择利大于弊的诊疗措施。如果不得不选择利弊相当的诊疗措施时，医务工作者应谨慎决策，将患者的生命安全放在首位，尽量减少对患者的伤害，使可能的伤害减少到最低程度。

3. 痛苦最轻　患者的痛苦包括疾病本身的痛苦以及诊疗中的副作用所致的痛苦。痛苦不仅有肉体的，还有精神的痛苦。医务工作者应恪守医疗最优化原则，尽量减轻疾病和治疗给患者带来的痛苦。当前医院推出的无痛分娩、无痛胃镜就是体现了这样的伦理理念。对于晚期癌症患者，选择治疗方案就应该把减轻痛苦放在决策中的第一要素加以考虑。

4. 耗费最少　随着医疗技术的开发和应用，医疗价格越来越高，已经成为患者的沉重负担。当前人类的平均寿命不断提高，得益于医疗技术的发展，同时，人类在医疗中所花费的资源、成本也越来越大。这其中的理由很简单：因为生命是无价的，人类通过不断问世的新医疗手段延续寿命，而人的寿命越长，所需要用到的医疗产品也越来越多。医务人员在选择诊疗方案时，应当在保证诊疗效果的前提下，选择卫生资源耗费最少，社会、集体、患者及家属经济负担最轻的诊疗措施，防止因个人或集团的利益而导致的“过度医疗消费”现象发生。

医疗最优化原则临床应用的要求就是要促使医务工作者在临床诊疗中，追求医疗技术判断与医学伦理判断的协调一致，最终达到善待生命、善待患者、善待社会的目的。

三、知情同意原则

（一）知情同意的概念

知情同意是自主权的具体表现形式，它是指患者有权知晓自己的病情，并对医务人员采取的防治措施有决定取舍的自主权。知情同意要求医务人员必须向患者提供包括诊断结论、治疗方案、病情预后以及治疗费用等方面的真实、充分的信息，尤其是诊断方案的性质、作用、依据、损害、风险以及不可预见的意外等情况，使患者或其家属经过深思熟虑自主做出选择，并以相应的方式表达其接受或拒绝此种治疗方案的意愿和承诺，并在患者方明确承诺后才可最终确定和实施拟订的治疗方案。

（二）知情同意的主要内容

1. 告知内容　在医疗活动中，医方需要向患者或家属告知如下内容：一是入院告知。护士告知医院环境、相关规章制度、注意事项等；医生告知疾病的诊断、治疗方案等；二是诊断过程告知。告知患者的病情、病因及危险性、对患者疾病所做的诊断等。三是治疗过程告知。治疗的方法和疗效，可能出现的副作用、危险和意外，不确定危险因素以及发生不确定因素时的对策及准备；四是创伤性操作告知。在诊疗过程中，需要实施有创伤性技术操作，要对患者全面交代清楚，内容包括目的和意义、风险、必要性以及拒绝检查或治疗的后果；五是改变治疗方案告知。在治疗方案改变前让患者预先了解新方案的疗效和个体差异性，新治疗方法自身的缺陷、接受治疗的风险性以及拒绝这些治疗可能带来的严重后果等；六是临床试验性检查和治疗的告知。告知临床试验性检查和治疗给患者带来的可能性收益、可能承担风险与不适，同时说明患者接受临床试验性检查和治疗是自愿的，患者有权在任何时候中止类似的检查和治疗，并且不会受到任何处罚；七是经济费用告知。告知诊治过程所需的费用，尤其是昂贵的药物、检查和治疗措施的费用要事前告知，让患者充分知晓；八是暴露患者隐私部位的告知。在对患者身体隐蔽部位的检查和治疗前要预先告知，让患者有充分的心理准备。

2. 告知原则 在医疗诊治过程中会遇到几种情况，需要慎重处理。一是紧急救治告知。我国《医疗机构管理条例》规定，“无法取得患者意见而又无家属或关系人在场，或者遇到其他特殊情况时，经治医师应当提出医疗处置方案，在取得医疗机构负责人或者被授权的负责人批准后实施”。因此，为了不延误患者的抢救，对于某些需要紧急救治又无法实施知情同意的患者，可不受知情同意的限制。二是不良预后的告知。在临床工作中，治疗的效果因人而异，有时会产生不良后果或者未能达到患者的预期愿望，医务人员事先要给予充分的解释说明，让其理解并确认。三是告知程度。有些患者心理承受能力差，讲真话会加重患者的病情，甚至轻生自杀，医生可以适当隐瞒病情真相，告知患者的家属；四是告知顺序。我国的民法规定，只有在患者放弃或正式委托亲属，患者缺乏或丧失了行为能力的时候才能让亲属行使知情同意权。知情同意权代理人的先后顺序是：配偶、子女、家庭其他成员、患者委托的其他人员。

3. 同意形式 临床上主要有三种同意方式：一是语言表示。医生告知患者的病情、治疗方案等，患者表示是否同意。二是文字表示。在出现病危、输血、手术等情况时，需要患者或家属在知情同意书上签字，同意后方能实施。三是行为表示。在进行普通医疗检查时，医生告知检查的方式，患者用行为来表明接受检查，视为患者知情同意。

医疗实践中，患者的自主选择和医生的建议基本是一致的，但是有时患者出于种种原因，会做出知情不同意的选择，医生应根据具体情况，本着患者利益最优化原则慎重处理。

四、医疗保密原则

（一）医疗保密的概念

医疗保密是指医务人员在医疗中不向医疗小组之外的人员透露能造成医疗不良后果的有关患者疾病的隐私。患者疾病的隐私主要包含患者根据医生诊断的需要而提供的有关个人生活、行为、生理和心理等方面的隐私，同时还包括诊断中已了解到的有关患者疾病性质、诊断、预后、治疗等方面的信息。

（二）医疗保密的内容

医疗保密不仅指保守患者隐私和秘密，即为患者保密，而且也指在一些特定情况下不向患者泄露真实病情，即对患者保密。

1. 为患者保密 在临床中，医务人员为了诊治疾病的需要，常常需要了解与患者疾病相关的情况，如个人生活方式、行为习惯、生理、心理等方面的隐私。医生有责任为患者保守这些秘密，不在公共场合向无关人员谈论患者生理的、心理的及其他隐私，不能随意公开患者的病历、各项检查报告、医疗资料。

2. 对患者保密 医疗保密也是临床上常见的一项保护性医疗措施，对患者保密的目的就是对一些特殊的患者施行医疗保护的举措。例如，有些癌症患者获知病情后，可能会悲观失望、拒绝治疗加速疾病恶化，甚至轻生自杀，对这样心理脆弱的患者可以采取适当的保护性措施，暂时隐瞒真实病情，将病情告知家属。

（三）医疗保密的临床运用

在医疗实践中，恪守医疗保密原则必须满足以下几个伦理条件：一是医疗保密的实施不能伤害患者自身的健康与生命利益。在临床工作中，有时会出现恪守医疗保密原则与患者自身健康与生命利益相冲突。例如，在心理咨询中，患者向医生透露自杀的念头，要求医务人员对其自杀意向进行保密，在这种情况下，医务人员应从患者的生命健康考虑不能无条件履行保密的承诺。二是医疗保密原则的实施不能伤害无辜者的利益。例如，婚前检查发现其患有严重的遗传性疾病，并要求医务人员进行保密，医务人员应如实报告体检发现的情况。三是医疗保密原则不能损害社会利益。当为患者保密的后果会危害社会利益时，应以社会利益为重，对这种保密要求予以拒绝。四是遵守医疗保密原则不能与现行法律相冲突，否则，它的应用就失去了伦理学的意义。

总之，医疗保密在临床中的应用是有条件的，必须考虑到患者以外的包括他人、社会、医疗、法律等方面的因素。

第三节　医学伦理学的基本规范

一、医学伦理学基本规范的内涵和本质

医学伦理学规范是依据一定的医学伦理学理论和原则制定的，用以调节医疗工作中各种人际关系，评价医务人员医学行为的准则。

医学伦理学规范本质是医务人员在医学活动中道德行为和道德关系普遍规律的反映，是社会对医务人员的基本道德要求，是医学伦理学原则的具体体现和补充。医学伦理学规范的形成在本质上是客观性和主观性的统一。第一，医学伦理学规范是客观的，它是医学道德关系或一定社会对医务人员提出的医学道德要求的反映，不以医务人员的意志为转移；第二，医学伦理学规范作为客观的医学道德关系和医学道德要求的反映形式，包含着医务人员的主观思维活动，并以主观的形式固定下来。

二、医学伦理学基本规范的形式和内容

（一）医学伦理学基本规范的形式

医学伦理学基本规范的形式有：戒律宣言誓言誓词法典守则等。国外医学伦理学规范有《希波克拉底誓言》《南丁格尔誓约》《悉尼宣言》《东京宣言》《夏威夷宣言》《纽伦堡法典》《患者权利法案》等；我国医学伦理学规范有陈实功“五戒十要”《医疗机构从业人员行为规范》《临床医师公约》《医学生誓词》等。

（二）医学伦理学基本规范的内容

1. 救死扶伤、忠于职守　救死扶伤是医务人员的神圣天职和最高宗旨，忠于职守是医

务人员应有的敬业精神和职业操守。救死扶伤、忠于职守是医务人员正确对待医学事业的基本准则。

医务人员必须以防病治病，救死扶伤，全心全意为人民服务为神圣天职。古希腊的《希波克拉底誓言》是倡导救死扶伤，忠于职守的典范；胡佛兰德的《医德十二箴》要求医生“不要追求名誉和个人利益，而要用忘我的工作来救活别人，救死扶伤，治病救人，不应怀有别的个人目的”。由医学领域 28 位院士联名倡议提出了《临床医师公约》，把“全心全意为人民健康服务，为我国社会主义医疗卫生事业服务”列为五项准则之首。医务人员要懂得敬畏生命，要刻苦钻研医术，忠于职守，竭尽全力救治患者，挽救患者的生命，为医疗卫生事业做出更多的贡献。

2. 钻研医术　精益求精　钻研医术、精益求精是保障人民身心健康的需要，是医务人员必须遵循的伦理准则。近年来，医学技术的飞速发展，新的理论、新的技术、新的治疗手段层出不穷，加之人民群众日益增长的健康需求，促使医务人员必须具备广博的知识、精湛的技术。钻研医术、精益求精要求医务人员严谨求实、锐于创新。以严谨的科学态度和高度负责的精神，做到精益求精，一丝不苟。

3. 一视同仁　平等待患　一视同仁、平等待患是医务人员处理医患关系必须遵守的准则之一。一视同仁、平等待患这一规范要求医务人员对待患者“普同一等”，平等对待患者，尊重患者的人格和权利。

要做到一视同仁、平等待患，医务人员必须时刻把患者的痛苦和安危放在首位，在任何时候、任何场合、任何事情上，对待患者，不论是男女老幼、种族国别、地位高低、权力大小、美丑知愚、关系亲疏、金钱多寡，都要给以同情尊重、积极救治、尽职尽责，不能厚此薄彼、亲疏不一；对老人、儿童、妇女、精神病患者和某些道德不检而致病的患者，尤其要平等对待；对战俘、罪犯中的患者，也要一视同仁，平等对待，真诚尊重。

4. 举止端庄　语言文明　举止端庄、语言文明是医务人员应该遵守的基本医德准则。举止端庄、语言文明有助于建立和谐的医患关系，促进患者的身心健康。这一规范要求医务人员举止端庄大方、服饰整洁；同时要求医务人员语言文明、态度和蔼、优质服务、关心体贴患者，遇到紧急情况沉着冷静、有条不紊。

古希腊希波克拉底提出，世界上有三种东西能够治病：一是对症的药物，二是外科的手术刀，三是良好的语言。瑞士名医、诺贝尔奖获得者科歇尔曾尖锐地指出：一个外科医师如果给患者以恶劣印象，则无异于恶魔。语言是人们交流思想和情感的工具，是体现文化修养的载体。医务人员应当讲究语言的艺术性，针对不同患者，通过语言的灵活运用，达到稳定患者情绪、改善患者心态的作用，使患者能积极配合诊治，提高其治疗效果。

5. 廉洁行医　遵纪守法　廉洁行医、遵纪守法是医务人员不可突破的医德职业底线。中外医学传统都提倡不求名利，清廉正直的高尚医德。唐朝孙思邈提倡：“凡大医治病，必当安神定志，无欲无求”，并指出“医人不得恃己所长，专心经略财物”。英国科学家弗莱明说“医药界最可怕而又冥冥杀人害世的，莫过于贪，贪名贪利都要不得”！这些箴言告诉我们，医务人员担负起救死扶伤、治病救人的天职，遵纪守法，不以权谋私，自觉维护好医疗职业的崇高声誉。

6. 诚实守信　保守秘密　诚实守信、保守秘密是医务人员对待患者的重要道德规范。

孙思邈在《大医精诚》中，用一个“诚”字来概括和诠释“大医风范”。作为医务人员，首先要医心诚，忠诚于患者和医学事业；其次要对人诚，做实事、守信用。保守秘密是传统的医德准则。古希腊希波克拉底就说过：“凡我所见所闻，无论有无职业关系，我认为应守秘密者，我愿保守秘密”。《日内瓦宣言》规定：“我要保守一切告知我的秘密，即使患者死后，也这样”。医疗保密有两个方面的要求：一是保守患者的秘密。这一举措体现了对患者人格、权利的尊重和维护，有利于和谐医患关系的构建；二是对患者保密。在临床工作中，医务人员是否对患者保密要视情况而定，如果患者心理脆弱，如实告知患者会加重患者的病情，可以采取保护性措施，隐瞒真情，甚至说“善意的谎言”。

7. 互尊互学　团结协作　互尊互学、团结协作，是正确处理医际关系的道德准则。互尊互学、团结协作这一准则，要求医务人员互相尊重、互相支持，彼此信任、互相协作；互相学习、共同提高。胡佛兰德的《医德十二箴》指出：“要尊重和爱护你的同行”“不要谈论别人，宣扬别人的不足是聪明人的耻辱”。坚持互尊互学、团结协作准则，有利于医学事业的发展，有利于医院整体效应的发挥，有利于医学人才的成长，有利于建立和谐的医际关系。

第五章　医学伦理基本素养与行为规范

第一节　医学道德评价

一、医学道德评价的含义

道德评价，是人们依据一定社会的道德标准对他人或自己的行为进行善恶、荣辱、正当与不正当等道德价值的判断和评论，表明肯定或否定、赞成或反对的倾向性态度。医学道德评价（medical ethics evaluation）是指人们依据一定的医学道德标准对医务人员或医疗卫生部门的职业行为以及各种道德现象所做出的道德价值和善恶判断。

医学道德评价一般分为他人评价和自我评价。

所谓他人评价，是指社会对医疗单位或医务人员的职业行为做出的是非、善恶的判断。它既可以支持、赞扬和鼓励高尚的医学行为，促进医务人员良好道德品质的养成；又可以批评和谴责不道德行为，包括通过社会舆论，如报纸、电视、广播、群众舆论等形式，公开进行批评，甚至运用法律手段进行制止，从而杜绝某些不道德行为的重复发生。

所谓自我评价，是指医务人员对自己的职业行为所做的道德评判。哪些行为是合乎道德的，哪些行为是违背道德的？哪些行为应该坚持发扬，哪些行为必须立即纠正？哪些行为可能给患者、同行会带来危害，需要及时采取措施，防患于未然？这都是以道德评价为依据的。自我评价，相对他人评价更为重要、深刻。

他人评价和自我评价是医学道德评价的基本形式，两者相互区别，但作用和目标却是相同的。在医学道德评价中，他人评价和自我评价之间，存在着一定的张力。

医学道德的善是指符合医学道德原则和医学道德规范的行为，也就是符合医学道德的行为；医学道德的恶是指违背医学道德原则和医学道德规范的行为，也就是不符合医学道德的行为。医学道德评价的主体是社会上的人，医学道德评价的客体是医务人员的职业行为。医学道德评价的对象是医疗活动，但是，作为医学道德评价的对象，最终还是要落实到医务活动中的行为人，即医务人员。在医疗实践中，人们总是根据一定的医学道德原则或标准去评价各种医疗行为的是非善恶，告诉人们什么是应该做的或不应该做的；哪些行为是高尚的，哪些行为是可耻的。医学道德评价有助于医务人员避恶就善，择善而行。

二、医学道德评价的标准

医学道德评价的标准是医学道德评价的尺度，也就是对医疗行为善恶判断的尺度。它是衡量医务人员的医疗行为的善恶及其社会效果优劣的尺度和依据。评价标准是一个由诸多层次和诸多因素构成的标准系统，根据广大群众的健康利益及社会进步确定的评价标准，这种标准是客观的、科学的。虽然，善与恶在不同的时代有不同的内涵。目前，我国医学伦理界公认的医学道德评价的标准有四条。

（一）医务人员的行为是否有利于患者疾病的缓解、痊愈和生命的安全

这是医学的根本目的之一，也是评价和衡量医务人员行为是否符合医学道德以及道德

水平高低的主要标志。医务人员在医疗实践中，凡是有利于患者疾病的缓解和健康恢复的行为是道德的；如果医务人员采取某些可以意识到的对患者健康不利的治疗措施，不论其主客观原因如何都是违背医学道德的。这是医学道德评价的医疗标准。

（二）医务人员的行为是否有利于人类生存环境的保护和完善

医学的目标不仅仅是医治疾病，更重要的是预防疾病，防止疾病的蔓延、恶化，以及改善人类生存、劳动的环境，这也是医务人员应承担的义不容辞的道德责任。因此，医务人员的行为，应着眼于社会的进步和发展，有利于人类生存环境的保护和完善。医院的某些医疗措施的使用，如放疗，必须考虑对社会、对环境、对人群可能产生的影响。医疗单位（包括医疗、教学和科研）的废水、废气、废物等要按要求妥善处理，不能让其对人类生存环境造成污染，影响人群健康。否则，医务人员一方面在治疗疾病，另一方面又在传播疾病，这是不符合道德的。这是医学道德评价的社会标准。

（三）医务人员的行为是否有利于群体健康水平的提高及社会文明的进步

人类对医学的期望，已不仅仅满足于消除疾病，而且还希望保持健康、延年益寿和子孙后代的身体素质有更好的发展，提高整个人群的身体素质。所以，医疗工作应该考虑社会利益的需要，指向群体的健康和社会的发展。因此，医务人员的行为，应着眼于社会的进步和发展，重视群众的卫生保健和人类的优生优育，这才是符合道德要求的。

（四）医务人员的行为是否有利于医学科学的发展

医学科学发展的动力在于医学的科研，而医学道德在医学科研中则发挥着重要的作用。在医学科研中，具有良好医学道德的医务人员，能不图名利、刻苦钻研、实事求是，不为困难所屈服，能攻克一个又一个的医学难关，从而推动医学科学的发展。然而有的医务人员中存在的那种沽名钓誉、怕苦畏难、弄虚作假的行为也是不利于医学科学的发展的，也是不道德的。这是医学道德评价的科学标准。

以上这四项标准是相互联系、缺一不可的整体；这四项标准的中心和实质是人群身心健康的利益，是医学道德评价中的根本问题。在医学道德中，我们只有坚持这四条客观标准，才能对医疗实践中医务人员的行为进行善恶评判，做出比较全面、准确的评价。

三、医学道德评价的方式

我们依据医学道德评价的标准和依据对医务人员的职业行为做出善恶判断，是通过医学道德评价的方式来实现的。社会舆论和传统习俗是医学道德评价的客观形式，内心信念是医学道德评价主观评价的力量。

（一）社会舆论

社会舆论是指一定社会群体或一定数量的群众，依据道德观念对人的行为和组织的活动施加精神影响的道德评价手段。作为医学道德评价的社会舆论，是指人们根据一定的医学道德原则规范，对医务人员的思想和行为做出肯定与否定、赞扬与谴责的判断议论。社会舆论在形式上可分正式的社会舆论和非正式的社会舆论。前者是有领导的、有组织、有目的的形式，通过宣传，赞扬和肯定一些行为，谴责和否定另一些行为。后者是人们按照一定的道德标准，对某一行为或事件发表的议论。以上两种社会舆论虽有不同的特点，但是它们的实质都是一褒一贬的舆论。

社会舆论是医学道德评价的主要形式，是一种精神力量，能陶冶医务人员的高尚情操，增强医学道德观念，履行医学道德义务，在医学道德评价中具有特殊的作用。首先，社会舆论是社会对医疗职业行为提出的善恶判断和褒贬态度的表达方式。通过社会舆论对医疗行为做出善恶判断，给予肯定、赞扬、否定、批评的评价，表明社会的倾向性态度促使医务人员按照医学道德原则、规范支配自己的思想行为，具有指导功能；其次，社会舆论可以把某一医学道德行为的善恶价值及时传达给当事人，使医务人员了解社会所要求的职业准则及自己行为所产生的社会后果，在某种意义上发挥着“道德法庭”的“强制”作用；再次，社会舆论是外在的力量，反映了社会的意愿和呼声，在舆论的赞扬、规范或谴责下，无形地控制和影响着医务人员的言行，具有很大的“威慑”作用。由于多种原因，有时高尚的医学道德行为会遭到有些人的非议；而恶劣的行为反而被赞扬或宽容事件也不是绝无仅有的。对此，社会应倡导良好的社会舆论，积极地宣传和弘扬高尚的医学道德行为；医务人员也应该保持清醒的头脑，面对错误的舆论，应坚持正确的医学道德观念。

（二）内心信念

内心信念是发自内心地对事业对人生的深刻认识和坚定信念。作为医学道德评价的内心信念是指医务人员通过长期的学习和实践，在内心深处形成的对医学道德的真诚信仰和强烈责任感。它是医学道德行为评价的内在力量，成为判断自己行为的一把尺子，成为评价自己行为道德品质的一种能力。它具有深刻性、稳定性和自觉性的特点。内心信念的深刻性是指医务人员内心信念的形成，并非一朝一夕，而是长期医疗实践和学习的结果，是医学道德意识、医学道德情感和医学道德意志的统一。内心信念的稳定性是指医务人员的内心信念一旦形成，不会轻易改变，可以在一个较长的时期内支配自己的医疗实践。内心信念具有自觉性，当医务人员具有崇高的医学道德责任感时，就会自觉地对自己的行为进行评价，当符合自己的内心信念时，就会感到精神上的满足，形成一种力量和信心，并继续加以坚持。若自己的行为违反了自己的良心时，就会感到内疚和不安，达到自我否定的评价。内心信念相对于社会舆论和传统习俗来说，它是更为重要的医学道德评价力量，在医学道德评价中起着重要的作用。首先，内心信念是建立在自己的医学道德认识和修养基础上的内心认识。没有这样一种内心认识是无法对自己的行为分清医学道德是非的。这种内心的医学道德信念是医学道德评价的一种重要的方式。如对患者感情上的同情，对患者的治疗建立在科学理论和经验上的认真负责的精神，对医务人员来说应该形成一种约定俗成的习惯，表现为一种强烈的内心信念。其次，它是对医务人员自己的职业行为进行善恶判断的最直接的内在动力。如果说社会舆论是客观的医学道德评价，那么，医学道德信念就是一种主观评价。它主要通过职业良心来发挥作用。一个医学道德信念很强的医务人员，无论是在有人监督还是无人监督下，都不会去做那些违背自己信念的事。最后，内心信念作为一种精神力量，它能使医务人员慎重选择自己的职业行为。医务人员在行为中对医学道德行为以及后果有自我监控作用，不允许自己的职业行为违背自己的医学道德责任感。另外，内心信念也是一种“道德法庭”，在行为后对医学道德行为及后果有审视、评判和自我校正作用，对于合乎医学道德的行为，就会感到自豪、愉悦，促使自己继续这种行为；

而对不符合医学道德的行为，就会自责和自觉加以纠正。

（三）传统习俗

传统习俗是指人们从历史上沿袭下来的对某一问题的一种惯例和常识性的看法。它往往被人们视为一种不言自明的行为常规。作为医学道德评价的传统习俗是医务人员在长期的医疗实践中形成稳定的、习以为常的医学道德行为方式。医学道德传统虽然是不成文的医学道德要求，但是，由于它是人们在长期的社会生活中逐步形成和逐渐积累起来的，它能被社会广泛承认和接受，并且根深蒂固地存在于人们的观念之中。传统习俗对医学道德行为具有很大的约束作用和评价作用。首先，医学道德传统是医学道德原则和规范的补充。在医疗过程中，人们包括医务人员自己总在自觉不自觉地用自己头脑中的传统习俗来对医疗行为进行评价，把自己的行为限制在传统习俗许可的范围之内。当某一医疗行为符合传统习俗时，就会得到人们的肯定和赞扬；不符合传统习俗时，就会受到人们的批评和谴责。其次，医学道德传统在医学道德评价时，能简明可行，无须讲更多的道理。合乎医学道德传统的即为善，反之即为恶，具有特殊的褒贬力量。但是，传统习俗的形成，总是以一定的历史条件为背景，必然存在着新与旧、进步与落后的对立和冲突。因此，在开展医学道德评价时，我们必须按照社会主义的医学道德标准，对传统习俗进行分析，继承和发扬有利于医学发展和保护人民身心健康的传统习俗，抛弃不符合医学发展和人民健康需要的不良习俗。随着我国社会主义建设和医学的发展，与之相适应而共生的社会新风尚应当大力提倡，使之形成新的风俗习惯，促进社会主义医学道路的发展。

在医学道德评价中，社会舆论、传统习俗和内心信念是医学道德评价的有机整体，它们有着相互联系、相互补充和相互促进的作用。社会舆论的形成，必须以内心信念和传统习俗为基础，社会舆论、传统习俗是外在的医学道德评价的有效方法，它是否能真正发挥作用，还得靠内心信念。

第二节　医学道德教育

一、医学道德教育的意义

医学道德教育是医学道德实践的重要内容，它既贯穿于医学生在校学习的过程，也渗透在医疗实践的始终，是培养医务人员医学道德品质的外在条件。医务人员担负着救死扶伤的重任，因而加强对他们的医学道德教育具有十分重要的意义。

二、医学道德教育的过程

道德教育是一个培养和提高医务人员医学道德品质的过程，具体来说就是从提高医务人员的医学道德认识，到陶冶医学道德情感、锻炼医学道德意志、确立医学道德的信念、培养良好的医学道德行为和习惯的过程，这是一个医学道德品质逐渐确立和形成的过程，它反映了医学道德教育的一般规律。

（一）提高医学道德认识

医学道德认识是指医务人员对医学道德的理论、原则、规范、范畴和准则的感知、理解和接受，它是把医学道德要求转化为医务人员内在品质的首要环节，是医学道德形成的基础；认识是行为的先导，医学道德认识经过从感性认识到理性认识的升华过程，是外在的医学道德要求变为医学道德认识的内化过程。医务人员道德品质的养成，是建立在一定的医学道德认识的基础上的。他们的医学道德观念的形成，医学道德判断能力的提高，都是医学道德的认识能力提高的重要标志。因此，通过医学道德的教育，使医务人员认清什么是社会主义医学道德的原则和内容，并能依此来判断自己和别人思想和言行的是与非、善与恶、美与丑、荣与辱，帮助他们提高对社会主义医学道德的认识水平。

（二）陶冶医学道德情感

医学道德情感是指医务人员对客观事物的态度，也就是他们依据医学道德要求，在医疗实践过程中对医疗卫生事业及患者所产生的爱慕或憎恨、喜好或嫌恶的内心体验。医学道德情感是医务人员的一种主观心理反应，是在医学实践中和不断提高道德认识的基础上，逐步形成和发展起来的。其实，医务人员仅仅对医学道德有了认识，并不就能自动转化为相应的行为。培养医学道德情感，是提高医务人员医学道德水平的重要环节。因此，通过一些道德教育，帮助医务人员真正树立救死扶伤的尊严与价值。医学道德情感一旦形成，具有一定的稳定性。良好的医学道德情感一旦形成，医务人员必然会在工作中表现出一切为了患者，热心服务患者的自觉行动，做到急患者之所急、想患者之所想，甚至可以为了患者不惜牺牲自身利益。

（三）锻炼医学道德意志

医学道德意志是指医务人员自觉地克服在履行医学道德义务中所遇到的困难和障碍的毅力。医护人员有没有坚强的医学道德意志是关系到能否达到一定道德水平的重要条件。医务人员在医疗实践过程中，会遇到许多意想不到的困难和曲折，如果没有坚强的毅力，就有可能遇难而退；相反，有坚强的毅力就能排除各种困难、知难而进，始终不渝坚持履行医学道德义务，承担医学道德责任。因此，通过医学道德教育，帮助医务人员认识医学道德意志在医学道德行为中的作用和意义，引导他们在实践中培养和磨炼坚强的医学道德意志，从而自觉地坚定不移地付诸良好的医学道德行为，是医务人员提高医学道德水平的关键环节。

（四）确立医学道德信念

医学道德信念是医务人员发自内心地对医学道德义务的真诚信仰，是根据医学道德认识、情感、意志而确立起来的对医学道德理想和目标的坚定不移的信仰和追求。它是理性医学道德认识，即在内心形成的医学道德准则，他能左右医学道德意志和行为取向，是推动医学道德认识转化为医学道德行为的动力。医学道德信念具有对个人医学道德言行进行自我监督、自我控制的作用。医学道德信念具有坚定性、本定性和持久性的特点。医护人员一旦牢固树立了医学道德信念，就能自觉地、坚定不移地依照自己确定的信念来选择自己的医学行为，并依据自己确定的信念来鉴定自己的行为和别人行为的善恶是非。通过医学道德教育，不仅可以启迪医务人员确立正确的医学道德信念，还可以强化和巩固这种医学道德信念。这也是医学道德认识转化为医学道德行为的重要因素。

（五）养成良好的医学道德行为和习惯

医学道德行为是医学道德在外部表现状态。这是在一定医学道德认识、医学道德情感、医学道德信念和医学道德意志的作用下所采取的行为。它是衡量医务人员医学道德水平的高低与医学道德行为好坏的重要标志。医学道德习惯是指医务人员在日常工作中形成的一种经常的、持续的、自然而然的行为活动习惯。医学道德习惯的实现是医学道德一直坚持不懈的结果，使不稳定的医学道德行为转变为稳定的医学道德行为。通过医学道德教育，不仅要求医务人员自觉地按照医学道德的基本原则和规范行事，还要求将良好的医学道德行为逐步转变成医学道德习惯，从而自觉地、坚定不移地付诸良好的医学道德行为和履行医学道德责任。可见，培养良好的医学道德行为和习惯，既是医学道德教育的出发点也是医学道德教育的归宿。

医学道德认识、医学道德情感、医学道德意志、医学道德信念、医学道德行为和习惯，构成了医学道德教育的基本过程。这五个方面相互制约、相互渗透和相互促进的。在医学道德教育过程中，提高对医学道德的认识是前提和依据；培养锻炼医学道德情感和意志是两个必备的内在条件；医学道德信念是核心和主导；养成良好的医学道德行为和习惯是医学道德教育的目的。

三、医学道德教育的原则和方法

（一）医学道德教育的原则

1. 理论联系实际原则 理论联系实际是医学道德教育必须贯彻的根本原则。理论是行动的指南，缺乏医学道德理论的教育，依靠医学传统习俗的影响，医务人员的行为就只能停留在原来的水平上，跟不上社会和医学科学发展的需要。医学道德教育如果脱离了社会，离开了医疗实践活动，就失去了教育的目的，就不能有的放矢地解决问题，就会成为令人厌烦的空洞的说教。在医学道德教育中，贯彻理论联系实际原则，就要做到：首先，根据医务人员的医学道德实际状况，讲清医务道德原则和规范，让受教育者划清善恶荣辱的界限，树立正确的医学道德观；其次，有计划地引导和组织医务人员进行实际锻炼，在实践中进行品德修养。

2. 疏导原则 医学道德行为是医务人员内心信念支配的结果。因此，解决医务人员模糊或错误的认识，不能采取压服的方法，而只能积极疏导。所谓疏导，就是沟通感情，认清道理。真正的疏导应该以相通的思想感情为基础，教育者必须努力找到沟通受教育者思想的“共鸣点”。

3. 主体性原则 医学道德教育固然需要对医务人员进行医德认识和医德规范的教育。但是，在教育过程中，特别要强调发挥人的主体性，充分调动医务人员作为参与者的主观意识，激发人们自我教育、自我反思、自我实现、自我完善的自觉性，促进医务工作者把医德认识和医德规范转化为医德行为和习惯，形成良好品质的主动性。

4. 因人施教原则 因人施教是教育学的一个普遍原则，医学道德教育也必须遵循这一原则。这是由于每个医务人员环境、教育程度等条件的不同，他们在气质、性格、志趣、爱好、需要层次、工作种类担负任务等都有其不同的特点。因此，医学道德教育不能停留在普遍教育上，应在普遍教育的基础上，依对象的不同特点，采用不同的方法，只有这样才能取得良好的教育效果。

（二）医学道德教育的方法

1. 传授医学道德知识和加强医学道德修养的方法 医学道德知识是指对前人和他人在医学道德实践中具有普遍意义的理论概括。丰富医学道德知识对于提高医务人员的医学道德认识有重要的作用。医学道德教育是传授医学道德知识的基本途径，并在学习过程中，强化道德情感和“厚德载物”的品行修养，具体方法有课堂传授、案例讨论、参观访问等。

2. 教育者以身作则和群体影响的方法 教育者的表率作用是对下属的无声命令。因此，凡是要求受教育者应该做的事情，教育者应以身作则，这不仅是在医学道德教育中起示范作用，而且使教育具有说服力。如果教育者的言行不一、表里不一，就会使教育失去感染力。所以，教育者以身作则是医学道德教育中最生动最有说服力的方法。群体影响的方法是相对于个体实践而言的。所谓群体影响，就是群体道德行为的影响。每个医务人员总是在一定的群体中工作，因此，群体的风气对培养医务人员个体的道德品质具有重要的作用。群体影响是个体道德品质形成的环境机制，它影响和制约着个体医学道德行为发展的方向，能给予个体医学道德实践强大的教育和感染力。俗话所说“近朱者赤，近墨者黑”，就是这个道理。

3. 榜样引导和舆论扬抑的方法 榜样引导就是运用人们对心中道德楷模的仰慕崇拜和追求的心理，影响和引导医务人员向楷模学习的一种教育方法。榜样的事迹，可以使受教育者在情感上受到感染和熏陶。在运用榜样引导时要注意其真实性、典型性和群众性，对榜样的事迹要实事求是，应让群众既感觉亲切又易于接受。舆论扬抑是运用社会、集体舆论的力量，弃恶扬善，这是医学道德教育的重要方法。医学道德教育应该广泛而恰当地用社会舆论对医院中的医疗道德行为，加以倡导或鞭笞，褒奖或贬抑，鼓励或批评，敦促医务人员反省自己的医学道德行为，提高道德义务和责任感。运用这个方法要注意群众性，使领导与群众相结合，从而形成一种正气并得以发扬。

第三节 医学道德修养

一、医学道德修养的含义

医学道德修养，是指医务人员在医学道德方面勤奋学习和涵养锻炼的功夫，以及经过长期的医学实践和自我锻炼达到的一种能力和思想品质，其中包括情操举止，仪表言行的，这是医务人员在医学道德认识医学道德情感和医学道德意志等方面的自我教育和自我改造的成果，它包括三个方面内容，一是指医务人员在医学实践中经过长期的努力所达到的医学道德水平或境界；二是指医务人员为了实现一定的医学道德目标进行的自我教育、自我锻炼的过程；三是指医务人员待人处事的态度，处理医患关系、医医关系、医社关系的认识以及态度，医学道德修养作为重要的实践活动，其目的在于，使医护人员将所学道德原则和规范，转化为内心信念，进行自身的品质的塑造，其实质就是医务人员在医学领域中，调解冲突和矛盾，自觉地开展善恶两种对立观念的斗争，全面提高自身医学道德素质。

二、医学道德修养的目标和境界

医学伦理学之所以把医学道德修养作为重要课题加以研究，是因为医务工作者的医学道德品质不是与生俱来的，不是生来就是“善”，或“恶”的，而是后天逐步形成的。一般地说，医学道德素质的培养，包括医学道德认识的提高、医学道德情感的培养、医学道德信念的形成、医学道德意志的锻炼、医学道德行为的训练、医学道德习惯的养成等，都是一个长期、复杂和艰巨的过程。医务工作者如果不认真进行医学道德修养，要培养良好的医学道德素质是不可能的。在医疗实践中，我们可以看到，医务工作者的主观努力和医学道德修养不同，其结果也不同。有些人所受的教育、医疗实践经历和所处的医疗环境大体相当，其中一部分人进步很快，医学道德高尚，医术精湛，受到患者和社会的欢迎；而另一部分人则进步较慢，甚至有的医学道德败坏，堕落沉沦。其原因虽然多种多样；但往往与个人是否重视自我道德修养有着直接和密切的联系。事实证明，外部条件对于培养医学道德素质固然重要，但归根结底还是需要自己的努力。只有通过自己的努力，才能不断提高医学道德素质，把自己培养成为具有高尚医学道德境界的、为人民群众所欢迎的医务工作者。

道德境界是一种复杂的道德意识现象，是指人们通过接受道德教育和进行道德修养，所达到的道德觉悟以及所形成的道德品质状况和情操水平。

道德境界是一个集合性概念，它包含着丰富的内容。一个人达到了某种道德境界，就意味着他能够自觉地以属于该境界的道德要求为指导，具有属于该境界的思想感情和情操，并且由于对这种道德和自己行为意义的充分了解，因而形成了与此相适应的道德选择能力和实践能力，能够把自己的道德认识、情感、意志顺利地贯彻到行为实践中去，并且长期坚持下去，形成了高层次上的道德人格。

医学道德境界，是指医学道德修养水平、觉悟水平的状况。也就是以医学伦理学为基础，在医生与患者、医生与社会的利益关系中所形成的理想境界和高层级觉悟水平，以及医学道德情感和情操的状况。

医学道德境界一般可分为四个层次：

1. 自私自利的医学道德境界 处在这个境界的医务工作者把医学职业作为牟取个人名利的手段，一切从个人利益出发，他们对患者是否尽职尽责，是以患者能给多少好处为前提的。其道德标准是把私利当作神圣不可侵犯的东西，唯利是图。一切都以是否有利于私利为转移。把医疗技术当作自己的私有财产，为了牟取私利不择手段，践踏医学道德原则，甚至丧失起码的人道主义精神，应遭到人们的批判和唾弃。

2. 追求个人正当利益的医学道德境界 具有这种觉悟的医疗工作者，在主观动机上还是考虑到社会和他人的利益。他们以追求个人正当利益为目的，但同时又不损个人和集体的利益，他们信奉的原则是奉公守法、勤劳致富。但也应当看到处于这种境界的医务人员眼光不够宽广，不容易抵挡金钱的诱惑，当个人利益、患者利益和社会利益发生矛盾时，往往把个人利益放在首位。

3. 先公后私的医学道德境界 先公后私属于医学道德品质体系的基本境界；绝大多数医务人员的道德品质处在这种境界。这种医学道德境界是在医学生活中，通过深入持久的道德教育和医务人员个人修养的不断努力而不断发展形成的。这种医学道德境界表明医务人员能正确处理个人与事业、个人与集体、个人与服务对象、个人与同行之间的关系。以患者健康利益为重，为卫生事业诚实、积极、忘我地工作，愿意多做贡献，严于律己，宽以待人。其中一部分人经过医学道德教育和修养，还会达到更高层次的医学道德境界。

4. 大公无私的医学道德境界 大公无私是医学道德品质的最高境界。这种境界中，医务人员的一言一行，都是以有利于卫生事业为准则，时刻牢记为患者身心健康服务的宗旨。在他们的行动中，总是表现出毫不利己、专门利人的精神。历史上，无数的优秀医务工作者，以崇高的医德和精湛的医术为医疗卫生事业付出了毕生的精力。这种超脱自我的医学道德境界是广大医务工作者医学道德修养的努力方向和终极追求。

在人类社会发展的现阶段，医务工作者普遍的道德境界往往受制于传统、文化、环境和经济等因素，还不能超越这个历史时期的条件限制。所以，要提高医务人员的医学道德境界还需要从多方面进行艰苦努力，医学道德修养是一项长期而艰巨的任务。

三、提高医学道德修养的方法

医学实践是医学道德修养的根本途径，医务人员为了达到提高医学道德品质的目的，在医学道德修养方面还必须掌握正确的方法。

（一）认真学习

首先，学习理论，提高认识。医务人员要正确地进行医学道德修养，就必须要学习和掌握医学道德等理论知识，这是进行医学道德修养的前提，也是进行实践的基础。医务人员只有掌握了医学道德理论，才有明辨善恶的能力；否则，连善恶行为都无法区分，就谈不上自觉地进行医学道德修养了。其次，学习榜样，汲取力量。当代的先进模范人物是社会主义的先进代表，也是人民群众身边最有说服力的学习榜样。在医疗卫生战线中这样的先进模范人物是很多的。如在抗“非典”斗争中，医疗卫生战线就涌现出了以钟南山为代表的一大批模范先进人物。他们的先进事迹感人至深，他们不仅是医务人员学习的榜样，也是全国人民学习的榜样。作为医务人员，我们应该向他们学习，要在自己的工作中加强医学道德修养，为我国的医疗卫生事业做出自己应有的贡献。

（二）躬亲实践

躬亲实践是指医学道德修养要在实践中进行。这是医学道德修养的根本方法。医学道德修养之所以能够培养和提高医务人员的医学道德品质，就在于你学到的不是单纯的内心体验，而是在医学实践中指导自己的行为。医务人员只有在医学实践中进行自我教育、自我改造，才能提高医学道德水平；而医学道德修养成果也只有服务于医学实践，才是有价值的。因此，医学道德修养不能脱离医疗实践，只有在医疗实践中，才能把所学到的医学道德理论与具体实践结合起来，用实践来检验自己对理论的掌握程度及一些道德理论本身的正确程度，进一步完善医学道德理论和自身的医学道德修养，做到身体力行，并以此不断对照自己的言行，克服自己的不足，同时帮助别人纠正不足，增强自己的责任感。可见，医疗实践是产生高尚医学道德的基础，是检验医学道德修养效果的标准、是推动医学道德修养的动力，是医学道德修养的目的。

（三）持之以恒

医学道德修养非朝夕之功，需要有持之以恒的精神。论语说：“逆水行舟，不进则退”。

在医疗实践中经常会遇到这样或那样的困难和曲折，这就要求医务人员自觉地磨炼自己的顽强意志和克服困难的毅力。只有坚持不懈的努力，不断学习医学道德理论，不断在医疗实践中丰富充实，不断加强自我锻炼和修养，持之以恒，才能真正培养出高尚的医学道德。社会进步和科学发展，使我们对真理的认识没有尽头。我们对于社会主义医学道德的认识，也要在认识客观真理的过程中，不断与时俱进，向着更高的道德要求层次发展。同时在复杂的社会生活中，医务人员对自己的医学道德行为的要求，也可能停滞不前，或者发生反复和摇摆，因此要求医务人员在医学道德修养方面，永远不能停留在一个固定的水平上，而应该不断地给自己提出更高的要求，自觉地为患者服务。

（四）努力做到“慎独”

所谓“慎独”就是在个人独立工作，无人监督，有做各种事情（包括好事和坏事）可能性的时候，也能够坚持自己的医学道德信念，自觉履行医学道德义务，不做任何有损患者有损医务人员形象的事，能够不为名利，默默奉献，出色地完成自己的本职工作。“慎独”既是一种医学道德境界，也是一种医学道德修养的方法。“慎独”是我国伦理学特有的范畴。儒家在《礼记・中庸》中就有：“莫见乎隐，莫显乎微，故君子慎其独也。”其意思是说，最隐蔽之处最能看出人的品质，最微小之事最能显示出人的灵魂，所以君子当一个人独处时总是非常小心谨慎，不做任何不道德的事情。伦理学上所说的“慎独”是指凡是不应该做的事，在个人独处的条件下，即使在很隐蔽的地方、微小的事情，也能谨慎从事，自觉地坚持道德信念，遵守原则和规范。“慎独”在医学道德修养中尤为重要，这是由于医学实践的特点决定的。医疗职业的性质决定了其技术性及工作的独立性较强。一般说来，患者对医疗知识是缺乏的，医护人员在许多情况下（患者昏迷、麻醉后等）都是独立工作的。如对患者检查有无必要、是否全面准确、用药是否全面合理、抢救是否及时等等，一般说来都是很难让别人监督的，患者也不可能了解其治疗的正确与否。因此，医疗职业特点决定了医护人员更需要“慎独”。时时、事事、处处以医学道德标准约束自己，不论在任何情况下都要自觉地按照医学道德原则和规范履行医学道德义务。

“慎独”是医学道德修养的一种方法和境界，也是一种自律。当前，医学界医患关系紧张，医疗纠纷增多，其原因是多方面的，但医生本身的医学道德修养也是很重要的一个方面。要减少乃至消除这些不和谐因素，培养医护人员“慎独”的品质，提高医学道德修养水平得显得尤为重要。医护人员要达到医学道德“慎独”的境界，应做到以下四点：

1. 要有坚定的社会主义医学道德信念　在市场经济条件下构建社会主义和谐医患关系的今天，医护人员如何做到“慎独”，运用“慎独”的方法达到慎独境界并非易事，需要有坚定的社会主义医学道德信念，特别是要树立以患者为中心，救死扶伤，除人类之病痛的信念，用这样的医学道德信念来选择自己的行为和调控职业行为，坚定医学道德原则，乐业和敬业，发挥医学道德良心在行为选择中的监督、调节和控制作用。这样，医务人员在医学道德修养上也就达到了“慎独”的境界。

2. 要在“隐”和“微”的地方下功夫　“隐”是指隐处自律，要求医护人员在别人看不见和无人监督的时候，也要自觉地按医学道德的原则和规范约束自己的行为。事实表明，一些人的错误往往是在缺少监督的情况下发生的。他们都抱有侥幸心理，认为自己做的事情是隐蔽的，无人知晓的。任何事情只要做了，就是客观存在。俗话说，“要想人不知，除非己莫为”，错误的行为，终究会暴露。“微”就是注重细节、小事、微处自律，不能因为事情小而放纵自己。当一个人独处进行活动时，其道德行为就完全依靠个人的内心信念和自觉性，而医疗行为绝大多数是在无人监督情况下独立进行的，有时是在患者昏迷或不知的情况下进行，加之医患医学知识的不对称，往往患者不知晓，靠医护人员单方认可。因此，医务人员工作是否负责，在很大程度上依靠自己的责任心和医学道德观念，这就要求医务人员“勿以善小而不为，勿以恶小而为之。”要从大处着眼，小处入手，坚持不懈地进行医学道德修养。

3. 要反躬自省 就是自我校正、自我反省，“内省”是高尚医学道德的一种表现形式，也是培养良好医学道德品质的重要方法。古人有云：“人非圣贤，孰能无过”。医护人员在医学实践中，需要经常认真地反省自己，找出思想和行为中的不良倾向和念头，坚持以患者为中心的理念，坚决维护患者的利益，在自己的心中建立一个神圣的道德法庭，对自己进行道德裁判，看自己的所作所为是否符合医学道德准则，自我约束，只有这样，才能很好地进行自我修养，培养自己高尚的医学道德品质。

4. 要经过长期艰苦的锻炼才能打达到 “慎独”是一种境界，它不是一朝一夕就能达到的，这需要医护人员经过长期艰苦努力才能达到的。社会是不断进步的，医学科学是不断发展的，人们对医学道德的要求也会不断提高，这就决定了医务人员的医学道德修养是一个无止境的过程。

“慎独”强调道德主体内心信念的作用，体现了严格要求自己的道德自律精神，提出了一个人自觉实践道德行为的意义。医护人员要在医疗卫生实践中，不断地进行医学道德修养，努力达到“慎独”境界，把自己培养成一个医学道德高尚的人。

第六章 医疗人际关系伦理

第一节 医患关系概述

医患关系是医疗服务活动中客观形成的医患双方以及与双方利益有密切关联的社会群体和个体之间的互动关系，是医疗人际关系中的核心。著名医史学家西格里斯曾经说过："每一个医学行动始终涉及两类当事人：医师和病员，或者更广泛地说，医学团体和社会，医学无非是这两群人之间多方面的关系"。当前，医患关系不协调所引发的医疗纠纷已成为社会关注的热点，媒体炒作的焦点，医患双方的痛点，司法处理的难点。

一、医患关系的内涵

一般认为，所谓狭义的医患关系是特指医生与患者之间相互关系的一个专门术语。广义的医患关系指以医生为主的群体（医疗者一方）与以患者为中心的群体（就医者一方）在治疗或缓解患者疾病过程中所建立的相互关系。随着时代的进步和科技的发展，医患双方不再单纯的是狭义的医患之间，更多的是广义的医患关系，所以我们现在一般讨论的都是广义的医患关系。医方主要是指各医疗单位及其全部职工，医疗单位不仅包括省市县等各级各类医院、乡镇卫生院、疗养院，还包括各种诊所、卫生所、门诊部等。医务工作者不仅指临床医生、护士、医技人员，还包括医院管理人员及各职能科室人员。患方主要是指接受诊疗的患者和患者的家人、亲友、律师等代理人以及患者所在的单位。

医患关系在医疗过程中可以分为两大部分：一是技术关系，二是非技术关系。技术关系是指在医疗过程中与医务人员业务技术水平高低有关的关系，技术关系在医疗过程中对医疗效果具有直接的作用；非技术关系是指在医疗活动中医务人员与患者的社会、心理、交流沟通等方面的关系，非技术关系对医疗效果有着无形的作用。

二、医患关系的内容

医患关系的内容依据与医疗实施有无关系，可分为技术关系和非技术关系两部分。

1. 技术关系 医患的技术关系，就是指医患双方在诊断、治疗、用药、手术、护理等医疗技术过程交往中的关系。如医生询问患者的病情，同患者讨论治疗方案等。医患的技术关系的交往，按一般情况而言，医务人员处于主体地位，应当是患者的老师。这是因为，相对求医者，医务人员掌握了更多的医学科学知识和技能，在技术方面发挥指导作用是正常的、合理的，对患方有利。在技术上医方要主动提供医疗方案，然后让患方在医生帮助下选择。医方应当防止在技术交流过程中粗暴的家长式的作风，认为医者事事处处都高人一等，以专家自居，甚至有条件进行知情同意时，也独断专行，未征得患方同意就去实施重大医疗措施。这样就容易导致医疗纠纷和矛盾。因此，在技术关系中，"既要承认医者在技术方面的主导地位，也要防止这种地位绝对化。"

2. 非技术关系 医患的非技术关系，是指在医疗过程中，医师与病患因社会的、心理的、经济的等方面的影响，所形成的道德关系、利益关系、法律关系等。它是医患关系基本的方面。因为患者缺乏必要的医学知识，无法理解医疗行为的运用是否合理，因此，医患之间的技术关系往往并非决定医患关系和谐还是矛盾的关键因素。就大多数病患而言，对医院或医护人员是否满意，主要是非技术方面的，即医护人员的态度是否和蔼，诊疗工作是否认真负责，是否尊重、理解、关心患者等。由此可知，决定医患关系的主要因素，并不是科学技术好，并非医院的设备越先进、医生的水平越高，医患之间的纠纷就一定越少。实际上，非技术关系才是决定医患关系是否和谐的关键因素。医学科学技术不断发展，但医患关系却日益紧张，也恰恰证明了这一点。

医患关系是一种双向关系，需要双方在医疗实践中共同做出努力，才能建立和谐的医患关系。从医方来讲，它是医患关系的主导者，应为建立和谐友好的医患关系承担重要的责任，发挥重要作用。从患方来讲，他的文化修养、道德修养、心理素质等也会影响正常的医患关系的建立。

从医患关系的内容看出，技术方面是以医生为主导，非技术方面双方是处于平等地位。医患关系的技术与非技术方面在医疗实践中往往是融合在一起的，如心理治疗过程就是技术与非技术交往融合的过程。“医方应该以患者的利益为重，严格把握技术运用的科学性和合理性，把技术与非技术方面较好的统一起来。”

三、医患关系的模式

由于医患交往的多样化，形成了众多的医患关系模式。对此，国内外均有不同程度的提法，概而观之，目前主要有以下四种模式。

1. 维奇模式 美国学者罗伯特维奇（Robert Veatch）提出三种医患关系模式：

（1）纯技术模式，又称工程模式，在这种模式中，医生充当的是纯科学家的角色，只负责技术工作。医生将所有与疾病、健康有关的事实提供给患者，让患者接受这些事实，然后根据这些事实，解决相应的问题。这是一种把患者当成生物变量的生物医学阶段的医患关系模式，在新的医学模式问世后它已淡出。

（2）权威模式：又称教士模式，在这种模式中，医生充当的是家长式的角色，医生不仅具有为患者做出决定的权利，而且具有做出道德决定的权利，患者完全没有自主权。这种模式一切均由医生决定，患者丧失了自主权，不利于调动患者的主观能动性。

（3）契约模式：在这种模式中，医患双方是一种非法律性的关于医患双方责任与利益的约定关系。医患双方虽然并不感到彼此之间的完全平等，但却感到相互之间有一些共同的利益，并分享道德权利与道德责任，同时对做出的各种决定负责。按照这种模式，医疗过程中的一些具体技术措施实施的决定，由医生负责。维奇认为，契约模式是较令人满意的模式。

2. 布朗斯坦模式 布朗斯坦（Braunstein）在其编著的《行为科学在医学中的应用》一书中，提出了医患关系的“传统模式”和“人道模式”。

传统模式是指医生拥有绝对权威，为患者做出决定，患者则听命服从，执行决定。传统模式是长期以来医疗领域普遍存在的医患关系模式，由于医患之间存在着绝对负责–信任的关系纽带，且在医疗技术的掌握方面医患之间的信息具有非对称性，传统模式有着其合理性。

人道模式则体现了对患者意志和权利的尊重，将患者看成是一个完整的人，重视患者的心理、社会方面的因素，对患者不仅要给予技术方面的帮助，而且医生要有同情心、关切和负责的态度。在人道的医患关系中，患者主动地参与医疗过程，在做出医疗处置决定中有发言权，并承担责任。医生在很大程度上是教育者、引导者和顾问。

3. 萨奇曼模式 一种患病行为的社会心理学模式。萨奇曼为了研究患者做出的与“寻求、发现和进行医疗照顾”有关的决定的类型，它把连续发生的事件分成五个阶段：一是体验症状阶段，二是接受患病角色阶段，三是接触医疗照顾阶段，四是依靠医生的患病阶段，五是痊愈或康复阶段。他认为，每一阶段都是寻求帮助或疾病行为过程中做出一个新的重要决定的时候，在每个阶段患者都进行不同的决策并采取不同的行动。在评价患病体验时，患者不仅要理解自己的症状，还要权衡资源的可及性，以及治疗成功的可能性等。个人的感觉、个人的医学倾向是决定个人对健康和疾病状态做出反应的关键因素。

萨奇曼模式中医患的互动作用是明显的。在整个疾病过程中，患者都在主动、自觉地寻求、发现医疗照顾，即参与医疗的心理行为倾向。医务人员要理解和尊重患者，帮助和引导患者，充分与患者交往就显得尤为重要。

4. 萨斯、荷伦德模式 1956 年美国学者萨斯（Szasz）、荷伦德（Hollendet）发表了《医患关系的基本模式》一文，文中指出患者症状的严重程度是影响医生与患者各自主动性大小的重要因素。因此将医患关系归纳为三种类型：主动–被动型、指导–合作型、共同参与型（表 6-1）。

表 6-1 萨斯、荷伦德模式医患关系模式列表

医生	医生地位	患者地位	适用范围	类似关系
主动–被动型	主动地位	被动地位	难以表述自己主观意见的患者	父母–婴儿关系
指导–合作型	指导地位	合作地位	大多数有意识患者	父母–儿童关系
共同参与型	帮助患者	主动参与	慢性病和心理治疗	成人–成人关系

（1）主动–被动型：在这一模式中，医生处于主导地位，患者处于从属地位。它的特点是患者到医院就诊，请求医生给予诊疗，往往将自己处于被动地位。而医生掌握诊疗技术，接受患者的请求，给患者以诊治，往往以主导者自居。患者不能发挥积极主动作用，不能发表自己的看法，也不能对医生的责任进行有效的监督。故西方学者把这一模式称之为“父权主义模式”。这种模式，在强调人权的今天，越来越受到批评。但是，对于休克昏迷患者、精神病患者或难以表达主观意见的患者，则是适用的。

（2）指导–合作型：这是一种构成现代医患关系的基础模式。患者被看作有意识、有思想的人，在医患双方关系中有一定的主动性。医生注意调动患者的主动性。但这种主动性是以主动配合、执行医生的意志为前提的。主动配合的具体表现主动述说病情，反映诊治中的情况，配合检查和治疗。但对医生诊治措施，既不能提出异议，也不能反对，医者仍具有权威性，仍居于主导地位。这一模式无疑比主动–被动型医患关系前进了一大步。它有利于提高诊疗效果，有利于及时纠正医疗差错，医患关系比较融洽，但仍不够完善和理想。

（3）共同参与型：这是现代医患关系的一种发展模式。在这种模式中，患者在医疗过程中不是处于被动地位，而是主动与医生合作，主动参与医生的诊治活动，帮助医生做出正确诊断。患者和医生一起商讨治疗措施，共同做出决定。医生在诊疗过程中，要认真听取患者的意见，采取其中合理的部分，医患间有近似相等的权力和地位，诊治中发挥着医患双方的积极性。这种类型对消除医患隔阂，建立真诚和相互信任的医患关系是非常有利的。大多数慢性病的治疗适用这种模式，一般心理治疗也适用这种模式。

四、医患关系的性质

医患关系是在特定的时间内、特定的环境下、特定的情境中形成的一种人与人之间的关系，是一种患（方）因治病的需要与医（方）自愿形成的人际关系，具有历史的、时代的、民族的、地域的不同特点。医患关系就其社会层面上看，是一种永恒的、任何社会都不会消失的关系，但就个人而言，则是不恒定的、甚至是短暂的关系。

医患关系可从文化的、道德的、经济的、法律的多个层面来认识和研究。从医学发展的历史来看，医患关系首先是一种道德关系、诚信关系。患者相信医生，将自己的健康和生命寄托给医生，而医生则以治病救人为自己的职业责任。人们最早是这样来认识医患关系的；但是，随着社会的进步，特别是商品交换和市场经济的发展，医患关系复杂了。首先是医患间的利益关系突出了。在古代，看病虽也要付费，但那时的付费是酬谢性的，付费的多少是随意而没有严格标准的；而现在则不同，现在的医疗费用则是按照严格的计算和标准收取的。现在的医疗保健服务，在一定意义上说，是通过购买得到，但这种购买和一般商品的交换相比，又有许多不同的特点。但是，尽管如此，各国政府仍然视保健为一项人的基本权利，对那些即使是无力支付费用的人，国家也要承诺为他们提供最基本的保健服务。这就是说，现代保健服务中的医患关系，不是一种完全意义上的商品交换关系，仍保留着道德和诚信关系的基本特点；同时，由于现代的医疗保健服务的特殊性，医方与患方在治病过程中，常常需要签订各种各样的合约与同意书，以明确双方的责任，避免不必要的纠纷。这又使得医患关系具有现代商务交往中合约关系的性质。

总之，当代的医患关系，首先是一种道德与诚信的关系，同时也是一种各自承担责任的合约关系。当代的医患关系，似乎应当是一种以道德与诚信关系为基础的、同时具有商品交换与合约性质的关系。多种关系交叉与重叠的属性，表明了当今医患关系的复杂性，对如何处理医患矛盾提出了严格的、切忌简单化的要求。

近些年来发生的医患纠纷，常常诉诸法律解决，这就涉及医患关系的法律归属性质。目前我国学术界对于医患关系的法律属性，众说纷纭，有持民法关系论者，有持合同法、消费法论者，有持行政法论者。目前许多医疗纠纷的判案，均以合同民事关系论处，以便于具体操作，也是合乎情理的。但有学者认为，从医患纠纷发生背景和医患关系的特点看，医患关系以归属中国法律体系七个部分（即宪法及宪法相关法、民法商法、行政法、经济法、社会法、刑法、诉讼与诉讼程序法）中的社会法为合理。这是因为社会法有不同于其他部门法的特征：增进人类社会的共同福祉，维护社会安全；促进社会的均衡发展；增强人类的合作协作能力。社会法还具有其他法不具备的机制：如社会共同干预；社会保险、社会救济等社会保障措施；社会交涉措施等。而医疗卫生事业是以社会利益为本位的，医疗关系具有社会干预性和强制性，所以医患关系属于典型的社会法范畴。

五、医患关系的发展趋势

1. 医患关系的技术化 随着科学技术的飞速发展，大量先进的技术进入医疗实践领域，在医疗实践效果大大提高的同时，医生对新技术的依赖性也逐渐增强。新技术的出现隔阂了医患之间的联系，使医患之间的直接沟通和交流明显减少，正如美国著名医生刘易斯·托马斯所说“触摸是医生最为古老可也是最为有效的一种动作……在众多至今仍不断出现的新医疗技术中，听诊器是设计用来加大医生和患者之间距离的第一个设备”。医患关系逐步呈现技术化趋势。

2. 医患关系的民主化　传统的医患关系是医务人员凭借着对医疗技术掌握而具有权威性，而患者对其只能绝对服从。但是随着医学的发展和社会生活领域的诸多变迁，在现在医患关系中医生的权威面临挑战，患者的权利意识则在不断提高。在医疗活动中医患之间已衍变为共同参与医疗决策和选择的行为。在诊疗活动中，患者不再是完全被动的接受体，而是在知情同意的前提下，主动参与治疗。在对待疾病的问题上，医患双方地位越来越平等，医患关系变得越来越民主化。

3. 医患关系的市场化　随着社会主义市场经济的不断发展，医患关系呈现市场化发展的趋势。尽管从世界范围来看，各国对医疗服务是商品都不认可，但是市场对医疗领域的渗透却日渐增强。市场以其资源配置功能、激励功能、调节功能、评估功能等基本功能，为医学发展带来了巨大的推动力，医药科技研发方面表现得尤为明显。同时，市场干预医疗活动也带来了非常大的负面影响。特别是在我国医疗卫生体制改革尚不完善的情况下，少数医务人员把市场经济的“等价交换”原则移植到医患关系中来，使本来纯洁的救死扶伤神圣职责成了与患者交换的筹码。

4. 医患关系的法制化　传统的医患关系中，医患双方的权利和义务是约定俗成的，在很大程度上完全依赖于医患双方的道德自律。在此基础上，医患之间形成了以绝对负责-信任为纽带的人际关系。但是随着上述纽带的不断解体，仅仅通过道德自律来实现医患双方的权利和义务的可能性已经非常小。所以当今医患双方的权利和义务更多地是以法律规定的形式出现，随着公众法律意识的进一步增强，选择通过法律的手段来解决医患关系中的问题将是今后的必然趋势。因此，医患关系的法制化同样是医患关系演化的必然趋势。

第二节　医患的权利与义务

在医患关系中，医患双方基于卫生法律的规定而确定的权利义务是核心内容。医患关系从医学技术角度看是不平等的，患者承担较多的义务和风险，这是因为患者一般不具备医学方面的知识和技能，而患者又需要求助于医务人员的专业知识和技术，为了治疗患者还要暴露自己的隐私和秘密。而医方掌握医学知识和技能，在医患关系中是优势的一方，根据公平原则，其所承担的义务要多于患者。实践中，因患方义务不明所产生的纠纷与医方的义务不明产生的纠纷相比，患者的义务相对简单，无论是数量还是质量都不是一个水平。

一、医方的权利内容

权利是指国家通过法律规定对法律关系主体可以自主决定做出某种行为的许可和保障手段。医方即医务人员和医疗机构，医方权利就是医务人员和医疗机构依法享有的法律规定的权利。

（一）医疗机构的权利

医疗机构在医疗活动中处于管理者的地位，这种管理包括除对医师工作的监督管理，还涵盖医院的技术设备、环境设施、药剂管理等多方面。医疗机构享有的权利主要如下：

（1）医疗机构有要求患者支付医药费用的权利。医疗合同是双方有偿合同，医疗机构在接收患者之后，医疗机构及其医务人员为患者提供医疗服务，依据法律、法规收取挂号费、诊疗费、住院费、手术费等各项费用，是其合法权利。

（2）医疗机构有进行管理的权利。医院有权按照其规章制度、诊疗常规来管理患者及其陪护人员。

（3）其他相关合法权利包括财产所有权、知识产权、名誉权、荣誉权、名称权、债权等受法律保护，任何单位组织和个人不得侵犯。

（二）医务人员的权利

医务人员的权利主要由两大部分组成：执业特权和相关权利。

1. 执业特权 包括以下几个部分。

（1）询问权：是指医务人员有权询问患者及其家族病史、患者个人生活情况等与了解病情有关的信息。

（2）检查权：医务人员有权要求患者做各项检查。

（3）诊疗权：医务人员有权根据患者的情况自主做出医学诊断、自主地选择合理恰当的医疗诊治方案和治疗措施保障患者的生命健康，有权依据病情的需要进行疾病调查或流行病学调查并采取相应预防、保健措施。

（4）证明权：医务人员有权根据病情的需要和医疗结果出具相应的医学证明文件。

（5）特殊干预权：通常而言，医务人员的权利应服从于患者的权利要求，但在某些特殊情况下，赋予医务人员限制患者自主权的权利，以达到完成对患者应尽的义务和对患者根本利益负责的目的，这就是医务人员的特殊干预权。特殊干预权的行使是以患者对自主权利的不正确或不充分行使为前提的。当患者的自主原则与生命原则、有利无害的原则及尊重公序良俗原则发生根本冲突时，医务人员方可行使该权利。如患者虽然有权拒绝治疗，但必须符合患者有理智、医务人员讲明利益且法律允许、不违背公序良俗等诸多条件，否则医务人员可以对患者的拒绝治疗进行干预。

（6）医疗行为豁免权：也称过失免责权，医学科学具有高风险性，且医疗行为不能避免对患者身体的侵袭。为保障医疗行为的顺利开展和从根本上维护患者的健康权，医务人员在医疗过程中享有医疗意外、并发症等医疗损害责任豁免权。

（7）医疗裁量权：是指医务人员有根据病情的变化决定治疗方案、调整治疗方案，有权依据患者的承受能力有针对性地告知病情的权利。

2. 相关权利 包括执业条件保障权、获得报酬权、获得尊重权、专业研习权、参与民主管理权等方面。

（1）执业条件保障权：根据《医疗机构管理条例》和卫生和计划生育委员会制定的有关标准，医务人员在各类医疗卫生机构执业，有权获得与其执业活动相当的医疗设备基本条件，医疗卫生机构应当提供相应的基本条件，并逐步改善提高，以保证医务人员执业技能和水平的充分发挥。

（2）获取报酬权：医务人员依照《中华人民共和国执业医师法》等法律法规和相关政策享有获得劳动报酬的权利，并享有国家规定的和合同约定的福利待遇。

（3）获得尊重权：医务人员的执业活动和工作秩序受法律保护，医务人员在执业活动中，人格尊严、人身安全和人身自由不受侵犯，任何损害医务人员人格尊严的违法行为都应受到应有的惩罚。

（4）专业研习权：医务人员有权参加专业学术团体，从事医学研究和学术交流活动，有权参加专业培训，接受医学继续教育。

（5）参与民主管理权：医务人员有权对所在机构的医疗、预防、保健工作和卫生行政部门的工作提出意见和建议，并依法参与所在机构的民主管理。

二、医方的义务内容

义务是指国家通过法律规定，对法律主体的行为的一种约束手段，是法律规定人们应当做出和不得做出某种行为的界限。医方义务就是指医疗机构及医务人员依法必须履行的义务。

1. 医疗机构的义务

（1）不得拒诊的义务：尽管医疗合同为有偿合同，但医院并不能因患者没有预付押金或其欠缺支付医疗费用的能力而拒绝实施抢救等医疗救护行为。合同的标的是患者的生命健康，所以只要患者与医院之间订立合同，医院就不得以任何理由拒绝接收患者。

（2）安全管理的义务：医院是专业的诊疗机构，有义务对其设施、服务进行专业管理。包括制定各项规章规范医疗行为和与之相关的行为活动，定期对设施进行维护、保障各种设施的安全使用等内容。如患者因医院不严格履行此义务而受到伤害，则医院应承担违约责任。

2. 医务人员的义务

（1）诊疗的义务：医务人员应树立敬业精神，遵守职业道德，认真履行医务人员职责，坚持和发扬社会主义救死扶伤的人道主义原则，尽职尽责为患者服务。医生的执业道德决定其不能以任何理由来推托为患者治病的义务。

（2）解释说明的义务：医生有义务向患者说明病情、诊断、治疗、预后等有关情况，医务人员应当如实向患者及其家属介绍病情，但应注意避免对患者产生不利后果。因实施保护性医疗措施不宜向患者说明情况的，应当将有关情况向患者家属说明。医务人员在实施有较大医疗风险的特殊诊疗活动时要征得有关人员同意，进行实验性临床医疗，应当经医院批准并征得患者本人或者其家属同意。

（3）保密的义务：医生有为患者保守秘密的义务，患者的个人隐私非经患者允许不得透露与第三人知晓。

（4）报告的义务：医务人员有遵守法律法规，依法执业的义务。医务人员应认真遵守各项规章制度，履行医院的各项规章制度和诊疗护理常规，遵守技术操作规范。发现传染病疫情、食物中毒、涉嫌伤害事件或者非正常死亡时，医务人员有报告义务。

（5）附随义务：依据诚信原则，医方不得出具虚假证明材料；发生医疗纠纷后，医方不得涂改、隐匿、销毁医疗资料；医方不得采取霸王条款的文书方式做出对患者不公平、不公正的规定，或以免责条款的方式规避或减轻其损害患者合法权益应当承担的责任。

（6）卫生宣传义务：医务人员在执业活动中有向患者宣传卫生保健知识、进行健康教育的义务。新的医学模式下、疾病谱发生改变，疾病的发生涉及生活方式、公共卫生、环境、个人不良习惯、易感人群等因素，对这些因素的控制和改善，单靠卫生部门的工作是不够的。医务人员应利用自己的医学知识，教育和引导群众养成良好的卫生习惯，倡导文明健康的生活方式，提高人民健康意识和保健能力。

三、患方的权利内容

一般来说，患方权利的内容基本包括：

1. 生命健康权 患方享有保障自己的身体的安全性和完好性不受非法侵害，有权要求医疗机构提供符合保障人身安全要求的医疗服务，接受医疗服务时受到人身损害有依法获得赔偿的权利。

2. 医疗权 是指任何患方都有权享有基本的、合理的诊治护理的权利，以保障其生命和健康。

3. 医疗自主权 是指具有完全行为能力的患方有权就有关自己疾病的医疗问题做出自我决定和自我判断的权利。具体包括患方有权选择医疗机构、医务人员及其医疗服务的方式，有权决定是否接受医疗服务，有权决定出院或转诊等内容。

4. 知情同意权 该权利是患者医疗自主权的具体表现形式，是医学科研、人体试验和临床医疗领域最重要的伦理原则之一。患方有权知悉有关自己病情治疗过程中的信息，并在完全自主的、理智的情况下做出是否同意的决定。如有权知道提供服务的医务人员的姓名、执业身份和专业技术职称，有权按照规定向医务人员询问病情，咨询相关信息，有权知悉医疗费用的具体花费情况等。

5. 人格权 是指患方维护主体独立人格权的权利。患方的人格和名誉受到尊重，任何人不得歧视、遗弃、侮辱患方。

6. 隐私权 医务人员由于职业需要有可能了解患者的一些隐私，患方有权维护自己的隐私不受侵害，有权要求医务人员对自己的家族或个人病史、生理缺陷、家庭婚姻等隐私保密。如医务人员故意或过失泄露患方隐私给患方带来的伤害，其有权获得相应的赔偿。

7. 获得赔偿权 因医务人员违反规章制度和诊疗护理规范，过失引发患方死亡、残疾、组织器官损伤和功能障碍等医疗事故或其他尚未构成医疗事故的医疗损害发生后，患方有权按照《医疗事故处理条例》和《民法通则》的相关规定获得经济和非经济的赔偿。

8. 请求权 患方有权查阅病历资料并获得复印件；发生医疗纠纷时，有权要求封存病历资料；有权监督和防止病历资料的涂改、伪造、隐匿和销毁等；有权要求对引起不良后果的可疑输液、输血、注射用品、药物、医疗器械、手术切除的组织等进行封存保留；有权要求卫生行政机关或司法机关进行现场勘验。有权与医方共同委托鉴定及申请再次鉴定；有权申请相关人员回避；有权陈述与答辩；有权向司法或仲裁机构请求调解和处理医疗纠纷。

9. 免除一定社会责任和义务的权利 疾病或多或少地影响患者的正常生理功能，从而使其承担社会责任和义务的能力有所减弱。因此，患者在获得医疗机构的证明书后，有权依据病情的性质、程度和对功能的影响情况，暂时或长期、主动或被动地免除服兵役、献血等相应社会责任和义务。这也符合患者的身体情况、社会公平原则和人道主义原则。

10. 其他权利 包括患者风俗习惯得到尊重的权利；依法成立维护自身合法权益社会团体的权利；有权检举、控告侵害患者权益的行为；有权对保护患者权益工作提出建议；了解患者权益保护知识的权利；患者在医疗纠纷中获得补偿等方面的权利。

四、患方的义务内容

患方在医疗过程中享有一定权利的同时，也需要承担相应的义务。主要是指患方对自身健康、医务人员的诊疗及对社会负责基础之上的一种责任。一般来说，患方的义务内容基本包括：

1. 有提供与疾病有关真实情况的义务 医务人员在询问病史时，患方有义务尽自己所知提供现病史、过去史、住院史、用药史及其他有关情况的准确而完整的资料，不能故意隐瞒一些难以启齿的症状、疾病、家族遗传性疾病等重要信息。

2. 有遵从医嘱、配合诊治的义务 患方有责任和义务接受医疗护理，和医务人员合作，共同治疗疾病，恢复健康。一旦患方选择就医，接受医务人员的治疗，就有遵从医嘱，积极配合检查和治疗的法定义务。

3. 有爱护身体、积极恢复健康的义务 身体虽然是自己的，但保持自身健康是每个公民应尽的社会义务，患方有责任选择合理的生活方式，养成良好的生活习惯，保持和促进健康。

4. 患方有承担不扩散、不传播的义务 在明知自己患病并确知这种疾病可能造成严重的传染后果时，患方便应承担不扩散、不传播的义务。当然，患方主观上不知情或虽知已被感染但不知其病有强烈的传染性，则不负有此义务，如果违反此项义务将受到相关法律的制裁。

5. 有遵守医院规章制度，维护医院秩序，尊重爱护支持医务人员的义务 医院是救死扶伤、实行人道主义的公共场所，医院需要保持一定的秩序。医院的各项规章制度是为了保障医院正常的诊疗秩序，就诊须知、入院须知、探视制度等都对患方和家属提出要求，这是为了维护广大患方利益的需要。患方应自觉维护医院秩序，包括安静、清洁、保证正常的医疗活动以及不损坏医院财产。同时患方要理解和尊重医护人员的辛勤劳动，尊重医务人员的人格和权利，努力共同建立和谐的医患关系。

6. 有交纳医疗费用的义务 目前的医疗补偿机制还需要患者交纳有关诊疗费用，这就要求患方按照有关规定及时足额交纳有关诊疗护理费用。任何逃避、拖欠医疗费用的行为都是不道德的。对于确实无力支付费用的患方应按照规定办理有关手续。

7. 患方有支持医学科学发展的义务 医学科学发展需要患方的支持和协助，如器官移植、人体实验、临床教学的见习、实习等，无不需要来自患方的支持和配合。当然，患方的支持和配合是建立在知情、自愿的前提下；医学科学的每一步发展都离不开患方的身体力行，反过来，医学科学的发展又为患方的康复带来福祉。

第三节 医患冲突与沟通

近年来，医患冲突不断增多、医患关系日趋紧张已经成为不争的事实，其中的原因相当复杂，而医患沟通不畅是一个重要原因。大量研究发现，多数医患冲突并非由于医疗意外或医疗差错，而是由于医务人员不善于沟通或不适当的沟通所致。因此，加强医患沟通是减少医患冲突的关键。

一、医患沟通的概述

沟通是人与人之间、人与群体之间思想与感情的传递和反馈的过程，以求思想达成一致和感情的通畅。在管理学上，沟通就是发送方通过环境和设备向接收方发送信息，接收方接受信息并加以理解，并将信息反馈给发送方的过程。

狭义的医患沟通是指医疗机构的医务人员在日常诊疗过程中，与患者及家属就伤病、诊疗、健康及相关因素（如费用、服务等），主要以诊疗和服务的方式进行沟通交流。广义的医患沟通是指各类医务工作者、卫生管理人员及医疗卫生机构、医学教育工作者，主要围绕医疗卫生和健康服务的法律法规、政策制度、道德与规范、医疗技术与服务标准、医学人才培养等方面，以非诊疗服务的各种方式与社会各界进行的沟通交流，如制定新的医疗卫生政策、修订医疗技术与服务标准、公开处理个案、健康教育等。通常说的“医患沟通”属于狭义的医患沟通。

1. 医患沟通的内容

（1）医方的知情：医护人员在对患方采取医疗行为前，应当获取患者的基本资料，如性别、患病时间、年龄、职业、生活方式、病情发展程度、病史以及是否有遗传病等相关信息。

（2）医方的告知：医护人员应向患方说明疾病诊断情况、检查项目、治疗手段、预后情况、药物不良反应、手术并发症、医疗费用等情况。

（3）患方的知情：患方要知情与医疗行为相关的一切活动内容，是其对病情、治疗方案、治疗后预期产生的后果等信息的知悉。

（4）患方的同意：是患方根据医疗活动自愿做出的决定并采取相应行为。医方有责任为患者提供其所需的相关数据，但由患者决定自身的治疗方案。

2. 医患沟通的方式

（1）语言沟通：语言是人类特有的交流思想、表达情感的手段，是一种约定俗成的符号系统，是交际活动中的工具。绝大部分的人际交往是借助语言来实现，其中口头言语是使用最多的方式。

社会文化背景的不同会造成语言沟通的障碍，沟通的双方宜使用共同的语言与概念。沟通的双方还要遵循一定的社会语言规范，按照约定俗成的规范表达思想、情感、愿望，不论口头言语还是书面语言，都要用词准确、通俗易懂。

医患沟通中要使用文明用语，杜绝伤害性言词。医务人员要恰当地使用劝导、安慰性语言，积极的暗示有利治疗。要互动、真诚、中性化，防止冷淡或过于热情，以免造成患者的疑虑和不信任感，还要及时引导患者的交谈内容，做直接或间接提问、开放式谈话。伤害性语言，则造成对患者的医源性伤害。

（2）非语言沟通：也称副语言沟通。如患者因疾病言语交往受到限制，非语言沟通就成了唯一重要的表达方式。副语言沟通就是通过言语过程中语调强弱、速度快慢、抑扬顿挫等，表达不同的效果。如面部表情、肢体动作表达情绪状态。医护人员观察患者时首先看到的是患者面部表情，认真观察面部表情可以了解患者内心的复杂活动。医护人员也是通过面部表情判断患者的热情、关注、冷静等态度。肢体动作则表达意向及程度等。目光接触既能显示出个人某些个性特征，又能表达和传递情感，具有重要的信息交换功能。例如，给患者倒杯水，患者悲痛哭泣时递张纸巾，患者情绪激动时握握手等关怀动作，能起到语言无法起到的沟通效果。另外，人与人的交往还通过接触距离的远近、面部朝向的形式实现信息表达与交流。

3. 医患沟通模式　医患沟通模式是对于医患沟通全过程的概括性、总体性描述，是指导医患沟通实践、教学以及研究的纲领。医患沟通模式包括医患沟通的总体目标、医患沟通的任务、医患沟通的策略等内容，通常以列表、提纲或者指标体系等形式呈现。20 世纪 90 年代起，国外学者开始了对于医患沟通模式的研究。目前主要的医患沟通模式有 E4（engage，empathize，educate，enlist）模式、三功能模式、卡尔加里–剑桥观察指南、以患者为中心的临床策略、SEGUE（set the stage，elicit information，give information，understand the patient' s perspective，end the encounter）框架、四习惯模式以及 MACY 模式等（表 6-2）。

表 6-2　国外主要医患沟通模式比较

沟通模式	阶段划分	沟通目标	沟通策略	主要用途
E4 模式	融入；移情；教育；合作	信息收集 关系建立	询问开放式问题；对患者的倾诉作出积极合理的反应；注重倾听；有效的鼓励等	医患沟通实践
三功能模式	建立关系；评估患者问题；管理患者问题	信息收集 关系建立	尊重患者；恰当使用非语言沟通；问诊时不能一次性提出一个以上的问题；给患者足够的时间叙述病情等	医患沟通实践 医患沟通教学
卡尔加里–剑桥观察指南	开始谈话；收集信息；提供结构；建立关系；解释与计划；结束谈话；回答问题	信息收集 关系建立	表达尊重；鼓励患者；注意倾听；阶段性总结；避免使用专业术语；分享见解；重复重要信息等	医患沟通教育
以患者为中心的临床策略	获得患者的疾病体验；了解患者；发现共同点；融入预防措施与健康促进；加强医患关系	引导患者参与治疗 关系建立	获得患者对于疾病的关切；鼓励患者参与决策；分享患者的心理	医患沟通实践
SEGUE 框架	建立沟通；信息收集；信息提供；评估患者；结束沟通	信息交流	保护患者的隐私；表达关切与共鸣等	医患沟通技能评价
四习惯模式	接诊；获取患者信息；移情作用；结束应诊	信息收集	询问开放式问题；注重倾听患者意见；引导患者参与决策；适当使用肢体语言；进行患者教育等	医患沟通实践
MACY 模式	沟通准备；开始沟通；信息收集；患者评估；医患交流；患者教育；协商与计划；沟通结束	信息收集 关系建立	过程管理技巧（使沟通具有组织性与逻辑性；良好的时间管理）；关系建立技巧（使用恰当的语言；使用非判断性的方式沟通）等	医患沟通实践 医患沟通教学

上述医患沟通模式在形式上具有一定的相似性。具体表现为大都将医患双方的沟通过程划分为不同的阶段；均提出了适用于各个沟通阶段的沟通方法；基本均将收集患者信息、建立医患关系、取得患者信任作为沟通的核心任务。表 6-2 从阶段划分、沟通目标、沟通

策略、主要用途四方面对现有医患沟通模式进行了总结。

二、医患冲突的主要因素

医患关系是一种特殊的社会关系，从人格上看是平等关系，从法律上看是公民之间权利与义务的关系，从市场经济角度看则是生产与消费的关系，偏向任何一方都将会导致利益失衡和双方关系紧张。医患冲突的主要因素，既有一般的社会经济、政治、文化因素，又有与医疗行业密切相关的种种因素。一般来说，可以从以下四个方面来分析。

1. 医疗体制因素

（1）政府医疗卫生投入。近年来，虽然我国卫生费用占 GDP 的比例有明显上升，然而，从绝对水平来看，我国有 13 亿人口，约占世界总人口的 22%，卫生总费用仅占世界卫生总费用的 2%，政府卫生投入占 GDP 的比例不到 6%，而世界上大多数国家卫生支出占 GDP 的比例为 8%，经济合作与发展组织（OECD）国家这一比例高达 10%。近年来，随着中国政府医改的逐步推进，农村新农合制度和城镇居民医疗保险制度的广泛推广，医疗保障开始覆盖到了每一个人身上，但是这种报销的比例目前十分有限，很多没有列入报销目录的项目根本不能报销，而医生为了患者疾病出发，很多项目又是必须做的。实际报销比例的不高，使患者的个人医疗卫生经济负担还是比较重的。

（2）医疗资源配置。从全国范围来看，医疗卫生资源配置城市高于农村，我国城乡人口的比例截至 2008 年底大约为 45% 和 55%，但是，卫生资源总量的 80% 配置在城市，且过分地集中在大城市、大医院和大设备上，农村仅占 20%，有些偏远的农村在医疗领域甚至还没有实现网络化。医疗卫生资源分布呈明显的“倒三角形”，即总体配置出现了高层次卫生资源多于中层次，而中层次卫生资源又多于基层资源配置的状态。2011 年全国政协委员、吉林大学第一医院主任医师迟宝荣介绍，截至 2009 年，中国每千人城市人口的医生人数是 1.75 人，而每千人农村人口的医生数只有 0.47 人。而目前“乡镇卫生员中高级职称的只占 0.8%，本科以上学历的大概占 2.2%，专科以上学历的只有 20.3%，中专以上学历的大概占 58%”。配置失衡，公平不够，局部地区必然会形成看病难，医患矛盾突出。

（3）医疗机构管理机制。从 20 世纪 80 年代中期以后，我国政府对医疗卫生机构的市场经济改革开始，医疗卫生改革推行医疗体制 “产业化”和“市场化”，办院方针出现偏差，经济效益与社会效益之间出现背离。公立医院既要完成政府下达的各项公益性任务，又要承担筹集资金的职能，在政府投入不到位、不能保证医院承担的社会公益职能进行足额补偿的情况下，公立医院在经营上不可避免地具有趋利性，相当多的医院仅保留公立外壳，运行机制却出现了市场化倾向，公益性质淡化，存在主要靠向群众就诊收费维持生存和发展的状况。公立医院背离公益性质，盲目逐利，最终使医疗服务的门槛越来越高，有的甚至超越了群众的实际承受能力。据调查，全国 90%的县级医院负债经营。长期以来，医疗行业的市场化导致医院不发展就很难生存，医院要发展，基础设施的建设投入就很大，大部分的县级医院都是在负债经营。这些负债最终会通过医疗服务转嫁到患者身上，直接导致了医药费用的过快上涨。

医疗机构为了维持正常运行和不同医院之间的竞争，不得不负债进行基础建设和硬件投资，经济效益也相应成为医院考核科室医生的重要指标。部分医院鼓励医生创收，追求经济效益，医生为了完成任务多发奖金，难免出现开大处方、过度检查等行为。同时由于政府对药品监管机制不完善，药品价格存在虚高现象，医药代表为了追求最大利益势必想方设法鼓励医生多开药，药品商、医院、医生之间的共同经济利益追求增加了患者的经济负担。

（4）法律制度建设。目前，我国在医疗卫生事业方面，有 6 部法律，4 部相关法律，32 部法规，但均为行业管理法律法规，没有卫生基本法。法律制度建设滞后，使医疗主体在医疗行为与医疗纠纷的司法实践中时常遭遇困惑或尴尬。现在医患纠纷的实质，往往是由于医患双方对彼此的权利义务如何公平分配和法律责任如何公平负担存在争议所致。目前，对医患关系的性质与调整的适用法律，诸子百家未成一统。对医疗纠纷的处理，医法两家难成共识，如《中华人民共和国执业医师法》由全国人大常委会制定，属于法律范畴；规范护士行为的《中华人民共和国护士管理办法》由卫生部制定，属于部门规章范畴；而作为处理医患纠纷重要依据之一的《医疗事故处理条例》又由国务院制定，属于行政法范畴。这种法律体系的混乱局面严重影响了医患关系的处理。对医疗行为中经常面对的知情同意权的法定主体序位，履行告知范围、标准、要求和界定医疗特权的范围、免责等问题，尚无明确的法律条款或相关司法解释，以致医疗主体在医疗行为与医疗纠纷的司法实践中时常遭遇困惑或尴尬。在相关法律建设滞后的情况下，医务人员和患者分别站在各自角度去评价对方，从而产生冲突，造成医患关系紧张。在医疗纠纷发生后，由于解决渠道不够畅通，患者往往面临投诉难、取证难和鉴定难等维权困境，其维权成本较高，影响了医疗纠纷处理的公正性。很多患者或患者家属在发生医患纠纷时，出于对医疗事故鉴定制度以及司法机关公正和效率的怀疑，不通过法律途径解决纠纷，而是采取一些过激的暴力方式对医护人员实施侮辱以及人身伤害，破坏医疗机构的正常医疗秩序。一些医院迫于种种压力花钱买平安，用经济手段去平息事态，在客观上助长了患者及其家属不以法律解决纠纷的倾向。患者的利益在无法得到法律保障的同时，医方利益受损的事件也同样在不断上演，医患关系亟须法律约束。

2. 医方因素

（1）医院管理因素。医院的医务人员应该在方方面面都力求做到方便患者。医院应根据门诊量大小和不同时间门诊量的特点，合理配置导诊人数、当班医生人数和诊室数量，努力克服“三长一短”现象，确保服务流程科学、合理、有序。可以开设简易门诊，划价、收费、取药在一个窗口完成，辅助检查科室布局相对集中，缩短患者就诊时间。根据实际情况合理调整科室布局，让患者容易找到想找的科室。在医院开设网上和电话预约挂号、预约检查，缩短患者挂号时间，特别是缩短患者挂专家号的时间。

（2）医务工作者的人文素养。医务人员对待患者的服务态度、服务质量以及医德和医疗水平等方面存在的问题，是目前医患关系中讨论最多和最需要重视的问题。在医患关系这对矛盾中，医务人员的心理状态、职业道德、医疗观和诊疗水平等因素，都会对医患关系产生重大影响。近年来，医德建设的滞后、社会经济观念的冲击，使得少部分医务人员经不住金钱的诱惑，过度强调自身待遇，改变了救死扶伤的最本质的职业道德观，借职务之便，向患者收受红包，不顾患者承受能力及需要开大处方；技术水平不高或责任心不强，对患者生冷硬顶，忽视患者个人权利和隐私，工作失职，麻痹大意，发生误诊、误治以及手术失败等问题，增加了患者的痛苦。南京医科大学冷明祥教授课题组 2006 年调查结果显示，影响医院服务质量的因素中患者认为与医德医风相关的责任心不强占 45.97%，服务态度不好占 16.47%，而医护人员医技水平不高仅占 29.96%。

（3）医患沟通因素。现代社会中，医方和患方共同背负着经济、政治、文化、环境及心理等更多更复杂的因素，其医学实践更需要不断强化医患沟通的思维理念和行为方式。新环境下医务人员主观和客观都需要患者方面参与医疗过程，获取病情信息、选择诊断与治疗方案、选择相关服务及费用等都依赖患者及家属的积极配合。医患更紧密、更有效的沟通机制，是现代医学发展的必然选择。但一些医务人员的沟通意识不强，态度不积极，技巧不熟练。一些医务工作者“见病不见人”，忽视了患者的心理感受，忽视了与患者的沟通和交流，造成患者的误解。由于沟通不畅，加上患者本身对医学知识的不了解，对诊疗效果期望值过高，认为治不好就是医院有过错，从而迁怒于医院和当事医生。

3. 患方因素

（1）患者的医学认知。由于医学自身的特殊属性，社会大众对于医学的了解是片面的。在就医的过程中，患者又往往对医疗服务的期望值较高，他们认为医院、医生、医务工作者能够为他们解决病痛，就医之前对医务工作者的医疗技术水平持较高的信任态度。但经历了复杂的就医过程，花费了大量的金钱精力之后，得不到令患者满意的治疗效果时，由于缺乏对医疗知识的认识，患者往往首先表现出对医生的质疑。他们认为是医生的不负责任导致这样的结果，继而发展为对医生的恶言相向，医患关系出现矛盾。

（2）患者素质良莠不齐。医患关系中，医生由于教育水平的关系，基本素质能够保证一定的水平，而患者数量众多，素质良莠不齐。自身素质比较好，文化水平比较高的患者相对沟通起来会比较容易，面对求医过程中出现的问题也能够相对理性冷静地对待。但不可否认的是还有很大一部分的患者，他们的文化水平和个人素质方面还在一个比较低的水平，与这部分患者沟通会有一定困难。一方面他们的文化水平不够，有些医学上的常识，很难完整地灌输给他们听，诊疗过程中他们的配合度也相对比较差；另一方面这部分患者一旦遇到问题，控制情绪的能力比较差，容易激动，容易做出一些不理性的过激行为。并且有一些患者因为贪图利益还会发生隐瞒病情甚至逃避医疗费用的行为。

（3）患者的维权方式。当医疗纠纷发生时，我们不可避免地看到一些社会不良现象的出现。有些患者及其家属过分地提出维权要求。在对医疗事故的鉴定尚不明朗的情况下提出非分要求，或者不承认医疗事故鉴定的结果，不接受沟通，一味追求经济利益。有些甚至超出了解决医疗纠纷的范围，其最终目的就是获得巨额赔偿，满足自身贪欲。另外存在的一种现象是，部分患者及家属维权方式太过于偏激，不使用正当程序来维权，而是采用雇佣专业“医闹”、与医务工作者发生暴力冲突手段。近年来出现多起“血溅白衣”的现象，患者对医务人员进行围攻、谩骂、殴打，严重干扰医务人员的正常工作，严重破坏了医患和谐关系，挫伤了医务人员的工作积极性和安全感。

4. 社会因素

（1）媒体网络的舆论导向。部分新闻媒体为了迎合老百姓对“看病难”“看病贵”的不满，对一些非主流的医疗事件进行了不正当的宣传炒作、大肆渲染。新闻媒体作为舆论导向的风向标，对人们的影响是巨大的，人们往往对来自媒体的信息不加判断，认为媒体的言论是正确的。近年来一些媒体对个别医生的渎职行为和医疗差错，甚至一些根本与医生责任无关的事件进行不正确的报道，一方面破坏了医生的形象，使医务人员积极性下降，另一方面导致人们对医生产生误解，增加了对医务人员的质疑，加剧了医患关系的恶化。当然，我们必须也看到，现在医务人员的职业素质、敬业精神、服务态度和技术水平，仍需要不断加强和完善，以满足人民群众日益增长的医疗保健需求。

（2）社会诚信度。医患关系并不是孤立存在的，医患关系是整个社会关系的一个缩影。近年来，受社会整体大环境的影响，人们之间的信任程度降低，社会的诚信度下降。这一现象反映在医疗过程中，就是医患之间的信任度降低，患者担心医生不负责任、敷衍了事、不给自己好好治病；医生担心患者对自己的诊疗行为无端指责、无理取闹。相互的猜疑和不信任，一方面使得患者一旦出现疾病预期治疗效果不如意时，便会怀疑医生是不是有诊疗错误、护士会不会输错药等问题，继而容易发生医疗纠纷；另一方面举证倒置使得医生为了自我保护，不得不依靠过度检查来保护自己，同时对于一些存在高风险的手术，大都采取了消极的保守医疗，严重影响了医生们医术的提高和对医学生及低年资医生的传帮带，压力使得医疗技术创新与疾病治疗互相对立，把患者从死亡线上拯救回来的可能性大大减少，最终受害的还是广大患者。

三、和谐医患关系的建立

1. 政府切实承担起其公共卫生职责 构建和谐医患关系的根本措施在于加快医疗卫生事业的发展，并着重于解决当下存在的群众“看病难”和“看病贵”的问题。当然，首先我们需要明确当前医疗卫生工作中客观存在的基本矛盾，这个基本矛盾就是人民对医疗卫生服务水平不断提高的需要与现今医疗水平无法满足这种需求之间的矛盾，具体表现出来即为人民群众普遍反映的“看病难”和“看病贵”问题。

尽管改革开放以来为满足群众的医疗卫生需求，国家不断拓展公立医院的数量和规模，使公立医院在人口分布上有一定比例的覆盖面，然而多数医院仍旧靠为患者提供的医疗服务收取费用作为医院生存和发展的保障，甚至于作为设备的购置和职工的收入和福利。公立医院的这种运行机制带来的直接后果就是医院过分的重视经济收入，因而不可避免地忽视甚至于伤害到患者的利益，进一步影响了医院这种带有公益性质的基础设施在人民群众心目中的形象，激化了医患关系的矛盾。

所以，要想建构和谐的医患关系，我们就必须从完善医院，尤其是公立医院的运行机制下手，坚持和维护医院的公益化的性质，坚持和维护人民群众的利益，坚持为人民服务。具体到中国国情，我们必须坚持走中国特色的医疗卫生事业的发展之路；充分发挥我国政府保障人民群众医疗卫生需求的主导性作用，不断改革医疗卫生服务体制，不断转换我国公立医院的运行制度；坚持弘扬医疗卫生事业为了广大人民群众的生命健康服务的公益性质；不断加强政府对于医疗卫生行业的监管力度，不断拓展农村及社区的医疗卫生服务数量和规模。

（1）加快推进医疗体制改革。政府应该明确自己的责任，努力推行全社会医疗卫生保障体系。这个体系的建设与完善，应立足于中国的基本国情，立足于目前医疗卫生的现状，并通过持续的改革与改进，使体系更加能够服务于社会，服务于人民。体系的基石是基本的医疗保险，要贯彻推行合作医疗和医疗救助体系，同时也要鼓励发展其他方式的医疗保险等。只有这样，才可以建立起一个全面覆盖的现代化城乡医疗保障体系。逐步制定保障机制，以方便城乡居民在基层及社区医疗机构就医；逐步健全城乡医疗救助制度，对于因患病造成生活特别困难的群体如五保户、低保对象以及其他特困家庭等给予医疗救助；同时吸引多元投资主体进入医疗卫生服务行业，以拓展社区的卫生服务，缓和医疗卫生服务的供需矛盾，解决“看病难”“看病贵”的问题。此外，政府还应推动医疗责任保险险种的设立，给医务人员创造一个和谐的、能够专注于治病救人的环境，而不用再分散精力去担忧和处理各种后顾之忧。

（2）加强对医疗卫生事业的财政扶持。医疗卫生事业的发展有助于推进人民群众生命健康事业的发展，是公益性的，针对当下医疗卫生不能满足人民群众需求的现状，政府公共财政对于医疗卫生事业的投入应逐年增长，并鼓励和支持社会力量向医疗卫生服务行业投资，以补足政府投入短缺的现状。对于医疗卫生事业发展相对较好的地区，政府投入应当以高于当年财政支出增长的幅度不断提高，甚至于医疗卫生事业的财政投入可以高于经常性财政投入的 5%；对于卫生水平相对落后的地区，政府应予以政策的扶持，进行专项扶助；对于政府成立的非营利性医疗机构应充分发挥其公益性质和作用，进行定向补助；对于政府成立的承担公共医疗卫生服务的社区卫生机构，则需要根据相关政策，进行定额补助；对于特殊医疗机构，如中医院、传染病医院、安康医院、皮肤病医院等专科医院，进行合理的政策扶持也是应当的。在从整体上掌控医疗费用的前提下，对医院的各项检查费用进行限价，提高医疗劳务费用，逐步减少其主要依靠对患者的不必要检查、开大处方等手段与疾病诊断、护理等过程中的过度医疗获取利益的情况，将“以药养医”现状尽快发展成为“以医养医”。同时，抓好公共医疗卫生救助金的落实，通过政府财政投入和社会捐助等多种渠道来保障因医疗过程因突发事件而产生的无法支付的费用，以及对无能力支付的患者实行救助所产生的费用，以减轻医院经济负担。

（3）合理调配医疗卫生资源。为了使目前不正常的医患关系尽快回归正常，并使医疗卫生改革顺利进行且取得成果，医疗卫生资源的合理配置便是不可或缺的。对医疗卫生资源进行合理分配，首先是要根据当前中国医疗卫生事业的现状和未来规划，加快城乡医疗事业的统筹，大力提高农村的卫生服务水平，大力发展社区医疗事业并且对大城市医疗机构的布局和分布进行合理的再分配，使得医疗卫生网络更加合理，资源运用更加完善。

（4）设立医患纠纷的处理协调机构。当出现医患纠纷时，必要的医患纠纷处理协调机构可以避免矛盾的进一步激化。由政法、卫生和社团等群体参与的协调机构，其主要任务在于鉴定医疗事故，调解医疗纠纷，提出解决方法等，以最大程度地解决患者与医院之间的矛盾，减轻医患纠纷对于医疗结构活动的干扰，促进医患关系走向和谐。

2. 医院内部管理是构建和谐医患关系的保障 建构和谐医患关系的关键在于医护人员。医护人员应具备以下素质：首先，应具备良好的业务技术和职业道德，以获得患者的信任；其次，应从感情上充分理解和尊重患者，同情和关注受病痛折磨的病患；再次，要注意作为医患人员应有的形象和礼仪，使患者对医院产生舒适感和信任，进而对医院产生诚信、有责任的形象；最后，要掌握一定的沟通技巧，避免言谈举止间对患者造成误会，进而产生医患之间的矛盾。各级医疗机构应坚持以下几个原则：首先，坚持医疗机构的公益性质，合理用药、检查和收费，以最低的成本为患者解除病痛；其次，建立阳光医疗费用制度，做好收费咨询的工作，减轻患者经济压力；再次，规范就医疗程，提高医护人员工作效率，使看病过程中的“三长一短”现象，也就是挂号时间长、取药时间长、缴费时间长和看病时间短的问题彻底得到解决；然后，加强对于医护人员的监督，加强医务人员的医德建设，严禁收受红包和接受宴请等不良风气；最后，对医疗机构的药品采取集中招标采买，杜绝药品的促销现象。

（1）坚持以社会效益为基准。当前医疗机构的内部管理普遍较为混乱，必须得到更有效的加强和监管，必须坚持社会效益至上的原则，坚持患者合理的检查、用药和收费；尽量降低患者的医药费用，在不影响医疗效果的情况下多为患者的利益着想，不该做的检查不做，不该花的钱不花，另外应公开化医疗机构收费明细，使患者明了自己花钱的去向，增强其信任感和安全感；调整内部运行机制，彻底解决上面提到的“三长一短”现象，使看病过程更加方便和有效；医疗用品采购过程应严格执行集中招标制度，防止药商对医生的利益性推销；进一步监管医生在患者处收红包等灰色收入现象，且针对这样的现象必须有合理的量化惩罚措施。通过以上的对医院内部管理和医务人员监管的手段，使医疗秩序走上正轨，逐步在社会上再次树立起医疗卫生机构和医务人员的良好形象，形成优秀医德医风的环境，让社会重树信心。

（2）建立医疗风险防范和解决机制。加强医患沟通，不仅仅要从形式和内容上，也要注意技巧，注意规范化机制的建立和使用，应努力实施以预防为主的针对性沟通与告之、书面沟通与告之以及协调同意沟通与告之等制度。只有完善了这些全方位的沟通解决与风险风范机制，才能在医患矛盾发生的第一时间做出及时反应并有效解决。

（3）加强对医疗过程中人文性服务的研究。医疗服务过程即有技术层面的一般服务，也有非技术层面的人性服务。这里的非技术层面服务，是指人文性服务，也就是医疗机构和医务人员在患者就诊过程中所营造的就医环境、服务态度等。在医疗技术突飞猛进的今天，医疗水平发展往往只专注于科学技术层面的研究，而忽视了人文性服务的重要意义。实际上，当前医患关系紧张的一个重要原因，就是人文性服务的缺乏。只有这一问题得到重视，患者在就医过程中能够在情感上感觉受到了尊重、理解和关怀，紧张的医患关系才可以逐步得到缓解，和谐的医患关系才可能实现。

（4）提升医务人员的职业责任感。医护人员的职责是：“不断增加医学知识的储备，不断提高业务水平，不断钻研医疗技巧，能运用高超的医疗技术消除患者的病痛折磨。在医疗活动中尊重患者的权利，了解患者的需求，提供人性化的医疗服务并给予患者足够的关怀和照顾”。

构建和谐医患关系，提升医护人员职业责任感是关键点，医护人员应提高职业技能、加强职业修养，同时注重在服务过程中态度的展现等方面，逐渐树立在患者心中负责任的形象。医疗技术水平是医疗卫生事业的根本，医务人员要不断加强自身专业知识，与时俱进，同时注重个人修养，注重与患者之间的沟通方式。也就是说既要不断提高业务水平和医学水平，也要不断增进对患者的人文关怀。只有这样，医疗事业才能取得进一步的发展与完善，医患双方才能建立起和谐的医患关系，从而增强当今社会对医疗卫生事业的信心和信任。

3. 患者包容理解是构建和谐医患关系的关键

（1）开展医疗知识的普及性宣传。构建和谐医患关系应加强对医学道德的宣传与建设。国际社会公认的医学道德的基本原则为知情、自由、同意、不伤害、最优化，基于这个原则，我们应加强符合中华民族传统美德并适应社会主义市场经济的道德观念教育，用道德约束和规范医患之间的关系，逐步建立医患间的良好道德秩序。对于医护人员，要从理想信念、思想道德和法纪法规方面加强教育，规范职业道德，加强作为医务人员的职业责任感，以救死扶伤为最高的职业追求，在救治过程中坚守道德准则，坚决不做对患者违反道德原则的行为，给和谐医患关系的建设打下坚实的基础。

当前，由于医学技术和医疗设备的不断进步，医生在提高治疗水平的同时，对仪器设备形成了依赖，疏离了医患关系。同时，由于现代医学划分越来越细，使得医患关系变成“多对一”，医院服务关注的对象从患者转移为疾病，偏向于治疗患者身体上的疾病，忽视了患者情感上的需求；加上患者个体上的差异性，面对同一种疾病，不同患者可能出现相反的治疗效果，这些都是值得我们尊重的客观现实。然而，公众对医学认识存在误区和局限，对疾病的认知水平比较低，因而主观期望过高，还有部分患者的消费意识较强，对于支付费用的治疗效果要求较高，认为一定能治好。然而现实是现有医学并不能攻克所有的疾病，医生的医术是有限的，有些医疗差错未必是医疗事故，而是受限于当下现有的技术、设备和经验等客观条件。因而，我们必须承认医生有限技术和理性的现实，因为即使在医疗技术相当发达的美国，每年也有相当一部分人死于医疗事故，这需要患者及家属的充分的理解和宽容。

（2）充分尊重患者知情权，加强医患沟通。患者有权利参与到诊治决定过程中，患者也有义务配合医务人员的诊治过程。只有医患双方互相信任，互相尊重，共同为治病这一目的而和谐相处，良好的医患环境才可能形成。患者的知情同意权是维护医患关系的重要纽带，在诊治之前就应当使患者和其家属全面了解治疗的方式手段和可能引起的各种意外情况，只有这样，患者才能够理性地对待治疗结果。

（3）做好医疗信息的公示和收集。对医疗信息进行及时、阳光的公示，就医疗效率、质量及费用等方面的信息，向社会进行及时的公示。要明确国家对于相关治疗收费标准的规定，对各种医疗卫生收费列出明细清单，以便于患者核对，阳光消费。另外，对于一些高额的手术费用和药品费用，应该事先征求患者及其家属的同意。对于医务人员的服务态度和服务质量，应定期让患者参与评估，增强沟通，增进理解，逐步改善医患关系。

（4）及时化解矛盾。在出现医疗纠纷时，医护人员要端正态度，提高认识，做好接待和解释工作，不能以冷漠或蛮横的态度面对患者及家属，避免冲突升级。对于患者反映的客观存在的问题，要认真对待，并用最快速度向上级报告，以便得到有效控制。在事情调查清楚之后，应该按照事实和规章进行处理，维护公平正义，避免拖延、推卸责任等造成的矛盾进一步激化。

及时上报上级领导，依照规章制度认真主动帮助其解决。医院的领导和相关部门在弄清事情原委后，要根据规定及客观事实进行及时处理，避免因拖延和推诿造成矛盾激化。

4. 媒体正确引导是构建和谐医患关系的平台 媒体是舆论引导者的身份决定了它既是道德的捍卫者，又是道德的践行者，社会责任是媒体职业道德的核心价值和道德自律的目标指向。媒体报道要有利于解决实际问题，要对社会有积极意义，这就对媒体的视野和社会责任提出了更高的要求。所以承担起构建和谐医患关系的平台和桥梁是新闻媒体不容推卸的社会责任。医疗卫生服务关系到人民群众的切身权益，是全社会关注的热点，更是新闻媒体宣传报道的焦点。医疗机构要高度重视与新闻媒体的沟通联系，及时向权威媒体提供全面、准确的信息，让新闻媒体及时了解真实情况，发挥积极的舆论导向作用。对于新闻媒体揭露出来的医疗卫生服务中确实存在的客观问题，医疗机构应当正确对待，不护短、不隐瞒，积极主动地应对新闻媒体和患者的质疑并拿出切实有效的措施。医院宣传部门要坚持学习新闻传播知识，学着与新闻媒体打交道，提高正面宣传医院形象的能力水平。以客观实际、积极主动的态度应对医患纠纷事件，携手新闻媒体共同建构和谐医患关系。

当下，部分媒体对医疗纠纷的报道缺乏专业和客观的评价，以偏概全，或者以较偏激的观点对人们的思想产生误导。在这种误导下，将医疗事故责任全部归于医疗机构是有失公正和客观的。因而，正确引导舆论的方向，有利于缓解医患纠纷。媒体应当向社会传播正能量，充分曝光医疗界的“阳光面”，将医护人员的付出与奉献，以及医护人员在医疗卫生领域的艰难突破及时传达给群众，让群众对医疗卫生更有信心。而对于医疗机构的监督，新闻媒体也应当合理把握好一个度，客观如实的报道，不刻意炒作个别医疗事件，以做一个对社会有责任感的新闻媒体的标准严格自我要求。

（1）加强对医疗卫生行业的正面宣传。当今战斗在一线的广大医护人员为维护人民群众的健康做出了重大贡献，虽然医疗卫生服务行业存在一些不正之风，但为患者无私奉献、尽心尽力的医护精神仍然是我国医护人员队伍的主流。目前，我国的医疗卫生体制或许还存在了一些问题和缺陷，但是国家不断探索医疗卫生改革之路，不断提高医疗卫生队伍的素质，竭力为群众解决“看病难”“看病贵”的问题。因而，作为新闻媒体，对医疗卫生行业进行正面宣传，避免一些不客观误导，从而减少医疗矛盾的发生和激化。

（2）加强对媒体工作者的职业道德教育和政府监管。新闻媒体为吸引读者，采写新闻求新求异，甚至为了迎合观众情绪，以不全、不实的新闻误导群众，致使群众对医护人员的看法有所倾斜。新闻媒体工作者应当坚守基本的职业道德，有责任将事实客观、真实的报道给群众，既不能以偏概全，更不能带有情绪和倾向性。尤其对于医疗纠纷，因原因复杂多样，容易造成较大的社会影响，更应该科学分析和正确引导。对于因为虚假医疗广告造成的医疗纠纷，政府对于新闻媒体应该加强监管，以增强新闻媒体工作者的自律、责任感和职业道德建设。当然，完善相应的法律法规对于造成严重不良后果的新闻媒体进行处罚，甚至可以追究其法律责任。

5. 依法处理医患纠纷是解决医患问题的法律保障 法律已经明确规定了医患之间的权利和义务，所以说法律属性是医患关系能保持正常化的重要属性之一，法律属性和伦理属性相对于对医患关系的区别是其更具有约束性，并且法律法规也是有利解决医患矛盾的保障和基本。对于“医闹”等违法违规、扰乱社会秩序的行为，医院必须通过正当途径进行解决，不可以暴制暴，也不能为息事宁人而一味妥协。要通过法律手段来解决，必要时可请当地执法机构出面处理。对于医疗过程中出现的责任事故，要处理好医患纠纷必须抓住经济赔偿问题这个重点，并依法运作。

（1）完善相关法律法规建设。当今的社会是法治社会，依法治国是当今中国政府的一项基本国策，处理医患纠纷也应该以法律为基础。当前国家对这方面的立法相对滞后，面对医疗纠纷，人们常常无法可依，当医患之间就解决医疗纠纷的方案彼此不能达成共识时，往往寻求其他方面的帮助，甚至诉诸暴力，发生流血冲突。所以政府应加快完善解决医疗纠纷的相关法律法规，刻不容缓。

（2）及时科学地划清法律责任。当医疗纠纷发生时，必须及时、科学地划分责任，医疗机构和医务人员应该积极主动地参与进来，对诊治过程的记录文件、病例等各种证明文件和诊治环节进行明晰，本着公平正义、实事求是的原则，分析原因，找出根本，并给出一个能够使人信服的全面具体的责任划分说明，给患者一个交代，给社会一个交代，也给自己一个交代。一旦患方存有异议，双方不能达成一致，那么可以建议其一道参与检查，或向医疗事故鉴定委员会等第三方权威中介机构移交相关证据进行鉴定，科学划分医患的责任归属后，再协商赔偿的问题。

在医疗纠纷的处理过程中，患方一般是处在强势主动的位置，而院方则比较被动。院方要改变这种局面，做到双方平等、有理有节地处理纠纷，首先，用事实和道理讲清赔偿

“底线”的合法合理性；其次让患方明白医院的社会定位和公益属性，患者提出的要求应合情合理，无理要求是不会得到满足的。要在社会上营造一个公平正义的医患氛围，做到以理服人。

（3）运用法律程序解决问题。当遇到比较严重的医患纠纷事件时，为了防止矛盾激化，降低后果的严重性，应该运用法律程序解决。对于医患纠纷的取证和调查，要聘请专业的法律顾问进行，对纠纷的前因后果要做到细致而全面的了解，找准形成纠纷的主客观因素，找准医患双方各自应当承担的责任，将法律法规、医学常识、规章制度等方面切实地结合起来，做到合法、合理地解决医患纠纷。

第四节　医 际 关 系

医际关系是以医患关系为基础建立起来的，并以此为核心展开相应活动，是医院和医疗卫生活动中重要的人际关系。医际关系的状况直接影响着医患关系，影响着临床、科研、卫生保健活动等医际交往的实际效果。医际关系的作用日渐受到的重视，医际交往的伦理道德规范必然成为医学伦理研究的一项重要内容。

一、医际关系的概述

（一）医际关系的定义

医际关系，即医疗系统内部人际关系的简称，是指医学实践主体之间的相互关系。广义的医际关系既包括直接从事医疗活动的医务人员之间、医务人员与行政管理人员之间、医务人员与后勤人员之间的关系，也包括医生与医生、护士与护士、医护与医技、医技与医技之间的关系。而狭义的医际关系是指在开展某一具体的医学活动中的医务人员之间的共事关系，比如医学科研攻关小组、临床治疗小组等成员之间人际交往产生的共事关系。

从医疗实践的具体模式来说，医学职业在本质上便是一个要与其他医务人员密切合作，才能实现其自身功能的职业。随着医学科学的发展，横向分科越来越密，纵向分科越来越细，某一领域或学科的发展更需要多学科的相互配合。就横向合作来说，不必说心脏移植、人工心脏植入这样复杂的手术，单人不可能完成，就是普通的外科手术，也需要麻醉师、手术护士及其他医务人员的配合，才可能进行。内科治疗，同样离不开如影像科、理疗科及营养科等医护人员的协作，才能实现对患者的治疗。具体到复杂的病患，对于同时患有分属不同医学分科的多种疾病的患者，邀请其他医生会诊，也是临床治疗中的应有环节。就纵向合作而言，不同级别、不同年资、上下级医院等医务人员之间，如主任医师、副主任医师、主治医师、住院医师、实习医师等，这些不同的级别医务人员之间存在着一定的指导与合作的关系。

（二）医际关系的特点

1. 复杂多样性　医际关系涉及的人员复杂，既有医生之间、护士之间、药剂检验技术人员、管理后勤人员之间的人际关系；也有医生、护士、药剂检验技术人员、管理后勤人员彼此之间的关系。

医际交往的内容多样，既涉及临床诊疗技术的协作配合、医学研究的协作配合；也涉及医务人员共事情感的交流，知识技能的学习借鉴；还涉及对医疗管理的竞争、医学规范的相互监督与遵守。医务人员跨院、跨科室的流动性也在加大，加上医学活动分工的精细化、专业化，医学教学、科研、临床工作的整合化趋势等都为医学活动创造了人才相互配合协作的条件，这使医务人员交往呈现许多变化性。

此外在医际关系中还蕴含着现实的、具体的、各式各样的社会关系，如同学关系、师生关系、校友关系、新老关系、同乡关系等。这些现实的人际关系使得医际关系呈现复杂性和多样性。

2. 平等协同性　医际交往的主体虽然有年龄、性别、专业背景、技能水平等多方面的不同，职责、分工存在差异，却没有高低贵贱之分，彼此在人格上是平等的。上级与下级、领导与群众，以及高级、中级、初级专业技术职务之分，主要是为了明确隶属关系和岗位职责，业务合作、学术民主、协调沟通是医际关系的另一重要特点。

现代医学在医、护、技、药、医学管理与后勤服务各方面都有很大发展，从而使各种分工之间的协同配合，不仅仅是简单的辅助与帮手关系，而是具有优势互补、学科渗透、合作公关的性质，从而为医际关系的平等性提供了现实基础。

同时现代医学的发展又使医际关系的协同性十分突出。一方面现代医学的细致分科是以更加紧密的协同配合为基础，离开不同科室、不同分工之间的相互支持，再高明的医务人员也不行；另一方面现代医学强调系统生命观和系统医学观，主张医务人员树立平等协同、密切配合、综合救治的观念，要求医务活动的全过程必须建立在各个环节的协同配合基础上。医际关系的协同与否直接关系到总体医学服务水平的高低。

3. 规范同一性　在现代医学活动的科学性、系统性要求下，医际关系的主体在交往过程中涉及的交往内容、形式和效果往往带有规范性的特征：如在一个治疗小组工作中医生与护士人际沟通的内容往往与治疗的规范性分不开，沟通使用的语言或非语言（体态动作、表情等）也往往具有明确而统一的专业格式和标准。因此，医学工作者在从事医学活动过程中往往需要长期地学习使用规范的专业语言和行为进行医际沟通，从而保证医际沟通准确完整、快捷有效。

与此同时，无论哪种医际关系，均以共同的职业目的与道德要求为前提：即服从于救死扶伤、防病治病的事业要求，服从于协调和处理医患关系的客观需要，在一定的医学活动环境下、由同一活动目的的、一些共同知识经验背景的个体与群体交往所形成的共事关系。因此，医际关系是通过规范地交往形式与内容服务于同一的目的与任务。

二、医际关系的基本模式

1. 平等–合作型　医务人员之间完全处于平等的地位，在思想上、技术上、知识上互相学习，工作上互相配合、互相协作、互相支持，没有权威和非权威性、上与下、主与从之分，只有分工的不同。平等–合作型的医际关系有利于双方积极性和主动性的发挥，也有利于形成医疗团队的整体效应，是一种最佳的医际关系模式。

由于医学包括许多不同的专业学科，每个医生所受的教育、医学实践、工作环境、经验积累和个人的努力不尽相同，各有所长、各有所短。对一些疑难病例，往往需要通过会诊的方式，集思广益，以制定合理的治疗方案。现代医学发展日新月异，呈现出高度分化、高度综合、高度社会化的特点，医学各专业分工越来越细，使医疗工作远远超出个体能力范围而成为集体的活动，任何一个高明的医生都不可能包医百病，诊治一个患者，从检查、诊断、治疗康复等各个环节都需要各科室和许多医务人员共同努力、密切配合与协作。医学成果必然是多学科、多科室和多专业医疗活动的结晶。医际之间的平等合作关系，是决定医疗质量的高低甚至决定医学事业是否顺利发展的最重要的一个环节。

2. 指导–服从型 一方处于主导地位或绝对权威地位，另一方处于被支配或服从地位。这是常见的医务人员之间关系的模式之一，常见于医院领导与被领导者之间的关系、职称高的医务人员与职称低的医务人员之间的关系、高年资与低年资医务人员之间的关系。

这种模式常源于下级对上级在思想感情上的敬重从而导致工作上、技术上的自觉服从。由于在理念上的不平等，常常容易导致被支配者产生盲目服从，而主导者容易独断专行。

3. 对手–竞争型 这是指医务人员之间彼此视为对手，展开竞争的关系模式。竞争，不仅发生在医务人员个体之间，也发生在医院之间、医院内部的各科室和各专业之间。竞争促使医务人员有危机感、紧迫感，为了在竞争中取胜，超过对手，势必促进彼此最大限度地发挥自己的优势，在科学研究、医疗技术和医疗质量上建立起你追我赶、催人奋进、共同提高的良好关系。因而，良性的竞争是医疗卫生事业发展的动力。

在市场经济条件下的医疗领域，医际竞争已经成为普遍现象，患者自主择院择优就医，而作为医护人员个人，也有争取个人价值的充分实现的心理，因此，在医务人员之间的竞争是必然的，也是合理的。同时，竞争也引起一些矛盾和争端，如在职称的评定、资源的分配、成果的归属、资料的使用、文章的署名等直接关系到自身利益问题上，少数医务人员采用了不正当的竞争手段。

4. 对立–拆台型 这是指医务人员之间互不服气、互不尊重、互相攻击、互相拆台的关系。由于竞争，医务人员彼此之间会产生利益冲突，如果不能正确认识和对待，就会影响和谐的关系，不愿配合与协作，反而互相对立和拆台，这种关系常常严重影响医疗质量，影响良好的医患关系的构建，不利于医疗卫生事业的发展。

这种关系模式主要表现为：一是嫉妒贤能、无端猜忌。有些医务人员自命不凡，盛气凌人，听不得不同意见，嫉妒别人的才能，对同事们指手画脚，挑拨离间，甚至在患者面前吹嘘自己，贬低同行。二是冷漠自私、钩心斗角。出于竞争或利益原因，一些医务人员或一些科室、一些医院之间互相封锁信息，互不通气、互不服气、相互诋毁。对别人的困难视而不见，冷漠相向，对自己的利益则斤斤计较。三是投机取巧、损人利己。一些医务人员为了个人的晋升、职称、待遇，不惜抄袭别人的论文，剽窃别人的科研成果据为己有，或者争手术、争项目、推卸责任。

三、正确处理医际关系的意义

1. 有利于医疗科研教学活动的顺利进行 医际关系涉及医疗服务、医学科研、医学教学等各种医学活动方方面面的工作人员，医际关系的和谐有序是医学活动顺利进行的根本保证。在临床工作中，医生、护士、检验药剂人员、工勤人员相互配合密切协作才能为患者提供优良的、快捷的诊断治疗康复服务；在医学科研活动中，各种医学研究人员通力合作才能使文献检索、科学实验、课题调研论证、成果推广运用等各个环节运作通畅，集众人之智慧，突破研究瓶颈，实现研究创新；医学教育过程中，教师之间、教师与医学生之间、医学生之间双向互动与教学相长，这是现代医学教育模式实现医学知识经验传递、医学道德修养、医生职业培养的必要条件。

2. 有利于医患关系的改善　在医疗活动中，患者是医务人员之间的相互联系和交往的重心，医务人员之间的相互支持和密切协作，有利于患者疾病的诊疗和康复，因此，有助于医患之间和谐关系的建立。

相反，医务人员之间发生矛盾，出现冲突，彼此之间联系发生障碍，行动不能很好协调，正常的医疗活动将受到影响，甚至难以进行。如后勤的氧气供应不及时，手术难以进行；对边缘性或复合性疾病，各科相互推诿，就会延误患者疾病的诊治时机等。其结果是危及患者的利益，引起医患之间的矛盾或纠纷，从而恶化医患关系。

3. 有利于医务人员的健康成长　卡耐基说："一个人要取得成功，15%取决于人的能力，85%取决于人际关系。"研究表明，环境对人的成长起着重要作用，和谐的人际关系交往是成功的基础。医务人员的健康成长依赖于社会的宏观条件、单位的微观条件以及个人的主观条件。在社会的宏观和单位的微观条件中，人际关系是其中必不可少的部分，尤其是相同科室内的医务人员之间的关系，是医务人员的健康成长的重要环境。

良好的医际关系是医务人员在临床医疗、科研和教学中获得信任、支持和帮助的前提，它有助于个人事业的进取，心理健康和才能的发挥，由此带来的积极作用成为医务人员健康成长的良好土壤。相反，医务人员处在不和谐的医际关系中，其消极作用会严重制约了个人技术和才能的发挥，从而为自身的成长设置障碍。因此，每个医务人员都应重视自身医际关系的建设，而医院管理层也要从组织管理层面加强医际关系建设，使医务人员能健康成长。

4. 有利于医院的整体效益的发挥　医院是一个有机整体，在这个整体中如果医务人员相互关系和谐，个体之间相互帮助、能力协作，每个个体的积极性、主动性和创造性得以充分发挥，则会大速度提升工作效能。同时，再通过群体之间的互补，师承和控制，使每个人的潜力得以充分展现，从而使群体形成远超个体能力总和的合力，使医院高效率周转，提高服务患者的能力。

相反，医务人员之间相互关系紧张、相互间难以配合合作，相互间内耗增加，个体的主动性、积极性受到压抑，则不但不会形成远超个体能力总和的合力，反而会产生整体负效应。因此，要发挥医院的整体效应，提高医院的各项工作效益，正确处理医务人员之间的关系至关重要。

5. 有利于医学事业的发展　当代医学发展呈现出显著的综合化特征：临床医学各学科之间的综合、基础医学学科之间的综合、临床学科与基础医学之间的综合，医学与自然科学、社会科学、工程技术相互间的渗透，使融合医务人员之间、医务人员与其他学科之间的关系越来越重要。综合化趋势要求一方面医务人员要尽力"以博促专"，努力扩大自己的知识面；另一方面不同专业的医务人员必须加强协作和相互配合。这种协作和配合除依靠医院的规章制度外，主要还需靠医务人员的自觉以及在共同医德基础上的良好医际关系。

此外，现代信息社会的发展和开放环境的变化，要求跨专业、跨学科、跨医院、跨地域、国际性的医学卫生健康活动越来越多，医际交往呈现跨文化性、跨民族性、网络信息化等特征。同时，伴随着我国社会医疗卫生事业与国际医学的接轨，将有利于中国传统医学精髓与现代西方医学优势相互交融促进，从而推动医学事业的不断发展。

四、医际关系的伦理规范

1949 年世界医学会伦敦会议通过了《国际医德守则》，其中关于医生对医生的职责条款中具体规定："医师对同道要态度良好，同样也会受到同道的良好态度。不得怂恿或诱使患者诋毁他人的声誉。"我国卫生部颁发的《医务人员医德规定及实施办法》的第三条第六款规定："互学互尊，团结协作。正确处理同行同事间的关系"。

1. 共同维护患者利益和社会公益 保护患者的生命和健康，维护患者的正当权益，这是医务人员的共同义务。患者利益至上，是医务人员所应共同尊重的道德原则，也是建立良好医务人员之间关系的思想基础。根据这个原则，要求医务人员理解和同情患者疾病缠身的痛苦，以和蔼的态度，诚挚的语言和高度负责的态度进行诊治和护理，使患者有一种温暖感、信任感和安全感。对于患者由于病态心理支配而提出苛刻要求或冲动，过激行为，医务人员要保持冷静和克制。对任何损害患者利益或不尊重患者人格和权利的言行，医务人员相互间要敢于抵制和批评。

当患者个人的利益和社会公益发生矛盾，如稀有卫生资源的分配、传染患者的隔离等，医务人员的意见要保持一致，并向患者或家属耐心解释，说明情况，希望他们服从社会公益、服从大局，同时使患者的利益损害降低到最低限度。医务人员绝不能在患者或家属面前挑拨是非，以使患者或患者家属对某个或某些医务人员产生不满，否则不仅影响医患关系，而且也会影响医务人员之间的相互关系。

2. 彼此平等，相互尊重 平等相待，相互尊重，是与同事之间友好相处的基础。医务人员在人格上是没有高低贵贱之分，彼此都是平等的。尊重包括尊重自己和尊重他人。尊重自己，表现为自尊自爱，维护自己的人格和尊严，维护自己的权利和地位平等。尊重他人，就是尊重他人的人格和尊严，尊重他人的平等权利，尊重他人的感情、劳动、才能和意见。只有尊重他人才能得到他人对自己的尊重。"海纳百川，有容乃大"。作为医务人员，能虚心听取别人的意见，求同存异，不求全责备。当出现矛盾和误会时，要及时沟通，主动协商。

古今中外历代品德高尚的医学家都提倡同行之间相互尊重、诚信、互助、宽容等基本道德准则，并以这些道德准则来调节同行之间的关系。明代陈实功所著《医家五戒十要》中倡议："凡乡里同道之士，有学者师事之，骄傲者逊让之，不及者荐拔之"，提倡同行之间相互学习，取长补短，反对骄傲自满、存有门户之见。德国医生胡佛兰德在《医德十二箴》中提出："尊重和爱护同行，如不可能，最低限度也是忍让，不要谈论别人，宣传别人的缺点和小小的过失。每个医生在医疗上都有他的特点和方法，而其他医生，不宜做轻率的评判。要尊重比你年长的医师，爱护比你年轻的医师，发扬他们的长处，应该拒绝评论他们采取的新的治疗。"钟南山院士指出："要以集体利益优先，要更多地为别人着想，要合群，有凝聚力，要尊重别人，看到别人的长处。也就是说人人为我，我为人人。"

3. 彼此独立，又相互支持和帮助 法国《医学伦理学法规》第 71 条规定："为了患者的利益，医生也应该与医药师、口腔外科医生、妇产科医生保持良好的关系，应该尊重他们的职业独立性。医生有义务对医疗辅助人员、男女护士、运动疗法的医生抱有亲切态度。"

医务人员的专业、岗位不同，但是相互之间都要承认对方工作的独立性，并且要相互为对方的工作提供方便、支持和帮助，如医生 、护士、麻醉师等不同的专业就具有相对独立性，医生不能取代护士，护士又不能取代麻醉师，应各司其职，各尽所能，缺一不可。

医学学科的发展、医疗服务的开展和医学科研的进展，必须要有各学科、专业和科室之间的相互联系、相互交流、相互配合、通力合作、取长补短才能获得。这种合作，包括相互通报情报，相互交流思想，相互配合实验，进行部门间、学科间，甚至包括国际的交流和协作等。因此，要求医务人员，在各项工作中从全局出发，妥善处理各种关系，真诚相待，尊重支持并帮助别人的工作，平等协商，相互配合，齐心协力地开展工作，应具备合作共赢的道德风尚。

4. 彼此信任，相互协作和监督　医务人员之间应该彼此信任，一方面要自己信任别人，相信别人的能力，相信别人的诚意；另一方面要别人信任自己，使别人相信自己的能力，相信自己的诚意。要使别人信任自己，首先就要讲求诚实与信用。要注意摆正自己的位置，做好自己本职责范围内的事情，在遇到问题时及时交换意见，态度诚恳，坦率和无私。同事之间应相互通气，相互监督，共同进步。

医务工作者不仅自身要经常进行职业道德反省，也要经常性地在同行中开展广泛的道德批评监督，接受人民群众和社会舆论的监督，只有这样才能提升个人和整个医疗群体的思想道德修养水平。

5. 相互学习，共同进步和提高　虽然医学科学已取得高度发展，但迄今为止仍有许多疾病未被充分认识。医学也是一门实践性很强的学科，由于疾病发病机制多样性、患者个体差异性，需要凭借医务人员的经验来分析判断和诊断治疗，经验越丰富，对疾病的诊治就会越准确。因此医务人员需要养成终身学习的习惯，不断积累、自我完善。

与此同时，医务人员在不断自我学习的基础上，还要相互学习、相互借鉴。现代医学分科越来越细，各个专业各有特点，这些特点，决定了医务人员必须积极实践，并虚心向同事同行请教学习，积极参加包括学术交流、专题讲座、教学查房、临床病例讨论、进行调研等学术活动，以提高自己的医学诊疗水平。在医务人员中之中，各自的年龄不同、专业不同、智能优势和品格也有差别，相互学习可以取长补短，实现医务人员之间的互补与师承功能。

第七章　临床常规诊疗伦理

第一节　临床诊疗工作的道德原则

一、临床诊疗工作的道德要求

临床诊疗工作是医务人员对患者实施诊断、治疗、护理和康复等日常工作的总称。临床工作直接面对患者及其家属，具有较强的实践性和操作性。同时随着医学分工的日渐细化，各个科室也逐渐形成了自身的工作特点。20 世纪以来，随着现代系统科学、心理学和社会学的不断发展，人们逐渐认识到心理和社会因素对健康的影响，强调用整体化、社会化的视角来研究疾病的发生、发展规律。1977 年美国纽约罗切斯特（Rochester）大学医学院精神病学和内科学系教授恩格尔（G.L.Engel）提出了生物–心理–社会医学模式。在新的医学模式下，要求医务人员在诊疗过程中既要重视生物因素对致病的影响，又重视患者的心理和社会环境因素。新的医学模式使临床诊疗实践具有了新的道德特点，也提出了新的道德要求。

（一）新医学模式对临床诊疗道德产生重要影响

第一，医学模式的转变实现了医术与医德的高度统一。生物–心理–社会医学模式把人作为一个整体，医务人员不仅要关注疾病，同时要关心患病的人，满足患者多层次的需求，实现医术和医德的高度统一。

第二，新医学模式使医德的内容更加丰富完善。生物–心理–社会医学模式促进了新型医患关系的建立，促进了医德观念的转变，而观念的变化又必然反映到医德规范等方面，从而使医德的内容更加丰富和完善。

（二）新医学模式对临床诊疗道德提出了新要求

1. 既要重视疾病，更要关注患者　生物–心理–社会医学模式要求医务人员在诊疗疾病时应以患者为中心，重视疾病的同时更要关注患者。为此，医务人员必须更新知识，提高医术，同时培养与患者沟通、交往的能力，加强医德修养。

2. 既要发挥医务人员的主导性，又要调动患者的主动性　医务人员掌握着诊疗疾病的知识、技能和经验，在诊疗中应该发挥主导作用。但是，医务人员发挥主导性也有赖于患者的支持配合，因此，医务人员必须充分调动患者的主动性，引导患者积极配合并参与诊疗活动，不能把患者置于消极被动的地位。

3. 既要维护患者利益，又要兼顾社会利益　时刻维护患者利益是医务人员诊疗疾病的出发点和归宿，是取得最佳诊疗效果的重要保证。我们既要尊重患者的知情、选择和同意的权利，并在科学和条件允许的范围内尽力保证患者自主性的实现。又要坚持一视同仁地对待各类患者，特别是精神病患者、残疾人、老年人、婴幼儿等特殊患者，要像对待其他患者一样平等地对待他们，给予他们更多的同情、关心与帮助。还要敢于抵制、批评损害患者利益的现象，随时保护患者的生命与健康。同时要兼顾社会利益。一般来说，在诊疗过程中患者的利益和社会公益是一致的。但是，特殊情况下两者也会出现矛盾，如有限卫生资源的分配、传染病的隔离等。医务人员要坚持道德原则，正确行使权利，妥善解决矛盾，对患者负责，对社会公益负责。

4. 既要治疗躯体疾病，又要关注心理和社会服务　诊断疾病既要重视生物因素的作用，也不能忽视心理、社会因素对疾病的影响。治疗疾病，既要注意药物、手术、营养方面的治疗，又不能忽视心理治疗和社会支持。医院还要不断改善就诊条件，提高服务水平，更多考虑患者的需要，促进患者尽快全面康复。

二、临床实践中重要医学伦理原则的应用

临床诊疗道德原则，是指在临床诊疗工作中医务人员必须遵循的一定的道德原则。它包含了患者第一原则、最优化原则、及时原则和知情同意原则。

（一）患者第一原则

患者第一原则是最基本的医学伦理原则，医务人员在临床诊疗工作中要始终以患者为中心，牢记救死扶伤、治病救人的使命，时刻将患者利益放在第一位。

贯彻患者第一原则，必须做到：

1. 平等相待　平等对待患者是自古以来一直提倡的医德准则，是对患者权利、尊严的尊重和关心。医务人员必须以患者为本，尊重患者的人格，任何时候、任何场合、任何事情，对待患者不论性别长幼、美丑智愚、种族国别、权力贫富，都要一视同仁、平等相待，尊重患者的文化、信仰、习惯等，尽职尽责，积极救治，决不可厚此薄彼，亲疏不一。

2. 首诊负责　患者第一原则要求医务人员必须严守首诊负责制，首诊负责制要求医院和医务人员在诊疗范围内的患者一律不得拒诊，即使是非诊疗范围内的危急重患者，也应就地抢救。首诊负责、不得拒诊诊疗范围内的患者已经确定为法律责任。《中华人民共和国执业医师法》第 24 条规定："对急危患者，医师应当采取紧急措施进行诊治，不得拒绝急救处置。"《艾滋病防治条例》第四十一条规定："医疗机构应当为艾滋病病毒感染者和艾滋病患者提供艾滋病防治咨询、诊断和治疗服务。医疗机构不得因就诊的患者是艾滋病病毒感染者或者是艾滋病患者，推诿或者拒绝对他的其他疾病进行治疗"。

3. 及时救治　患者第一原则还要求医务人员及时救治，尽快地对疾病做出诊断，迅速采取有效的治疗手段，并对患者的疾病变化和要求及时做出反应，做到早发现、早诊断、早治疗，最大限度地实现诊疗目标。一旦遇到患者病情超出个人和医院诊治能力，应及时联系上级医生或及时转院，不要错过最佳抢救时机，保证患者生命健康利益。

（二）最优化原则

最优化原则就是医务工作者在诊断和治疗疾病的过程中，从各种可能的诊治方案中选择代价最小而效果最佳的方案。

最优化原则是有利原则和无伤害原则在临床诊疗实践中的具体体现，是临床诊疗中的最重要的伦理原则。这是由临床诊疗的特点决定的，一方面临床诊疗工作具有预防和消除疾病的功效，另一方面也往往会给患者造成不同程度的伤害。这种伤害表现在三个方面：一是医疗技术自身具有负面作用，如物理、化学诊断技术大多是"有损检测"，各类药物

都有程度不等的毒副作用，外科手术总会造成机体的损伤等。二是医疗技术应用过程中由于社会、心理和道德因素的影响而产生负面作用。如过度使用医疗技术，给患者带来额外的经济负担和心理压力，造成资源浪费或分配不公，引起医患矛盾、伦理冲突等社会问题，甚至危及人类安全的问题。三是因医生过失或不负责任造成误诊、误治，给患者的身心健康造成伤害等。

最优化原则要求医务人员在临床诊疗工作中做到：

1. 效果最佳 诊断和治疗的方案及结果在可能的条件下应该是最佳的，即应当取得当时当地的医疗水平可能达到的最佳效果。

2. 安全无害 最佳效果应当建立在最小伤害的基础上，或者说要在效果相当的情况下选择最安全、最小伤害的诊疗方法。在选择诊疗手段的过程中，要尽量避免可能给患者造成的伤害，切不可因追求一时的“疗效”而留下长期难以消除的后遗症。

3. 痛苦最小 应尽量选择给患者带来痛苦最少的诊疗手段，在诊疗过程中要尽可能减少患者的疼痛、血液损耗、体力消耗等痛苦。

4. 耗费最少 在保证诊疗效果的前提下，尽可能选择适宜技术，减轻患者的经济负担，避免医药资源的不必要消耗。

这几个方面相互联系不可分割，要求医务工作者在实际操作时要针对具体情况综合地加以应用。

（三）知情同意原则

知情同意原则就是要求医务人员对患者的诊疗措施应当向患者做详尽的告知说明，取得患者充分的理解，在患者自由表示同意的基础上决定和实施。

知情同意原则是医学伦理学基本原则在临床实践中的具体体现。按照不伤害原则，实行知情同意可以保护患者，使他们免受伤害；按照效用原则，实行知情同意可以最大限度地保护社会所有人的利益，包括医务人员、患者和医疗研究机构的利益；按照自主原则，只有患者自主性地表达知情同意，医生才取得相应行为的权力。促使医务人员在临床诊疗中自律，做出合乎理性的决策。

知情同意原则包括四个方面的内容：

1. 信息的告知 要求医务人员全面、准确、科学地告知患者所患疾病的状况；采取的诊断措施、治疗方案，治疗的效果、预后和可能出现的副作用、并发症等风险；诊疗所需的大概费用；患者和家属应予配合和注意的事项；医疗机构和医务人员资质等。如果涉及试验性治疗和被作为医学科研实验对象，则必须按照相关规定提供相关信息。告知根据具体内容分为书面告知和口头告知。对可能出现重大损伤，或者高额费用的医疗措施如手术、特殊检查和特殊治疗等，通常采用书面告知方式；其他常规的诊疗措施一般采取口头告知方式。告知要注意与保护性医疗相结合，对可能增加心理负担，对患者健康造成重大影响的事项，可先将情况告知其家属或代理人，等患者情况许可再告知其本人。

2. 对信息的理解 为了让患者能够完整地理解相关信息，医务人员应当最大限度地采用患者能够理解的通俗易懂的语言和方式（如利用图像、音像等资料）耐心细致地解释说明。患者只有对信息有适当正确的理解，才能利用信息做出适当的决定。影响患者理解信息的因素有很多，如文化程度低、不成熟、不理智或者情绪冲动等，都会不同程度的影响对提供信息的准确理解。可以用测试的办法来判断患者对所提供的信息是否真正理解和理解的程度。

3. 自由的同意　患者做出同意选择时必须是在自由的情况下表达出来的，应不受其他人不正当的影响或胁迫，不是因为害怕身体、精神或经济上的危害或损失而做出本来不会做出的决定。同意包含了知情同意和知情不同意两方面内容，对知情不同意应设法搞清患者拒绝的真实原因，并帮助其克服困难，详细说明拒绝诊疗的严重后果，如患者仍然坚持，则应尊重患者意愿，并在病案上做好详尽记录，请患者本人及家属签字。

4. 同意的能力　这里的能力是指一个人理解信息的能力和对自己行为后果进行判断的能力。一个具有知情同意能力的患者必须能够理解诊疗的程序，能够权衡其利弊，并且能够根据这些知识做出决定。只要患者本人具备完整的意识能力和行为能力，他就是唯一合法的知情同意权利人。与患者关系密切的人可以提出建议，参与相关讨论，但最终决定权属于患者本人。

如果患者是未成年人，不具备完整的意识能力和对自己的行为承担法律责任的能力，或者虽是成年人却部分或全部失去意识能力和行为能力，则可以由第一监护人作为第一权利人代理行使知情同意权。

特殊情况下会出现知情同意例外。如突发性事故中的危重伤者已处于非清醒状态，或者是无行为能力的人，又无法及时与其亲属取得联系，此时医方只能在没有得到同意授权的情况下积极赴救，即行使医生干涉权。这样做符合伦理原则，应得到伦理和法律上的支持。相反，如果医生以无法贯彻知情同意原则为托词推卸抢救责任，则恰恰是与医学伦理原则相悖的。

临床诊疗实践中运用好知情同意原则的关键在医方。医方应当从患者利益出发，确保告知的信息完整、真实，同时要采用有效手段使患者真正理解所告知的信息；不能为了个人或小团体的利益或者逃避可能因失误而承担的责任，提供不真实、不完整信息误导患者。

第二节　临床诊断工作的道德要求

疾病的诊断是医生通过采集病史、体格检查和辅助检查收集患者的病情资料，经过整理、分析做出概括性判断的过程。正确的诊断是选择治疗方案、保证治疗效果的前提。要获得正确的诊断，不仅需要扎实的医学知识、过硬的临床技能和丰富的临床经验，还需要高尚的伦理道德和良好的医患关系。

一、病史询问的道德要求

完整的病史资料是诊断的重要依据。问诊也是医务人员与患者接触沟通的重要环节，是建立良好医患关系的基础。

（一）举止端庄，态度热情

在询问病史时，医生举止端庄、态度热情，可以使患者、患者家属产生信赖感和亲切感，这不仅能缓解患者的紧张心理，消除陌生感、畏惧感，而且有利于患者倾诉病情、告知与疾病有关的隐私，从而获得全面可靠的病史资料。

（二）全神贯注，语言得当

在询问病史时，医生的精神集中而冷静，语言通俗、贴切而礼貌，能使患者增强信心，更准确地诉说病情。询问病史尽量少用专业性强的术语，避免使用惊叹、惋惜、埋怨的语言，防止增加患者的心理负担。忌用生硬、粗鲁、轻蔑的语言，防止引起患者的反感、引发医患纠纷。

（三）耐心倾听，正确引导

医生要耐心地倾听，不要轻易打断患者的陈述或显得不耐烦。要善于综合分析，避免机械听记。如果患者不能清楚地表述自己的病情或述说离题太远，医生应引导患者转到关于疾病的陈述上来，找准患者的关键问题询问清楚。但应避免有意识地暗示或诱导患者提供希望出现的资料，使问诊走向歧途，导致漏诊或误诊。询问涉及疾病有关的隐私时，要首先讲明目的意义及为患者保密的原则。

二、体格检查的道德要求

体格检查是医务人员的基本技能，也是最简便最经济的诊断方法。体格检查既反映医务人员的技术水平，同时也折射其道德水平。

（一）全面系统、认真细致

医务人员在体格检查过程中，要按照一定的程序实施检查，全面细致，一丝不苟，不遗漏部位和内容，不放过任何蛛丝马迹。

（二）关心体贴、减少痛苦

要求医务人员在检查中体现人文关怀，关心体贴患者，减少患者痛苦。医生的检查动作要敏捷，手法要轻柔，敏感部位用语言转移患者的注意力，不要长时间检查一个部位或让患者频繁地改变体位，更不能我行我素、动作粗暴，增加患者的痛苦。

（三）尊重患者、心正无私

在体格检查时，注意力集中，在检查异性、畸形患者时态度要庄重，不允许有轻浮、歧视的表情或语言。遇到不合作或拒绝检查的患者，要做好患者工作再查。对一些涉及患者隐私的部位，要注意必要的遮挡，保护患者隐私。

三、辅助检查的道德要求

辅助检查是应用专门诊疗技术和先进仪器设备，为临床科室提供诊断数据和技术支持等。

（一）服从要求，目的纯正

辅助检查要从患者疾病诊查的实际出发。为了及时正确做出诊断，有时必须做多项检查或反复检查，在患者可以耐受的前提下，这也是无可指责的。但是，简单检查能解决问题，就不得做复杂而危险的检查；少数几项检查能得出结论的，就不要做更多的检查，要避免为了个人和小团体利益或过渡保护性医疗“滥检查”，损害患者利益。

（二）知情同意，尽职尽责

确定辅助检查的项目后，一定要向患者及家属告知，讲清楚检查的目的和意义，在其表示理解同意后再行检查。对一些比较复杂、风险较高或费用比较昂贵的检查，更应得到患者的知情同意。

（三）综合分析，切忌片面

辅助检查有利于医务人员更深入、细致、准确地认识疾病，为疾病的诊断提供重要依据，特别是一些疾病如癌症的早期，在没有明显症状和体征时，辅助检查有助于早发现、早诊断、早治疗。但要防止过度依赖辅助检查的现象，要注意将辅助检查的结果结合患者病史和体格检查等资料综合分析，防止误诊误治。

（四）密切联系，加强协作

辅助检查分布在不同的科室或实验研究室进行，各相关科室应利用自己的特长主动开展工作，更好地为临床服务。临床医生与医技人员目标一致，双方既要承认对方工作的相对独立性和重要性，又要加强沟通协调、相互协作，共同努力解除患者痛苦。

四、会诊、转诊的道德要求

（一）会诊的道德要求

1. 维护患者利益　会诊的目的是发挥专业特长，全面分析病因和发病机制，及时做出正确的诊疗决策。因此无论是经治医生，还是参加会诊的其他医务工作者，都应当抱着维护患者利益的目的参与会诊工作。

2. 客观陈述病情　经治医生最先接触患者，对患者的病情及信息掌握较全面。在会诊时必须客观介绍情况，切忌从个人利益出发、为了自己的虚荣心或为了推卸责任，故意隐瞒或夸大病情及其复杂程度，影响会诊做出正确诊疗决策。

3. 学术面前人人平等　参与会诊的医生，无论什么级别，都应当坚持严谨的科学精神和实事求是的作风，不能炫耀知识、故弄玄虚，提出不切实际的意见，影响正确结论的做出。要做到学术面前人人平等，无论是谁的意见，不管什么级别的医生，正确的要坚持，错误的要修正。不能以权以势压人，更不能相互挑剔指责，不能因忌惮而知情不发表不同意见。同行之间应当虚心求教，相互尊重。

（二）转诊的道德要求

转诊包括医生的更替和转科、转院。转诊中也有一些值得注意的伦理规范。

1. 医生的更替　当患者及其家属提出更换医生或转诊时，原则上应尊重患者的意愿。如患方的要求不尽合理，安排也确有困难，则要做耐心的解释和劝导，但不能指责歧视患者，更不能打击报复。应当本着对患者负责的态度，配合接替医生做好诊治工作。新接替的医生应充分尊重原经治医生的工作，认真阅读病历，掌握患者病情。对原诊疗措施和诊疗方案，正确的继续施行，确有不当之处，则应及时纠正。要注意维护原经治医生的威信，不能在患者面前有意抬高自己，贬低他人。对转诊来的患者要一视同仁、真诚相待、认真负责。

2. 转科 有些患者收治某科室后，随着认识的深入以及病情的发展，可能需要转科诊治。转科前应当向患者或家属详细说明转科的原因，征得他们的同意后才开始办理相应的手续。原科室医生要负责做好转科的交接工作，向患者交代转科时需要注意的事项；接收科室医生要热情接待，安置好患者。绝不能因为工作脱节，或相互推诿，让患者和家属徒劳往返，甚至延误时机，给患者带来严重后果。对危重患者，特别是休克患者，应就地会诊抢救，未脱离危险不能转科，以免造成意外事故。总之，转科必须出于诊疗的需要，而不能因为要推卸责任或出于其他不良动机，更不能因此使患者蒙受损失。

3. 转院 当医疗机构技术水平、技术力量和设备无法继续承担诊治任务，又不便进行会诊时，往往需要将患者转送到其他医院治疗。按照首诊负责制的要求，首诊医院负有接诊的义务，不能以任何借口，推托患者。或为了个人私利将患者转入自己联系的医院。要本着对患者高度负责的态度，向患者和家属详细说明转院的原因，帮助患者做好联系工作，确保转院途中的患者安全。即使是患者自己要求转院，医院也应当提供必要的安全保障。

第三节　临床治疗工作的道德要求

一、药物治疗的道德要求

药物治疗是临床治疗中最常用的手段。药物治疗不仅能控制疾病的发生和发展，同时也能调整机体的功能。药物的疗效，与患者体质、药物质量、病原微生物及其他环境条件有密切联系。药物的作用具有两重性，既可以治疗疾病，也可能产生不良反应，使用不当还会导致药源性疾病的发生。医务人员要做到正确合理用药，除了具备的扎实医药知识、丰富的临床经验，还必须具备良好的用药道德。

（一）要具有严肃认真的态度和谨慎细致的工作作风

综合考虑药物的性能、适应证和不良反应，做到对症下药，合理配伍，有的放矢。要根据疾病的种类、病程的不同结合患者的个体差异使用不同的药物、剂量，将药物的使用控制在安全有效的范围内。对诊断不明的患者切忌滥用药物。在使用毒副作用较强的药物时，应密切观察和询问患者的感觉，定期检查，一旦发现异常，立即停用并采取相应措施。

（二）要本着对患者负责、对人类健康负责的态度，谨慎用药

注意药物的配伍禁忌，避免因拮抗作用而降低药效或产生其他不良后果；要关注用药的远期后果，不能为了追求近期疗效而盲目地、过渡地滥用药物，致使患者产生耐药性；要自觉抵制滥用抗生素，尤其是广谱抗生素，以免使病原菌产生耐药性。

（三）要珍惜药物资源，秉公处方

要严格执行用药规范，排除干扰，真正根据病情需要用药，不开人情方、大处方，更不可利用手中的处方权违规用药、收受回扣、牟取私利，不能为了本单位的经济效益而滥

用高价药、进口药、滋补药和一些与治疗无关的药物。既在确保疗效的前提下尽量节约患者的费用，又合理使用有限的医药资源，力争使其发挥最大作用。

（四）要严格遵守法律法规，接受监督

要严格遵守《中华人民共和国执业医师法》《中华人民共和国药品管理法》《麻醉药品和精神药品管理条例》《医疗用毒药、限制性剧毒药管理规定》等法规，坚决抵制使用假、劣、变质、过期的药品，规范使用麻醉药品、医疗用毒性药品、精神药品和放射性药品，避免流入社会造成不良后果。医生在用药过程中，应随时接受护士、药剂人员和患者的监督，发现不当或错误的处方，应及时采取补救措施，避免发生更严重的后果。

二、手术治疗的道德要求

手术是临床上常用的医疗手段，也是治疗疾病的有效措施。但手术毕竟是一种侵入性的治疗方法，对机体有一定的损伤，因此要求手术医生对患者手术的利弊得失做出正确的判断和选择。

（一）手术的特点

1. 损伤的必然性 任何手术不可避免地会给患者带来一定程度的损伤，导致疼痛、出血、功能受损、器官缺损、形态变异等，这些损伤有些是暂时的、可逆的，有些则是永久的、不可逆的。手术损伤的程度一方面取决于病变的性质、部位和患者的身体状况；另一方面取决于医务人员的技术水平、道德素养和医院手术条件等多种因素。

2. 技术的复杂性 手术的技术性强，复杂程度高，手术医生与患者之间需要密切配合。手术者的技术水平、手术配合的默契程度，术后观察的全面细致等，都直接影响手术的疗效。随着现代医学的发展，外科手术也越来越向高、精、尖、微、细、便捷等方向发展，对手术和麻醉人员的技术和道德要求越来越高。

3. 过程的风险性 由于病情的多变、患者的个体差异、以及人体许多未知因素的作用，任何手术都具有一定风险。尤其是对危重、疑难病症患者的手术，其病情复杂，变化快，风险更大。一旦发生意外，将给患者造成严重损伤，甚至危及生命。

4. 手术患者特殊的心理状态 患者面对手术，大多存在紧张、恐惧、焦虑心理，有些患者对手术缺乏了解，担心麻醉、手术出现意外，这种紧张、恐惧、焦虑心理更为严重，是手术治疗的不利因素。

（二）手术治疗的道德要求

1. 术前准备的道德要求

（1）严格掌握手术指征。医务人员应根据最优化原则对手术治疗与非手术治疗、创伤代价与效果等进行全面的权衡。要充分考虑患者对手术创伤的耐受能力。

（2）认真履行告知，患者知情同意。按照知情同意原则，手术治疗前，医务人员要向患者及家属认真分析病情，客观告知手术治疗和非手术治疗的效果和代价。必须得到患者及家属对手术的真正理解和同意。充分尊重患者的选择，保护患者的利益。患者及家属知情同意后，需签订同意手术的书面协议，表明患者及家属对医务人员的信任和对手术风险

的理解。

（3）制订手术方案，做好充分准备。术前要在有丰富经验的医务人员主持下，认真研究讨论病情，根据病变的性质和患者具体情况制订一个安全可靠的手术方案。病情危重、手术复杂的患者，手术方案的制订要组织一定范围的会诊。要充分考虑手术和麻醉中可能发生的意外，制订相应的对策。麻醉师应在认真检查患者、详细了解病史等相关信息后参与手术方案的讨论，并根据手术需要和患者的具体情况，制订最佳的麻醉方案，以确保手术的顺利进行。应根据手术的技术要求合理安排手术人员。

（4）耐心细致疏导，帮助患者做好准备。术前，医务人员要积极帮助患者在心理上、躯体上做好手术准备。要做耐心、细致的心理疏导，帮助患者克服对手术的恐惧心理，摆脱不良情绪，以良好的心态接受和配合手术。

2. 手术中的道德要求

（1）认真操作，一丝不苟。手术中，医务人员要以对患者生命负责的态度，严肃认真地进行手术。手术医生要通盘考虑手术的全过程，对各个环节要科学安排。手术操作要沉着果断、有条不紊。对手术中可能发现的意外应做好思想上、技术上和客观条件上的准备，一旦遇到问题，要沉着、果断、大胆、及时地处理。对意识清醒的手术患者，医务人员还要经常给予安慰，定期告知手术进展情况，医务人员在术中讨论病变情况时，也应注意方式方法，避免给患者造成不良刺激。

（2）严密观察，处理得当。麻醉医生要为患者提供无痛、安全、良好的手术条件，以配合手术医生完成手术；还应认真观察，一旦观察指标出现异常，应及时冷静地处置，并将情况告知手术人员，以便相互配合，排除险情，消除异常，保证患者安全。

（3）团队协作，互相配合。整个手术过程手术团队要协作配合，尤其是随着新医疗技术的应用，手术规模和难度逐渐增大，更需要团队协作配合。因此，参加手术的所有医护人员都应该把患者的生命和健康放在首位，不计较个人名利得失，把服从手术需要和保证手术顺利进行看作是自己应尽的义务，互相支持，紧密配合，共同完成手术。面对时间长、精度高、操作复杂、劳动强度大的手术，医务人员应发扬不怕困难、连续作战的精神，精益求精完成手术。手术结束时，要认真清点器械、纱布，防止异物遗留体内。

3. 术后的道德要求　术后患者刚刚经历了机体的严重创伤，身体虚弱，病情不稳定。医务人员关心并努力解除患者的痛苦和不适，防止各种并发症的发生。若有异常情况，及时处理，防止可能发生的不良后果。

（1）严密观察病情。术后，患者机体刚刚经历了手术创伤，身体虚弱，病情不稳定。要求医务人员以同样认真负责的态度，精心护理，严密观察患者及病情的变化，发现异常，及时处理，尽可能减少或消除可能发生的意外。

（2）解除患者的不适。术后，患者会出现疼痛等其他不适，医务人员应体贴患者，尽力解除其痛苦，同时给予精神上的安慰。对患者术后不适绝不能麻木不仁，漠不关心。

（三）手术治疗的特殊问题的道德要求

在医疗实践中，医务人员应该尊重患者的自主权，患者有询问了解病情，接受、拒绝或选择治疗方案的权利，但如果这种拒绝有可能危及患者自身健康甚至生命时，医务人员应当根据具体情况，耐心解释，并采取积极措施。对不具备自主选择能力或丧失自主选择能力的患者，医务人员可以通过征得监护人（家属）的同意进行手术；对有选择能力的患者拒绝手术治疗，应视具体情况而定。非急诊手术，应先弄清楚患者拒绝的理由，然后做细致的劝说、解释工作，陈述利害，如果患者坚持拒绝，应尊重患者的选择，放弃或暂时放弃手术，代之以患者可以接受的其他治疗方案，同时做好详细记录，并让患者签字。对急诊患者，当手术是抢救患者的唯一方案时，则可以不考虑患者的拒绝，在征得其家属或单位的同意后，立即进行手术，这样做虽然违背了当事人的意愿，但不违背救死扶伤的医学人道主义精神，是符合道德的。

三、康复治疗工作的道德要求

康复治疗旨在通过物理疗法、言语矫治、心理治疗等功能恢复训练的方法和康复工程等代偿或重建的技术，使残疾人的身体功能得到最大限度的恢复，生活质量得到改善。康复治疗的对象主要是有各种功能缺陷的人群。康复治疗工作的道德要求如下。

（一）理解尊重患者

无论是什么原因导致的功能缺陷，如行动不便、生活不能自理，都会给患者带来生理和心理上的创伤。所以在康复治疗中，医务人员要耐心细致，理解同情他们，更多地给予患者关怀与帮助，避免伤害患者的自尊心。要积极鼓励患者主动参与治疗，注重培养患者重返社会的信心与毅力。

（二）采用患者乐于接受的方法进行康复治疗

治疗前要告知患者可选择的各种治疗方案，介绍每种方案的优点和不足，使患者知情。医生可以根据患者的具体情况为他们选择合适的治疗方案，征得患者的理解和同意。治疗方案确定之后，医务人员要让患者充分了解治疗目的，指导具体操作方法及注意事项，使患者积极主动配合治疗，同时保证训练安全。

（三）强化协作意识

患者的康复治疗，需要医务人员、工程技术人员、社会工作者、特种教育工作者等多学科、多领域人员的协作配合。所以在康复治疗中，医务人员要具备崇高的思想境界和宽广的学术知识，在做好自己工作的同时，主动与相关学科人员建立联系，把自己的工作与其他相关科室的工作有机联系起来，防止发生脱节，以保证康复治疗目标的实现。

四、心理治疗的道德要求

心理治疗是运用心理学的理论、方法和技术，影响或改变患者认知、情绪和行为，调整个体和环境之间平衡的方法。心理治疗不仅是心理疾病的主要疗法，也是躯体疾病的一种辅助治疗。心理治疗的道德要求如下。

（一）要充分掌握心理治疗的知识和技巧

心理治疗有自身独特的知识体系和治疗技巧。只有掌握了心理治疗的知识，才能在与患者的沟通交谈中了解心理疾病的发病原因、发展机制，从而做出正确的诊断；只有掌握了心理治疗的技巧，才能与患者建立良好的医患关系，在诊断的基础上有针对性地进行治疗，并取得好的效果。

（二）要有同情帮助患者的诚意

心理疾病患者，在心理上都有种种难以摆脱的困扰和不适。医务人员不仅要同情关心患者，理解患者的痛苦，还应当礼貌、热情地对待患者，尊重他们的人格和需求，耐心听取他们的倾诉，帮助患者分析病情，积极给予心理疏导，使患者逐步改变原来的态度和看法，逐渐接受现实和摆脱困境，在新环境中建立和谐的人际关系，从而达到治疗目的。

（三）要以健康、稳定的心理状态影响和帮助患者

在心理治疗中，医务人员自身的观点、态度必须健康、正确，情绪稳定、愉快，才能正确使用心理治疗的方法，影响、帮助患者改善心理状态，保证其治疗效果。否则，将不利于患者病情的改善，甚至有可能加重患者的心理负担。因此，在心理治疗中，医务人员应当严格按科学办事，不能滥用、乱用各种心理治疗方法，导致患者病情恶化。

（四）要重视心理治疗的保护性措施

无论心理疾病还是心身疾病，绝大多数患者发病都涉及一定的社会背景，常常与隐私有关。医务人员在了解患者的社会关系背景及隐私后，应当遵守保密原则，尊重患者的意愿，为患者保守秘密。

在心理治疗过程中，由于患者个体差异及病情严重程度的差异，患者情感及情绪易产生意想不到的变化，有些患者容易对生活失去信心，甚至会出现自残或自杀的情况。为此，在心理治疗中，医生应当洞察患者的情绪变化，预测患者的心理状态，采取必要的安全措施。

医务人员应努力同患者建立起和谐的医患关系，取得患者信任，这是心理治疗成功的关键。

第四节　临床特殊科室的道德要求

一、急诊科诊疗的道德要求

（一）急诊患者的特点

1. 突发性强，人群密集　急诊患者的突出特点是“急危重险”，病情带有突发性，一旦发病，来势凶猛，威胁生命。如食物中毒、车祸事故等。患者病情危急要求迅速抢救，病情突发一般陪同家属众多，车祸事故有时群死群伤，导致急诊科室人群密集。

2. 病情复杂，抢救困难　急诊患者病种不一，情况复杂，很多急诊患者需要多科共同诊治，这给抢救工作带来了一定困难。

3. 病情危重，易发纠纷　急诊患者的病情大都较为严重，求医心切。若抢救不及时，患者极有可能失去生命。急诊患者发病大多在亲属意料之外，一旦出现抢救无效的情况，亲属没有思想准备，通常会情绪激动，难以接受，有时会认为医生抢救不及时、不到位，从而引起医患纠纷。

（二）急诊科工作的道德要求

1. 充分准备，严阵以待 急诊患者大都具有发病快、病情急的特点，来诊时间、病情都难以预料。要求急诊科的医护人员坚守岗位，随时处于应战状态，诊治中严格执行技术操作规程和各项规章制度。急诊室内的各种抢救药品和器材要准备完善，及时补充、更换，保证随时都能正常使用。

2. 全力以赴，积极施救 急诊中的危重患者病情变化急剧，发展迅速，稍有疏忽和迟疑，就可能延误病情，丧失抢救时机。这就要求医务人员必须以高度的责任心，及时施救。对疑难、危重病员则应集思广益，根据需要立即请相关科室医师紧急会诊。各相关科室医务人员要团结协作，积极配合，全力抢救患者。要以患者利益为重，敢于承担风险，积极合理地进行抢救，不能回避风险、推卸责任。

3. 热情接待，服务周到 急诊病症大多带有突发性，患者及家属均无思想准备，往往惊慌失措、情绪急躁，或对医生提出一些不合理要求，或进行无理指责。医生要有充分的思想准备，以宽广的胸怀，冷静耐心处理，体贴患者痛苦。在抢救过程中多与患者及家属沟通，多使用安慰、解释性语言，尽快安定患者及家属的情绪。

4. 审慎严谨，知情同意 急诊患者不仅病情较重，而且病情变化也相当迅速、复杂，有些疾病是当前医疗水平所无法治愈的。医生必须认真对待救治过程中的每个环节，不仅要按照最优化原则慎重考虑，权衡利弊，周密地制订和实施抢救方案，而且要经常巡视患者，严密观察病情变化，做好各项记录，以便及时地调整诊治措施。还要时时注意按照知情同意原则，将诊治情况及时告知患者和家属，争取患者亲属的理解、支持和配合。

有些危重患者需要进入重症监护病房（intensive care unit，ICU）进行特别监护。ICU属于相对短缺的医疗资源，合理使用显得尤为重要，这在伦理学中有明确规定。必须在ICU中治疗才能获得抢救成功或恢复的患者是进入ICU的道德优选组，既可被公众接受，又能被保险部门认可，节约了资源，避免了不必要的浪费。

二、传染性疾病科诊疗的道德要求

传染病具有传染性、流行性等特点，对社会的危害较大，所以传染病诊治工作也有特殊的道德要求。

1. 严格执行消毒隔离制度 为了控制传染病流行，切断传染病的传播途径，保护易感人群，医务人员应以对自身、患者和他人的高度负责态度，强化无菌意识和预防观念，严格执行消毒隔离制度。对病室环境、患者随带物品、用过的医疗器具及患者的分泌物及排泄物等都应严格消毒灭菌，妥善处理。对隔离期内的患者既要加强宣传教育，严格执行隔离制度，防止交叉感染和疾病的扩散；又要讲清道理，提供优质服务，争取患者及其家属的积极配合。

2. 强化社会预防保健意识 本着既要对患者个体负责，也要对社会人群负责的精神，发现疫情或传染源应及时向卫生防疫部门报告，并采取措施积极配合。要积极开展传染病的预防保健教育，提高全民的卫生保健意识。

3. 爱岗履职，无私奉献 传染科工作辛苦，并有传染疾病的危险。因此，传染科医务人员要发扬全心全意为患者服务的人道主义精神，养成热爱本职工作、忠诚履行职责的良好品德，在工作中不畏风险，真情奉献。

4. 注意进行心理疏导 传染病患者往往有很大的心理压力，人们因为害怕被传染，躲避甚至害怕与传染病患者接触，治疗过程中采取的隔离措施等，会使患者产生自卑心理和孤独感等消极情绪。这就要求医务人员充分尊重和关心患者，不可歧视患者及其家属，帮助他们消除思想顾虑和不良情绪，保持良好心态。同时要积极采取有效治疗措施，促进患者早日康复。

三、麻醉科工作的道德要求

（一）麻醉科工作概述

麻醉科是一个专业知识较为综合的科室，一般与手术联系在一起，目的是减轻患者手术过程中的疼痛与恐惧。当今，麻醉已不局限应用于手术，还更多地参与到各个科室的诊治活动中，如无痛流产、无痛胃镜检查等。

麻醉是进行手术的前提，通常具有风险并有一定的损害。麻醉风险大，由于个体差异和麻醉药物作用机制、剂量的影响，麻醉意外也偶有出现，一旦发生还会损伤身体甚至生命。麻醉具有综合性，麻醉前应仔细查看患者的各项指标，确定是否可以麻醉，确定麻醉的剂量、方法。麻醉过程中需要密切观察患者的生命体征，这要求麻醉医生同时具备基础和临床等多学科知识和综合能力。患者对手术和麻醉缺乏了解，手术和麻醉的风险使患者内心不安、恐惧焦躁，会影响麻醉和手术的进行。

（二）麻醉科工作的道德要求

1. 术前道德要求 一是全面查看患者，优化麻醉方案。患者体质不同，使用的麻醉方法、药物、剂量也可能不同。在进行麻醉前，麻醉医生必须全面查看患者，确定麻醉指标，找出最优化的麻醉方案，并对麻醉中可能出现的意外进行评估，做好防范措施，确保伤害最小。二是医患沟通交流，进行知情同意。进行麻醉前，麻醉医师要和患者及其家属耐心地交流沟通，将麻醉的方法、效果及可能出现的状况如实告知患者及家属，安抚他们焦躁恐惧的情绪，让患者和家属充分知情同意，核实无误后签署知情同意书。

2. 术中道德要求 严格按照操作规程精确实施麻醉，使患者处于最佳麻醉状态。正确使用各项监测仪器，全程密切关注患者呼吸、循环等生命体征。对麻醉中出现的意外状况，沉着冷静，及时处理，对患者生命高度负责。

3. 术后道德要求 一是继续监测生命体征，帮助患者术后恢复。手术结束后，麻醉苏醒过程中，麻醉并发症风险仍然存在，仍需要密切观察生命体征。细致谨慎的监测有利于患者安全平衡地度过麻醉恢复期。二是关怀体贴，心理疏导。刚接受手术的患者往往身体比较虚弱，麻醉过后更是有一段时间疼痛难忍，情绪容易波动，特别是截肢、瘫痪等重症患者，苏醒后难以接受现实，易自暴自弃，萎靡不振。麻醉医师可适当给予患者镇痛与镇静剂，做患者的思想工作，传递正面信息和影响，鼓励患者战胜疾病和困难。

在整个麻醉过程中，麻醉医师都要全程跟进，密切关注患者生理和心理变化。始终坚持脚踏实地、实事求是的工作作风，对自己不清楚、不确定的问题，对麻醉中出现的意外情况，绝不隐瞒，要及时汇报，及时处理。虚心向相关专家求教，共同解决问题，确保患者得到最好的治疗。

四、影像科工作的道德要求

（一）影像科工作概述

影像科是指运用相关仪器设备取得人体或人体某部分组织器官影像，并对影像显示结果进行病情分析的医技科室。现代医院中，影像科越来越多地担负起诊断与治疗的双重任务。精湛的影像技术使得人们对疾病的诊治更为方便快捷，减少了患者痛苦。但影像技术的使用也会对人体产生一定的损害，存在安全隐患。如 X 射线、γ 射线等会对患者和医护人员的身体产生有害后果；精密设备需要专业人员操作维护，检查费用较高，过度检查会增加患者负担；先进设备的使用使医患关系物化，弱化了医患之间的情感交流。

（二）影像科工作的道德要求

1. 尊重患者，注重医患沟通　影像科工作具有特殊性，影像检查时，患者面对的是仪器设备，难免心理脆弱、紧张不安。因此，医技人员应该加强与患者的沟通，帮助患者舒缓情绪，确保取得正确的影像结果。有些检查需要直接接触患者身体，有些还要在暗室进行，要求医技人员要尊重患者人格，操作时态度要严肃，注意保护患者隐私，不得谈笑戏谑，猥亵患者则要受法律制裁。

2. 高度负责，避免漏查错查　影像科主要辅助临床科室进行诊断和监测，需要与临床紧密配合。影像结果对临床医师诊治疾病具有重要参考价值，同时影像医师也必须紧密结合临床实际分析影像结果，给临床医师提供准确的检查报告。影像科医务人员应以高度的责任心，认真操作，避免错查、漏查，耽误患者最佳的治疗时间，甚至给患者造成不必要的伤害。

3. 做好防护，加强设备管理　影像科拥有很多高精尖的仪器设备，操作要求专业化。医技人员要正确使用，妥善管理，加强维护，充分发挥设备使用效率。有些影像检查对人体具有一定的伤害，如 X 射线、放射性核素照射等，要防止滥用。必须检查时要做好防护，保护患者和医技人员。还要本着对社会负责的态度，注意保护环境。影像科室排的有毒、有害和放射性物质，在排放前应进行无害化处理，防止造成各种类型的环境污染，影响社会人群的健康。

第八章　医学科研伦理

第一节　医学科研伦理概述

一、医学科研概述

（一）医学科研的含义

医学科学研究（study in medicine science）是指以客观的人体生命现象作为研究客体，运用科学的手段和方式，认识和揭示人体生命的本质、结构、功能及其发生、发展客观规律的探索性实践活动。一般来说，人体生命现象泛指由糖、脂肪、核酸、蛋白质等物质组成的生物体呈现的特有现象。人体生命现象包括生长、繁殖、发育、遗传、运动、刺激感应、传导、神经体液调节，直到人的高级神经活动。其中，新陈代谢和自我复制是最基本的人体生命现象，也是人体生命最重要的特征。医学界对此所进行的研究是广义的人体生命科学研究，其研究成果堆砌成为医学生物科学或医学生命科学。

（二）医学科研的特点

1. 研究过程的复杂性　医学生命科学研究过程的复杂性不仅取决于研究对象的复杂性，更取决于研究自身的复杂性。无论是对人的生命群体、个体的观察归纳，还是对群体、个体的实验分析，即使设计、实施得十分理想的实验室观察、实验，其用时一般都比其他生命现象和非生命现象的同类研究要长，干扰因素多，可重复性验证困难，过程的连续性、可控制性和客观性差得多。

2. 研究对象的复杂性　人体生命现象是物质世界长期演变、进化的产物，与非生命现象具有共同的存在根据和规则，但作为高级的物质存在方式，生命现象又具有不同于非生命现象的客观属性和逻辑。因此，生命现象不但不能简单地还原、归结为一般物质的本质及其规律性，而且应特别强调生命现象的特殊机制及其规律性。已有的生命科学研究表明，与非生命现象相比，生命的本质及其物质结构、功能、进化规则、个体差异等要复杂得多，可以说世界万事万物中最难把握的现象，尤其是人类的生命现象。

3. 研究结果的复杂性　上述特点决定了某一具体医学生命科学研究结果的复杂性。同样的研究往往得出不同的结果，而且，当研究结果以结论形式出现时，无不注入研究者的主观认识因素，例如，世界观、方法论甚至个性特点，其中最重要的是世界观，这就使研究结果更趋复杂化。19 世纪八九十年代，德国的 W · 鲁通过对早期蛙胚的实验研究提出了著名的“发育镶嵌学说”，从而成为“实验胚胎学”的创始人之一。与他同时代的同胞学者 H · 德里施，在用海胆作为实验研究对象检验鲁的镶嵌学说的实验中，却得出了与镶嵌学说相反的结果。后世的生命科学史学家认为，鲁和德里施二人在实验结果上出现的矛盾，首先是他们所使用的研究对象和实验技术不同所致；其次源于他们对分化原因的不同理解和解释，即鲁强调内因，而德里施则强调外因。

4. 研究影响的复杂性　非生命现象的研究成果及其运用，直接影响和改变的只是非生命界，而对生命界只具有间接影响和改变的作用；就其影响性质而言，正负效应界限比较分明，而且人们有信心通过控制，使其正效应远远大于负效应，争议不大。医学及其人体生命科学研究的成果及其运用，无论对生命界、人类，还是对整个物质世界，不仅具有直接影响，还会发生间接影响；就其影响性质而言，由于此类研究结果直接、长远地作用于人类命运，正负效应的界限短时间内难以划清，人们对其安全性、负效应的忧虑要沉重得多，争议特别大。例如，自从20世纪末以来对“克隆人”的激烈反应便是典型。

这是医学科学研究不同于数学和物理学的地方。因此，医学科学研究不能简单地采用公理化的方法构造学科理论体系；不能采用逻辑演绎的方法推论出医学现象；生命科学（包括生物医学）研究依然具有实验科学和经验科学的性质，需要通过观察和实验，在经验层次归纳和总结出结论。最常见的方法是卫生统计学的方法、动物实验方法以及流行病学调查方法。

二、医学科研的伦理选择

（一）生命科学研究的伦理问题

1. 研究主体与研究对象之间的权益矛盾 随着社会的进步与发展，人类越来越重视被作为实验对象的其他物种和自然环境的权利，有些国家的法律明文规定，侵犯其权利是不道德的。生命研究不仅需要动物试验，还需要人体实验。于是，研究主体与研究对象即研究者与受试者之间产生权益矛盾，其核心是双方的权利和义务关系问题。20世纪中叶以后，一些国际文献已明确提出此类问题并确立了基本准则。

2. 研究对象的权益与生命科学发展利益之间的价值冲突 一项研究对医学发展可能有明显的意义，如果受试对象是人，那么对受试者个人就可能造成损伤，甚至出现不可预测的后果。此时，在受试者健康价值与医学发展价值不能两全的情况下，谁服从谁？化解这种冲突是一大伦理问题。

3. 研究者群体内部的利益矛盾 研究课题开题之前，研究人员之间可能会出现分工的矛盾，例如，主课题与子课题的矛盾，主持人与课题组成员的矛盾等；在研究过程中也会有信息如何共享、先行完成的课题可否先行一步独立公开发表等矛盾；研究结束后，成果如何分享，包括论文署名、荣誉享受和奖金分配等，这些均需要参与者有良好的科研道德。

4. 研究过程中的不正当行为 不正当行为是研究者在研究过程中出现的不符合伦理准则至违背伦理准则的做法。在生命研究领域中，不正当行为主要表现在：科研设计缺乏全面、充分的论证，尤其缺少人文理念的参与；弄虚作假，骗取伦理审查；重成果，轻过程，实验的完整性、可信度大打折扣；编造、篡改、隐瞒实验数据，生拼硬凑，急功近利；抄袭、剽窃，占有别人科研成果；人体实验中侵权、违规行为等。生命研究中的不正当行为具有极大的危害性。它不仅会损害科学事业，败坏科学道德，而且会造成严重的社会问题、生态问题甚至人体受试者被伤害等问题。因此，必须加强生命研究中的道德建设，既强化生命研究道德的他律机制，又强化研究者的自律意识，从而有效克服生命研究中的不正当行为。

（二）生命科学研究的伦理准则

生命科学研究的伦理准则包括生命科学研究工作者在内的所有科研工作者，在从事科学研究时，都必须遵循以下基本的伦理原则：

1. 热爱科学 热爱科学事业，就是从内心尊重和喜欢自己的职业，对科学事业有坚定的意志、毫不动摇的信念和深厚的感情，愿意把自己的全部精力甚至一生都献给医学科学事业。热爱医学科学事业是对生命科研工作者的基本职业道德要求。

医学生应从热爱医学、学好医学开始，并在学习全过程中努力培养热爱科学、热爱专业的优良品质。

2. 实事求是 实事求是是科学研究必须遵循的底线准则。尊重事实和服从真理，对于从事生命科学研究的人来说尤其重要。实事求是要求做到：实验设计必须合理，并全部完成各项实验步骤和项目；在实验中必须进行客观和如实的记录，不能诱导实验对象提供实验的信息；对实验结果的分析和评价要客观，在与假说相对照时应尊重实验结果，如发现实验失效或不符合要求时，必须重新实验，而不能把失败或不规范的实验结果改头换面以后作为依据；课题完成之后，报告成果时应该实事求是，切忌浮夸；排除不利于科研的各种干扰，使科学研究只服从实验事实，而不能屈从某一权威的观点或某种政治、行政意图；坚持真理，修正错误。

3. 献身事业 真正的科学研究永远需要献身精神。由于生命研究自身的特点，我国的研究水平还不高，加之旧道德观念仍然严重存在。因此，特别需要每一位从事生命研究的人具有献身精神。在当代医学研究中，这种献身精神并未因科研设备和科研方法的现代化而过时。相反，由于社会世俗生活日益丰富，医学科研难度日益增加，这种献身精神不仅需要坚持，而且需要发展。

献身科学的主要要求：科学研究工作者为了国家和人民的利益，应该勇往直前地战胜一切险阻，去攻克科学堡垒；不为外界的褒贬毁誉与威胁利诱所动摇，无私无畏地追求科学真理；不计个人得失，义无反顾地坚持与捍卫科学真理；抛弃一己之小利，无私地用科技成果为人类的进步事业服务。

4. 团结协作 群体意识是促进医学科学发展的重要因素。团结协作是医学科研活动固有的性质，尤其是现代医学科学研究的突出特点。群体意识的时间表现形式是异代人纵向相依。牛顿曾形象地比喻说："如果我比笛卡尔看得远，那是因为我站在巨人肩膀上的缘故。"群体意识的空间表现形式是同代人横向协作。

群体意识的道德内涵是正确认识自己的科学劳动与他人科学劳动的关系。所谓他人科学劳动包括两个方面，一是时间维度的前人的科学劳动；二是空间维度的当代科学家同仁的劳动。现实中的群体意识主要表现在第二个方面，即科研协作精神。医学科研协作精神具体表现为：首先，协作者之间相互平等、相互尊重；其次，协作者之间资源共享、相互支持；再次，协作者之间信守诺言、遵守协议；最后，成果分配实事求是、公平合理。

5. 勇于创新 创造性是科技活动的一个突出特征。创新是科研的生命。创新精神和创造意识对科学发展具有重大的意义。

创新的伦理素质主要包括：科学精神与人文精神的统一，即追求真理与对人的终极关怀的统一；崇尚实践与注重理性，即实践品格与理性素养的统一；批判意识与服从真理，即科学的怀疑精神与坚持真理的统一；精英意识与群体意识，即敢于创新拔尖与坚持团结协作的统一。

此外，由于医学科研的特殊性，特别是生物学研究的特殊性，医学科研工作者还需要严格遵循《贝尔蒙报告》（*Belmont Report*）提出的：尊重（respect for persons）、有利/不伤害（beneficence/do not harm）、公正（justice）三项基本则（basic ethical principles），必须严格遵循《赫尔辛基宣言》（*Declaration of Helsinki*）、《涉及人体的生物医学研究国际伦理准则》（*International Ethical Guidelines for Biomedical Research Involving Human Subjects*）等文件所规定的各项基本的伦理准则。

第二节　人体实验伦理

一、人体实验概述

（一）人体实验及其类型

狭义的人体实验是指以人为受试对象，用人为的实验手段，有控制地对受试者进行科学考察和研究的活动过程。人体实验室医学科学研究的特殊形式，而医学科学研究又是生命研究中与人类关系最直接、最密切的研究领域。因此，人体实验可以说是生命科学研究中的伦理聚焦点。涉及人的生物医学研究和相关技术的应用，其伦理聚焦应为保护人的生命和健康，维护人的尊严，尊重和保护人类受试者的合法权益。

人体实验按应用价值可分为临床人体实验与非临床人体实验；按控制情况可分为实验室人体实验与强迫人体实验；按性质可分为正当人体实验与不正当人体实验。临床人体实验旨在探求、增加和改善临床医学知识、方法、手段。非临床人体实验旨在探求、增加和改善关于病因、病理的知识及卫生保健的知识、方法、技术、手段。实验室人体实验，即前述狭义的人体实验，是应用最广泛的人体实验类型。自然人体实验是指人体实验的整个设计、过程、手段和后果都不是出自实验者的意愿，也不受实验者的控制和干预，是在自然现象发生（如战争、瘟疫、地震等）过程中进行的。自愿人体实验是指受试者本人出于自我治疗或助人目的，在无任何外力强迫或诱惑下，经过深思熟虑的理性选择，志愿参加的实验室人体实验。强迫人体实验是指实验者利用一定的军事、政治或组织的强大压力，强迫受试者进行实验室人体实验。综合以上情况，从价值层面加以审视，就出现了人体实验的正当与不正当的区别。正当人体实验既应得到功利论的辩护，也应得到人本、人道理论的支撑，还应经得起现代公正论的追问。否则，就是不正当人体实验。据此，具有普遍应用价值的实验室人体实验可以得到正当性的伦理辩护，但其善与恶有待具体解读；自然人体实验由于不损害受试者自主性，有得无失，符合社会公正，其正当性是十分充分的，但可供利用的机会太少；而强迫性人体实验是最不正当的；自愿人体实验可以为其正当性提供必要的保障，但仍然需要满足更充分的理由。本章所讨论的人体实验是自愿的实验室类型的人体实验。

（二）人体实验的价值

人体实验是医学存在和发展的必要条件，特别是在近代实验医学产生以后，科学的人体实验更成为医学科研的核心和医学发展的关键。涉及人的生物医学研究和相关技术应用包括以下活动：采用现代物理学、化学和生物学方法在人体上对人的生理、病理现象以及疾病的诊断、治疗和预防方法进行研究的活动；通过生物医学研究形成的医疗卫生技术或者产品在人体上进行试验性应用的活动，无论人们对人体实验有多少争议和反对意见，也改变不了这样的客观事实：人体实验是医学研究成果从动物实验到临床应用的唯一中介，是医学实验不可缺少的必要环节。因为人与动物是有种属差异的，经动物实验所获得的研究成果必须经过人体实验做最后验证，以确定其在临床中的应用价值。更为重要的是，人有不同于动物的心理活动和社会特征，人的某些特有的疾病不能用动物复制出疾病模型，这类研究就更离不开人体实验，如果取消人体实验，而把只是经过动物实验研究的药品和技术直接、广泛地应用于临床，那么，就等于把所有的患者当作实验对象。这实际上是对广大民众的健康和生命的不负责任，是极不道德的。

综上，为增进诊断、治疗和预防，以达到了解疾病的病因和发病机制，从而更好地维护与增进人类健康、促进医学发展等为目的的科学的合乎规范的人体实验，不仅是必然、必要的，而且也应该得到伦理的论证和支持。

（三）人体实验的误区

人体实验具有明显的双重效应（正负效应）和多元价值冲突（受试者价值与实验者价值的冲突，治疗价值与科学价值的冲突，近期价值与远期价值的冲突等）。这些问题处理起来确非易事。所以，人们对人体实验的认识和态度历来有两种误区：一种误区是因噎废食，认为既然人体实验有那么多麻烦，也出现过震惊世界的人道主义灾难，把受试者作为手段的做法与“人本论”水火不相容，也许它根本就不该存在；另一种误区是理所当然，认为既然人体实验有其存在的必然性、合理性，自古以来也从未停止，医学发展更离不开人体实验，那么，以少数受试者的代价换取更多人的健康收益，可以得到“功利论”的辩护和支持，是值得的，它不该受到太多限制。

从深层次上看，上述两种误区是人们的价值理念出现偏颇所致，即以单纯的“人本论”或“功利论”误读了人体实验的价值。若要告别误区，则须在“人本–功利–公正三论统一”的伦理框架中去确认人体实验的应有价值。

二、人体实验的伦理分析

（一）人体实验的正当目的

目的在行为中至关重要。目的不仅是行为主体的主观诉求，而且可由客观行为及其过程实现、验证。人体实验必须确立合理、明晰的目的。而只有符合医学目的的人体实验才是正当的。2000 年爱丁堡版的《赫尔辛基宣言》“前言”中的第 6 条，具体规定了人体实验的正当目的：“涉及人类受试者的医学研究的主要目的在于提高疾病的诊断、治疗和预防方法，进一步了解疾病病因及其发病机制。即便是已被充分证明的预防、诊断和治疗措施也必须接受对其效力、功效、可提供度及质量不断研究的挑战。”由医学国际组织理事会和世界卫生组织（World Health Organization，WHO）于 1992 年合作完成的《涉及人体受试者的生物医学研究的国际伦理学准则》，在其“前言”中指出：无论是临床研究，还是非临床研究，只有符合下列目的才是正当的：①“对健康受试者或患者的生理、生化或病理过程的研究，以及对某物理、化学或心理干预措施反应的研究”；②“对较大人群的诊断、预防或治疗措施的对照性研究。研究设计的目的，在于承认每个人生物学差异的情况下，显示出对上述诊断、预防或治疗措施的某些普遍性的反应”；③“确定某些预防或治疗措施对个体或社区人群所产生的影响的研究”；④“在多种环境条件下，与人类健康有关的行为方面的研究”。

某些特殊的人体实验，如获外来资助的人体实验研究，其正当目的除必须符合上述要求外，还要求必须同东道国的健康需要和工作重点相吻合，尤其是提供资助者的商业目的不能损害东道国及其受试者的正当权益。

人体实验的目的必须公开，使其具有相当的透明度。《纽伦堡法典》明确规定：实验者必须向受试者告知实验目的。《涉及人体受试者的生物医学研究的国际伦理学准则》明确规定，实验者必须向伦理审查委员会报告的第一类信息是："在当前知识允许的情况下，清楚说明研究的目的以及进行研究的理由"。

（二）受试者的公平选择

选择受试者时，现在国际上通行的准则是公平分配负担与收益，即公平准则。2000 年版的《赫尔辛基宣言》在其第 16、17、18、19、29 共 5 个条款中作了具体而且明确的规定。作为承受人体实验的人受试者处于极其特殊的地位。在选择受试者时，如何给其定位和筛选更合适的受试对象，是实验当事人双方以及社会都非常关注的问题。受试者只想作为目的、享有实验利益，实验者只想让受试者作为手段、承受实验负担；让某一受试者（个体或群体）承受过分负担，而把由此换来的收益让另外的人（个体或群体）享有——这些做法显然都是不合理的。

选择弱势群体中的受试者，公平准则需要有强调的或补充的要求。因为弱势群体受试者的权益易于被忽视甚至损害，既要不伤害他们，又要保障他们享有因参加人体实验可能得到的机会、好处，所以，公平分配其参与研究的负担与收益的难度很大。弱势群体通常是指缺少自主行为能力或者自由选择受限制的人群，主要包括儿童、智力或行为能力存在严重障碍的人。欧美国家甚至将实验研究者的下级、下属、疗养院的患者、失业者、贫困者、流浪者、难民、急救室患者，不治之症患者、HIV 感染人群或可能会感染 HIV 的人群，妇女以及犯人都列入其中。在这样的群体中选择受试者时，确实需要特别强调所作选择必须具有特殊理由，并且选择一旦确定，就需要特别要求实验者必须具备严格保障受试者权益的特殊措施。为此，选择弱势群体受试者必须满足如下条件：①弱势群体受试者越少，研究开展越困难；②研究目的是为了获得新知识，以提高诊断、预防或治疗某些疾病或解决某些弱势群体特有的健康问题的水平；③受试者及其群体的其他成员都有权合理地享有任何由研究所带来的用于诊断、预防或治疗的产品；④研究者给受试者带来的风险是最小的，除非伦理审查委员会允许风险稍微高于最小风险；⑤当受试者无能力或明显无法给出知情同意时，他们的同意决定将委托给其法定监护人或其他适当的权威代表人物代理表达。

选择更为特殊的受试者，还必须遵循更为特殊的伦理规则。例如，孕妇或哺乳期妇女绝对不能被选择用作非临床研究的受试者，除非这项研究的目的是获取关于妊娠或哺乳的知识，而又无法用未孕或非哺乳期女性作为合适的受试者，并且该项研究对胚胎或婴儿的影响极小。如此进行的选择，才是合乎伦理的。

（三）建立伦理委员会对受试者权益合理保护

为引导和规范我国涉及人的生物医学研究伦理审查工作，推动生物医学研究健康发展，更好地为人类解除病痛、增进健康服务，我国卫生部组织制定了《涉及人的生物医学研究伦理审查办法（试行）》，其中第六条规定：开展涉及人的生物医学研究和相关技术应用活动的机构，包括医疗卫生机构、科研院所、疾病预防控制和妇幼保健机构等，设立机构伦理委员会。

医学单位伦理委员会的功能主要有，维护患者和受试者的尊严和权利、评判医德是非，监督协调医患矛盾的处理，研究并论证医学科学技术的实际效用、伦理效用、伦理价值，重视由此产生的社会、伦理、法律的影响，指导医学单位的医学实践和自身发展；通过咨商和论证，使医学伦理原则同医学实践更好结合；促进生命法律、医学法律的制定；向社会公众和医务人员宣传、教育、普及医学伦理和生命伦理学知识，促使其由道德他律向道德自律转化。在当代医学科技迅猛发展和大量投入医疗实践以及医患关系中医德冲突和难题不断的背景下，建立医学或医院伦理委员会的必要性表现在：必须规范生物医学技术的研究、应用和发展，确保其科学性、正确性和伦理性（人道和善良性）；必须在医学（医疗）科技研究、试验、应用中维护科学性、正确性、伦理性，特别是患者、受试者的尊严；必须在医学研究和医疗科技应用中保护患者及受试者的健康和其他正当利益；必须建立医、药学基础研究和临床研究的专门伦理评价、审核机构，必须对涉及受试者和患者参与供试的基础和对临床研究的医学论文进行伦理评价；必须对合理分配和使用卫生资源进行伦理审视和评价；有伦理委员会负责组织、落实对医学研究人员、临床医务人员进行医学伦理道德教育。

（四）实验者的伦理规约

实验者是人体实验的策划者、实施者，是人体实验参与各方中居主导地位的关键人物。实验者享有人体实验的特权，这决定了他必须具备特殊的资格并负有、履行特殊的伦理义务。2000 年版的《赫尔辛基宣言》第 15 条有明确规定，强调的是实验者必须胜任，既向医学事业负责，又向受试者负责。因此，人体实验研究的关系一旦确立，在实施前，研究者必须向受试者明确自己的身份，即告知自己是纯粹的实验研究者，还是兼有实验研究者与临床医师双重身份；在实施过程中，如果研究者同时又是临床医师，他必须尽到双重责任——除研究中的义务外，还必须承担起相应的医疗保健义务，例如，受试者因故撤出研究而要求提供应有的医疗保健时，研究者不可拒绝提供服务和帮助，如果属于纯粹研究者，此时则必须建议受试者到研究之外去寻求必要的医疗保健。而在这些方面，都要向伦理审查委员会报告并接受审查和监控。

（五）获得资助的人体实验

人体实验获得的资助一般有四类：国家研究基金资助、国内商业资助、国外商业资助、国际组织研究基金资助。资助为人体实验提供了物质保证和必要支持，但同时也带来一些伦理问题，例如，非科学意志的干预、商业目的的定位、研究资源的保护、文化观念的碰撞等，其中核心问题是资助者权利与义务的合理确认。

针对这一类生物医学研究的特殊性，国际组织发表了相关的宣言并制定了一系列的准则和规范，这些准则、规范和宣言对于中国制定相关政策具有重要的借鉴意义。《涉及人体的生物医学研究国际伦理准则》针对“由外部资助的研究”提出了两方面的伦理审查准则：一是外部资助机构应按照其所在国的标准将研究方案提交以供伦理和科学审查，所运用的伦理标准应该和外部资助机构所在国的研究标准一样严格；二是在外部资助机构所在国认可研究的科学性和伦理合理性后，东道国的伦理审查部门，应该审查该研究是否符合本国的伦理要求。该文件还明确规定了外部资助机构的义务：帮助东道国发展独立进行类似研究（包括伦理审查）的能力；为受试者所在人群提供必要的医疗保健服务；保证每一位因参加研究而被伤害的受试者可获得免费医疗服务，并给在研究中因伤害致残、致死的受试者以合理赔偿；保证受试者及其所在社区的情况不会因进行该研究而恶化，合理风险除外；保证将研究中所发现的涉及东道国或社区健康的信息及时报告给他们。在借鉴国外研究成果、建设符合中国国情的人体实验伦理准则体系时，应重点防范和解决行政干预过多、资助者权力过大、商业资助者与研究者协同侵害受试者权益等现实问题。

需要特别提出的是，鉴于目前我国人体实验研究项目资助主要来自于国家研究基金，因此，国家研究基金在分配使用、监管等方面如何体现社会正义和公平，就是一个非常突出的、应该着力解决的重大问题。国家研究基金的公正分配和使用主要体现在三个方面：其一是宏观方面即国家对人体实验基金项目的安排进行合理和可持续发展的整体布局，要求优先支持绝大多数人能够普遍受益的预防和基础重大创新项目，适当支持具有广泛应用前景的诊断、治疗和预防常见病项目，不忽视特殊患者群体受益的疑难杂症的基础和临床高精尖项目，优先支持绝大多数人能够现实受益的医疗保健重大创新项目，适当支持绝大多数人能够在较长预期时间内受益的医疗保健重大创新项目，不忽视较长时间内无广泛应用可能性但依据科学原理可充分预期其具有长远发展前景的国际前沿项目，严格防止好大喜功、盲目跟风、短期行为等不良倾向的出现；其二是微观方面即某一具体人体实验项目所获基金的内部分配和使用，包括各子课题组之间的合理分配使用、课题组主持人与成员之间的合理分配使用、各项支出预算之间的合理分配使用等；其三是除了充分考虑研究基金在技术层面的合理分配使用，还有必要给处理伦理问题以一定的份额，例如，著名的人类基因组研究工程，在其 30 亿美元的研究经费中就有 5%用于处理伦理问题。另外，还必须坚决反对研究基金分配和使用中的不正当行为，例如，将部分经费用于改善研究人员个人福利、构建人际关系网等。为了保证研究基金的公正分配和使用，应该新建专门的机构，或者将其纳入原有某一相关专门机构，进行严格的审计和监管。审计必须有结果且公开，监管须赏罚分明且落到实处。

（六）人体实验资源的适当保护

人体试验研究涉及的具体对象有两种情况：一是涉及受试者的整个个体；二是只涉及受试者身体十分有限的一部分，或者说只是从人体实验受试者身体中提取而用于研究的组织、血液、细胞、基因等。从广义上说，受试者整个人及其组织血液、细胞、基因等都是人体实验的资源，但是，作为整体的人，受试者是人体实验的参与者，不能被视为纯粹的实验材料，况且对于如何保护受试者，在前面已有充分的阐释，所以，这里要讨论的人体实验资源保护问题是就狭义的人体实验资源即人体组织、血液、细胞、基因等而言的。

狭义的人体实验资源应该加以保护的伦理理由取决于两个方面：一是在学理上，虽然被运用和操作的人体实验资源仅仅是脱离了整个人的生物材料，但它仍然是属人的，具有独特性，并且对医学发展是有奉献的，因而对人体实验资源的保护即使对受试者保护的特殊体现，又是生物资源保护的特殊体现；二是在现实中，由于这些实验材料远离了受试者，容易流失，而且人体实验资源流失的问题特别容易被忽视，因此在世界性的生物资源尤其是人体实验资源的争夺式开发研究业已出现的时候，适当保护的问题就提上了国家的议事日程。在我国，20 世纪末时，人们就已经开始高度关注此类问题了。

《生物多样性公约》就曾提及，发达国家利用发展中国家的生物遗传资源进行研究、开发所得惠益，发展中国家的人民有要求公平分享的权利。1998 年 6 月，国务院批准施行的《人类遗传资源管理暂行办法》规定：使用中国遗传资源的国际合作必须在平等互利的原则基础上进行，要有正式的协议或合同，要经过中国政府的批准，采集样本要做到知情同意。同时，由科学技术部和卫生部联合成立了中国人类遗传资源管理办公室，负责《人类遗传资源管理暂行办法》的实施、登记和管理重要遗传家系和特定地区遗传资源、组织审核涉及人类遗传资源的国际合作项目等工作。这些做法的主旨就在于适当保护人体实验资源。

所谓适当保护人体实验资源就是把人体实验资源作为受试者的延伸，加以合理保护；提取和运用人体实验资源必须合乎通行的伦理准则，不能侵犯受试者的权益；对人体实验资源输出应该有严格的管理和限制，不能容许因个人、部门或地区的私利而采取放任甚至交易的做法；人体试验资源输出到国外进行商业性研究，若取得成功，人体实验资源提供者群体及其国家的人民有权获得合理的回报，例如，在药物临床试验后，如果该药物被获批上市，曾经提供特殊疾病样本的受试者可免费获得一定数量的药物。

（七）人体实验与知情同意

1. 受试者知情同意权

（1）知情同意权的含义。所谓知情同意权，是指受试者对人体实验研究的目的、方法、预期益处和潜在危险以及可能承受的不适与困难等信息，有充分知悉并在此基础上自主、理性地表达同意或拒绝参加人体实验之真实意愿的权利。

人体实验受试者享有知情同意权，最先由《纽伦堡法典》明确提出和界定。在第二次世界大战中，德国纳粹医生在集中营里用被关押的犹太人、波兰人、痴呆者、持不同政见者等做惨无人道的人体实验。这些受试者被称为“没有价值的生命”。他们或者成为缺氧致死的试验材料，或者成为冷冻致死的试验材料，或者成为被故意感染上致死疾病的试验材料等。战后，纳粹医生作为战犯在德国纽伦堡接受审判。为确认他们的“反人类罪”,《纽伦堡法典》作为第一部国际性的关于人体实验的伦理学法典应运而生。这部伟大文献的逻辑起点就是肯定了人体实验受试者享有知情同意权，并把知情同意作为 10 条规则的第一条；“受试者的自愿同意绝对必要。这意味着接受实验的人有同意的合法权利，应处于有选择自由的地位，不受任何势力的干涉、欺瞒、蒙蔽、挟持、哄骗或者其他某种隐蔽形式的压制或强迫”。20 世纪 70 年代，知情同意权被欧美等国概括、拓展为自主权，并成为后者的核心内容。随后，知情同意权的理念进入临床领域。最早将知情同意引入司法实践的是 1957 年的一起美国医疗官司。该案判定，患者享有知情同意权；医生有义务把种种可供选择的诊治方法的利弊包括不利后果告知患者，并征得患者诊治方案的自愿自主的同意。

（2）知情同意权的合理性。知情同意权是人体实验受试者自主权的集中体现和主要内容。因为人体实验各个环节都直接关系着受试者身心健康乃至生命，所以他有权获悉与人体实验相关的一切必要信息，并根据自己的利益和判断自主做出选择。

知情同意权是建立现代契约–合作型的实验者与受试者之间关系的基石。尊重受试者知情同意知情同意权，为解决双方复杂的权利义务关系问题提供了前提和保证，有利于双方进行真诚的交流与合作，有利于人体实验纠纷的防范与处理，有利于人体实验价值的选择与优化。

鉴于以上“人本论”和“功利论”的理由，知情同意权先后被越来越多的国家的法律法规所吸纳。《中华人民共和国执业医师法》第三章第 26 条规定：“医师进行实验性临床医疗，应当经医院批准并征得患者本人或者其家属同意。”第四章第 37 条第八款明确规定：“未经患者或者其家属同意，对患者进行实验性治疗的要负法律责任。”

2. 人体实验知情同意准则

（1）知情同意准则的一般内容。知情同意，对受试者而言是他享有的权利，对实验者而言是他必须遵守的伦理准则。知情同意准则的一般内容主要有：实验研究者向合格的受试者告知真实的、充分的、能够被正确理解的必要信息，使对方知情，在此基础上，由受试者在不受强迫或不正当影响、引诱、恐吓的情况下，做出理性的选择；如果受试者本人不能行使知情同意权，可征得其委托代理人给予代理知情同意；知情同意不仅是受试者单方签字的程序和结果，而且是实验者与受试者双方的互动和过程。

（2）确保受试者知悉的基本信息。综合各种著名文献的规定，研究者一般应该向受试者提供以下 10 条基本信息：①受试者被邀请参加研究，需要告知其研究目的和方法；②受试者参加研究的时间；③合理地预期研究最终将会给受试者和其他人带来哪些收益；④参加研究会给受试者带来哪些可预见的风险和不适；⑤对受试者可能给予的有益的替换治疗方法；⑥对能够识别出受试者的资料的保密程度；⑦研究者为受试者提供医疗服务责任的大小；⑧对因研究而导致的某些伤害所提供的免费治疗；⑨对因研究而导致的残疾或死亡，是否为受试者本人、受试者家庭或其亲属提供赔偿；⑩受试者有权自由拒绝参加研究，有权在不被惩罚、不失去应得到利益的情况下，不必申明理由，随时随地退出研究。

但以上是最低要求，此外还应视具体情况向受试者告知，例如，选择他作为受试者的具体理由、研究设计的某些特征（例如，双盲法、对照组、随机抽样）等。所以，《涉及人体的生物医学研究国际伦理准则》对此做出了多达 26 条的具体规定。

（3）获取知情同意的底线责任。《涉及人体的生物医学研究国际伦理准则》对此做出了 5 条明确规定：①避免毫无理由的欺骗、不正当影响或恐吓；②只有在确定了未来受试者对有关事实及参与研究的后果已有充分了解，并有充分机会考虑是否参加研究之后，才能去征求其同意；③一般规定是从每个未来受试者获取已签名的同意书，作为知情同意的证据，研究者对这一规定的任何例外均应说明理由，并应取得伦理审查委员会的批准；④如果研究条件或程序有了明显变动，或者获得了可能影响受试者愿意继续参加研究的新信息时，应更新每个受试者的知情同意书；⑤在长期研究项目中，应按预先订好的间隔期与每个受试者续签知情同意书，即使研究目的和设计并无变化。

3. 知情同意特殊问题的处理

（1）代理知情同意。正确对待代理知情同意的问题是实现知情同意准则的重要内容。在人体实验尤其是实验性治疗中，经常出现代理知情同意的情况，即由代理人行使受试者（患者）知情同意权。而且，代理知情同意具有相当的合理性，特别是在我国，但要十分注意它的条件性。代理知情同意的合理性取决于下列条件之一：受试者与代理人的利益和意见完全一致，且受试者明确委托代理人代行知情同意权；特殊受试者，例如，未满 14 周岁的少年，被欧美国家通常称为的“脆弱人群”的个体（婴幼儿、智残者、精神病患者、休克患者等）等，本人不宜、不能行使知情同意权。知情同意权代理人的先后顺序一般应为配偶—子女—家庭其他成员—受试者委托的其他人员。

由于传统文化以及现实国情等因素的影响，在认识和处理知情同意问题的某些环节上，我国有着和西方国家不同的理念和做法。例如，强调维护受试者知情同意权的根本价值在于争取受试者合作，甚至是保护自己；在实施中不是特别关注受试者本人的权益和意愿，更看重的是受试者家属的决定和态度。这些理念和做法不是毫无道理，但却容易出现偏差。必须正视和解决这些问题，但照搬欧美做法肯定行不通。因此，需要慎重地处理好代理知情同意之合理性与条件性的关系问题，处理好受试者与其代理人双方都签字的问题，处理好受试者与其代理人出现意见分歧时到底应该由谁行使知情同意权更为合理的问题等。

（2）免除知情同意。面对危重患者，医方的首要职责是进行急诊急救。而为促进急诊急救医学的发展，以危重患者做人体实验的受试者是必然的、必需的。因为，从科学角度上说，临床急诊急救方面的人体实验研究最好由危重患者做受试者，其研究结果肯定比根据对非危重患者的临床实验数据进行推断的做法更优。但是，以危重患者做受试者进行人体实验会遇到知情同意的“两难困境”：患者的知情同意权不容侵犯，而在治疗视窗内往往无法及时获得其知情同意。因此，直至 20 世纪 80 年代以前，一般不以危重患者作为受试者在急诊室进行人体实验研究。

1980 年，两位美国学者福斯特和罗伯逊引入了“推迟同意”，即让急诊患者先接受必需的革新性治疗研究，然后在一段合理的时间内补行知情同意这一新概念，并用于部分研究中。此种做法于 1993 年遭到美国国立卫生研究院（NIH）和美国食品药品管理局（FDA）的质疑。他们认为，只有在急重患者受试者在承担最小风险时，才能使用“革新性疗法”。但这并没有使问题得到很好解决。1996 年，FDA 提出了“免除知情同意”的新理念，并为此规定了严格的条件：①患者处于危及生命的状态，现有的治疗方法并非最佳，无法获得知情同意，有可能使患者直接受益；②不免除知情同意就无法进行研究；③研究方案定义了一个治疗时窗，如果不在该视窗内获得知情同意则研究无法进行；④研究过程已由伦理委员会同意；⑤对研究已向公众进行了说明；⑥与社区代表进行了协商。规定强调保护危重病受试者，保证他们从实验性治疗中直接受益。为此，不允许危重患者参与比标准治疗有更多风险的研究；如果可以辨识出不愿参加者，必须慎重对待。

（3）社区知情同意。社区知情同意是针对某些流行病学人体实验研究而实行的特殊知情同意。在这种知情同意中，研究者只要经合法的社区代言人的知情同意，即可实施研究，可以不征得每一位受试者的知情同意。其具体做法主要有：当社区群体有完整的社会结构、普遍的风俗习惯和一个知识渊博的领导决策层时，研究者应获得这个群体领导的知情同意；当“社区”仅为一个人口或统计学范畴，既无领导也无代言人时，研究者必须满足伦理审查委员会关于保障受试者安全和严格对数据保密的要求（对某些特定社会行为方式的人体实验研究，也应适用此项条款）。

社区知情同意的正当性可以得到下述理由的辩护和支持：拟行的人体实验研究的必要性和合理性；受试者每个人知情同意不可行或不必要；社区代言人有足够的资格和可信度，必要时有其他代表的知情同意；社区知情同意程序合理；为社区中的个人拒绝参加人体实验的权利留有必要空间，使其得到必要的尊重。

（4）知情同意的免责功能。免责就是合理合法地不负任何责任。人体实验参与各方及社会公众都十分关注知情同意免责功能的问题。有一种观点认为，知情同意书其实就是研究者的免责凭据，是自己的护身符。还有另外一种观点认为，知情同意书根本就不具有任何免责功能。那么知情同意是否具有免责功能呢？

对这个问题的正确解答，取决于对责任与知情同意各自本质及其两者相互关系的认识和把握。责任在本质上反映的是主体行为自由与客观必然性的关系，具体地说，主体具备行为自由，应该作为时不作为，不应该作为时乱作为，若产生对他人的危害后果，必须承担责任。反之，则不应承担责任。而知情同意的本质则在于维护人体受试者的健康权益和自主权益，只是人体试验诸多责任的内容和要求之一，也就是说，只能以受试者知情同意权是否受到损害来判断知情同意行为本身的责任，而对人体实验整个行为，它只是必要的判断条件，并不是充分的判断条件。在人体实验中，不经受试者知情同意进行人体实验研究，若造成受试者伤害肯定要承担责任；即使经过受试者知情同意，只要研究者存在行为过失，已给受试者造成伤害后果，并且研究者过失行为与受试者受害后果之间存在必然联系，例如，研究者因违反操作规程、不负责任等原因而导致受试者被伤害，也必须承担责任。在这里，需要特别指出的是，如果人体实验研究者同时也是临床医师，那么，由于直接负有治病救人的使命，当受试者（患者）需要急救时，即使未经受试者本人及其代理人知情同意，也应承担起给以必要的“革新性疗法”这一救死扶伤的道义责任。

免责的条件和理由可参考我国《医疗事故处理条例》的如下规定：①在紧急情况下为抢救垂危患者而采取紧急医学措施造成不良后果的；②在医疗活动中由于患者病情异常或者患者体质特殊而发生医疗意外的；③在现有医学科学条件下，发生无法预料或者不能防范的不良后果的；④无过错输血感染造成不良后果的；⑤因患方原因延误诊疗导致不良后果的；⑥因不可抗力造成不良后果的。

总之，人体实验研究者的根本责任是保护受试者以及推进医学事业发展，而知情同意只是其实现的必要手段；虽然知情同意客观上也可以起到保护受试者正当权益的作用，但是这种作用是有限的、有条件的，它不能影响和排斥其保护受试者的首要功能，研究者更不可放大以此进行自我保护的主观期待。

三、人体实验的伦理原则

（一）医学目的原则

人体实验的目的是为了提高医疗技术水平，改进疾病的治疗、预防措施和方法，进一步加深对疾病的发生、发展、转归的探讨，维护和增进人类健康，促进医学科学的发展，这是人体实验的医学目的原则，是人体实验的最高宗旨和根本原则。凡是符合这一目的的人体实验都是道德的，否则是不道德的。为了贯彻这个原则，应注意解决好以下几方面的问题：

1. 实验需要进行认真鉴定和道德评价　人体实验为医学目的原则不能滥用，那种以发展医学为名，随意拿患者做实验的行为是绝对不允许的。目前，社会上有些“江湖医生”以发掘“秘方”和“新疗法”为名，随便拿患者做实验，造成某些患者终生损害，有的甚至为此丧命。巴普华斯在英国出版的《人豚鼠》一书中，收集了500多篇属于不道德的人体实验论文，可见，这种人体实验并不少见。为确保人体实验的科学性、严谨性，保证生命价值原则和无伤害原则，在人体实验进行前，必须认真鉴定实验动机，实验设计必须严密符合科学要求，由有关专家和医学伦理委员会论证审查，并经有关部门批准后，才能进行实验。

2. 人体实验前应先经过反复的动物实验　1946年制定的《纽伦堡法典》和1964年

通过的《赫尔辛基宣言》都曾规定：人体实验前应先做动物实验。只有经过反复的动物实验，有了科学的实验数据并且实验方法符合科学原则时，才能进入临床试用以减少实验的危害性。

3. 要正视人体实验的局限性 实践证明，人体实验对人体的损伤或导致病情恶化的局限性是存在的。临床上就有因强调确诊而不顾患者的病情程度，过多地做一些检查和实验，只注意患者的眼前利益，不重视人体实验的副作用，造成病情恶化甚至死亡的情况屡有发生。国外有人做了统计，一是肝活检，死亡率 0.2%、0.3%；二是心导管左侧死亡率为 0.5%，右侧为 0.1%，有的甚至高达 10%。由此可见，某些人体实验还存着局限性，切不可滥用，否则会损害受试者、患者利益。

（二）知情同意原则

知情同意原则是人体实验的基本伦理原则，它意味着人的尊严不可侵犯，患者的权益不可忽视。因此，人体实验必须要受试者的同意。实验者在进行实验前应告知受试者试验的目的、方法、预期的好处、潜在的危险，以及可能存在的不适感与困难，使受试者得以充分了解，并在知情、没有任何外来压力的情况下，受试者自我决定承诺是否受试。同时保证受试者任何时候都有撤销同意的自由。

知情同意原则，意味着每个成年的正常人都有决定自己是否接受实验的权利。根据《纽伦堡法典》规定，知情同意只有在受试者处于自由选择的地位，有同意的合法权利，对做出一个"明智"的决定有充分的理解力和做出决定的充分知识时，同意才被认可。同意是以知情作为前提，以自愿为条件的。任何用欺骗、诱惑或强迫手段取得的"同意"，都是违背知情同意原则的，是不道德的。

（三）维护受试者利益的原则

（1）实验前应进行道德预测，并充分估计到实验进行中可能出现的问题。如果实验可能对受试者造成身体上、心理上、精神上的严重损害，这项实验不能进行。因为，作为科研工作者不能只顾医学研究而不考虑受试者的根本利益。

（2）实验过程中要有充分的安全保险措施，保证受试者受到的不良影响减少到最低程度。实验过程中一旦出现意外风险等情况，应立即中止实验。

（3）实验须在具有相当学术水平和经验的医学研究工作者的亲自监督和指导下进行。

（四）实验对照原则

人体实验不仅受实验条件和机体内在状态的影响，同时也受社会、心理等因素的影响。为了保证人体实验结果的客观性，在进行人体实验时必须设置对照组。设置对照组不仅是医学科学的要求，而且也是医学道德的要求。

实验对照要严格注意实验组和对照组的齐同性和可比性。两组实验中具有同等的重要性，并处于同样的道德境地，并运用科学的比较方法，或作标准对照，或作空白对照，或做综合对照，或安慰对照，或作双盲法对照等。

（五）社会需要原则

医学科研要立足于社会需要。随着社会的发展和人民生活水平的提高，以及医疗保障制度的日益完善，人的寿命逐年增进，社会老龄化问题越来越突出，我国人群疾病谱和死因谱都发生了重大变化，心脏病、脑血管病和恶性肿瘤已占前三位。另外，精神疾患随着信息社会的发展也逐年增多。上述疾病不仅直接影响着人民的健康和家庭幸福，而且还影响着社会的安定和国民经济的发展。作为医学科学工作者就应根据这些变化，适应社会的需要，及时调整研究方向，立足于对常见病、多发病的防治，重点放在应用和开发性研究方面，使医学科研更好地服从和服务于有中国特色的社会主义现代化建设。

四、人体实验的伦理审查

人体实验本已包含着复杂的伦理冲突，人为失误及其他干扰加入以后，将会使问题更加复杂。为化解冲突、克服干扰，一方面要依赖实验者的自律，另一方面也要求依赖于对实验研究的他律，伦理审查便是其中一个切实可行的机制。人体实验伦理审查（ethicalreviewforbodyexperiment）是指，伦理审查委员会根据相关规定，对人体实验的设计、实施及其结果所进行的伦理审核、评判、批准、指导、监控等活动。1946 年的《纽伦堡法典》没有提及伦理审查问题。1975 年版的《赫尔辛基宣言》也只有一个非常笼统的规定："用人体作为受试者的每一个实验方法的设计和执行，必须在实验报告中明确记录，并送一份致特别任命的委员会备案，以供考虑、提议和指导。" 2000 年版的《赫尔辛基宣言》则对此做出了明确规定："每一次人体实验步骤的设计与实施均应在试验方案中明确说明。实验方案应提交给一个特别任命的、独立于研究者及主办者、不受不适当影响的伦理审查委员会研究、评定、指导或批准。伦理审查委员会须遵守实验所在国的法规，并有权对正在进行的实验进行监控。研究者有义务将监控情况，尤其是将出现的严重的不良反应报告给伦理审查委员会。研究者还应向伦理审查委员会提供有关资金、主办者、研究机构、可能出现的利益冲突及给予受试者的奖励信息，供其审查。"

在实践中，人体实验伦理审查委员会（Institution of Ethical Review Board）的出现及其运作，是在 1964 年《赫尔辛基宣言》的影响下应对"有伦理问题的研究"的产物。1966 年，美国军医签署了一份备忘录，第一次以联邦政府的名义要求每项研究必须通过议案审查委员会的审查，主要是审查研究者的判断力。这被耶鲁大学的 R.J.莱认为是最早的伦理审查委员会。后来，伦理审查委员会得到普遍发展，成为人体实验的伦理"把关人"，把成熟的做法不断地被吸纳到一再修订的《赫尔辛基宣言》及《涉及人体受试者的生物医学研究的国际伦理学准则》（此文件用很大篇幅详细阐述了伦理审查委员会的组成与规则）等著名国际文献中。

第九章　生 殖 伦 理

第一节　生殖控制伦理

一、生殖控制概述

生殖权利是人权的一个基本组成部分，是人的自然权利，是人类的生存和延续所不可缺少的。生殖权利包括如下内容：①男女平等的权利。②人身自由、安全和自主的权利。③结婚和组织家庭的权利。④获得有关信息、咨询和教育的权利。⑤获得生育健康和医疗保健服务的权利。这类服务包括妇婴保健、安全有效的避孕、避孕失败时安全的人工流产术及治疗并发症、绝育术、不育症的治疗、更年期疾病的预防治疗、性传播疾病（包括艾滋病）的预防治疗等全方位的服务。⑥分享科学进步效益的权利。那些不能生育的妇女有权利要求拥有自己的孩子。

生育控制是生殖优生领域的一个特定领域，是指对人的生育权力的限制，包括对正常人生育权力的限制和对异常特定人的生育权力的限制。前者是一个国家为控制人口数量而制定的一种普遍的政策和法令，如计划生育政策；后者是着眼于提高人口质量，对一些严重影响后代生命质量的特定的育龄夫妇实行生育限制。生育控制方法主要包括产前筛选、避孕、人工流产及绝育等，其中涉及的许多伦理问题历来是生命伦理学关注的焦点。

二、生殖控制的伦理辩护

（一）避孕

避孕是人类实现计划生育和人口控制的重要手段和关键环节。但避孕不可避免地产生一些伦理争论。

其一是受传统观念的影响，个人追求多子多福的愿望与社会需要对人口控制的矛盾。

其二是由于避孕手段日益方便和安全，有可能导致部分人既想寻求性的快乐又不愿意承担婚姻的义务和责任。据报道，在西方有越来越多的妇女自愿选择放弃生育，这一社会现象已经引起一些社会学家的忧虑。如果妇女普遍放弃生育义务，那么人类社会也将面临一场毁灭性的灾难。

其三是由于避孕措施的使用，改变了人们的性观念，使性关系更加自由，导致婚前、婚外性关系的泛滥。

其四是避孕失败有可能导致更多的人工流产，而人工流产的增多势必会给妇女带来身心方面的损害。

（二）人工流产

流产可分为自然流产（natural abortion）和人工流产（artificial abortion）。人工流产又可以根据其性质分为治疗性人工流产和非治疗性人工流产。自然流产属于不能人为控制的事件，因此不存在任何伦理问题。

治疗性人工流产一般是为了保护母亲的健康或生命而采取的措施，可以得到伦理的辩护，并已经得到了法律的支持。而非治疗性的人工流产则常常引起伦理争论对人工流产的争论。主要是基于人们对胎儿的道德地位有不同看法。有人认为，从怀孕的瞬间开始，胎儿就拥有了生命的权利及完全的道德地位，因此胎儿有生存的权利，实施人工流产就是杀人，或者认为至少除了为挽救孕妇的生命外，人工流产总是错误的。也有人认为，怀孕早期的胎儿还不具有完全的生存和道德权利，是可以实施人工流产的，而在怀孕后期胎儿已拥有生存权利，此时就不可以实施人工流产了。但是，为了控制人口数量，非治疗性人工流产也可以得到伦理学的辩护；由于非婚姻怀孕，有时人工流产是孕妇的自愿要求。当然，问题的关键是在孕妇的生殖权利、胎儿的生存权利与民族、国家和全人类的利益之间找到一个合适的平衡点。

（三）绝育

绝育就是通过手术方式使人失去生育能力。男女双方可选择一方实施绝育术。绝育术直接关系到受术者的切身利益和身体健康；也关系到国家计划生育政策和有关法律、法规的严肃性，因此，必须保证每例手术的质量和受术者的安全。国家对绝育术的措施应有所控制：①对未成年人不得实施绝育术；②除某些严重遗传病和精神病患者应进行义务绝育外，一般都应得到本人和配偶的知情同意、自愿进行；③自愿绝育需要有一定的程序。

人类在进行生育控制过程中还应注意以下几个问题：

1. 对妇女生育自由权的尊重 为保障妇女的权益，关于妇女是否生育或生育的多寡，妇女本人应享有最后决定权。怀孕妇女享有是否终止怀胎的决定权，此权利虽为基本权利但并非无限制权利。胎儿的生命是应予以重视。但只有胎儿在母体外有生存能力之阶段时，胎儿的生存权才具有强制性，在此时期之前，怀孕妇女之怀胎终止权，应不受法律的限制。不过，在此时期之后，经医师诊断确系为维护母体之生命或健康所必要者才可终止妊娠。

中国对于生育控制有两种选择。一是强调个人的生殖权利，强调个人的自主和自决，但不应违反国家计划生育方面的有关法律；二是强调整个民族和社会的生存和发展，强调个人对民族和社会应尽的义务，那就要限制个人的生殖权利，以便在一个比较短的时期内控制人口增长。

2. 对孕妇生命和健康的保护 必须尊重妇女的生育自由权，但若继续怀孕至分娩，对怀孕妇女的生命安全或身体有重大危险或危害时，为保护孕妇的生命安全，应终止妊娠。

3. 男女平等，相互尊重 夫妻双方对生育权利和生育控制，应按照男女平等的原则，应该相互尊重和相互协调。

三、生殖控制操作规程中的伦理

（一）胚胎研究

胚胎是人体发育的必经阶段。胚胎发育成胎儿直到正常生育，完成胚胎发育的全过程。但由于计划生育的需要，有的胚胎则需要进行人工流产，或由于体外授精常常会产生多余的胚胎。这些胚胎应如何处置?胚胎虽然不是“社会的人”，但它是“生物的人”，具有发展成为“社会的人”的潜力，因此我们不能像摆弄一管试剂或一片树叶那样去处理和操作胚胎。胚胎是一种极具应用价值的组织，目前干细胞研究所用材料多来自于早期胚胎，即从人工授精多余胚胎中获取胚胎干细胞，从流产胎儿中获取胚胎生殖细胞，以及用体细胞核移植技术创造胚胎获取胚胎干细胞。这三种干细胞来源都涉及胚胎实验问题。因此胚胎研究应注意以下原则：①只允许使用自愿捐献的辅助生殖多余的胚胎，研究者应向捐献者说明该胚胎将在研究过程中被损坏；②胚胎在体外发育不能 14 天；③不允许将捐献胚胎重新植入妇女子宫；④不允许将人类配子与动物配子相配；⑤胚胎捐献的操作者与胚胎干细胞的研究者应严格分开，不许同为一人；⑥医疗机构在提供胚胎组织材料时，必须同时提供该材料的病原菌鉴定阴性的书面证据，否则该胚胎实验材料不得使用。某些西方人士认为要善待冷冻胚胎，多余的冷冻胚胎不应该抛弃，更不能提供给医学做实验。随着科学技术的发展，人的伦理观念也在不断更新。1995 年美国宣布对人类胚胎研究解禁，允许科学家利用政府资金研究尚未移植到母体中的胚胎，唯一的条件是要获得胚胎父母双方同意。在英国有数千个已储藏了 10 余年的冷冻胚胎已被处理掉。

（二）干细胞研究

干细胞研究是近年来医学研究的一个热点。关于干细胞研究的伦理问题主要是集中在它的来源和用途。一般来说，干细胞可以从成人、脐带血、胎儿组织及胚胎组织中获取。关于干细胞来源的四个不同途径存在不同的意见。目前，普遍一致的意见是，用于治疗的目的胚胎是最好的干细胞来源。而且，目前干细胞研究也多取自人胚胎发育早期——囊胚（受精后 5～7 天）中未分化的细胞。问题是，为了干细胞的来源，胚胎或胎儿能否有意制造，能否有意地让他们存活至干细胞被获取时或使其成长为健康成人。随着生物医学技术的发展，人们已经掌握了这种技术，应用的钥匙就掌握在我们自己手中。如果从脐带血、胎儿组织及胚胎组织中获取干细胞，那么作为这些组织最直接来源的妇女就会处于特殊的压力和危险之中。为保证孕妇的自主性，孕妇决定捐献流产胎儿组织与结束妊娠应分开进行，流产的决定应先于捐献。我们同样面临的问题是，赠者和受者之间的自由和知情同意，风险利益评估责任，捐赠者的匿名问题，细胞库的保密和安全问题，以及获取组织的信息机密性和隐私权，当然还有商业问题和参加者报酬问题。为此，我们必须坚持以下原则：充分告知的原则；捐献者自主决定原则；禁止预先设计获取胚胎的原则；禁止胚胎买卖原则；以最少量的胚胎用于最重要研究的原则。胚胎干细胞研究还应遵守如下的伦理规范。

（1）禁止生殖性克隆：人类胚胎干细胞研究有可能涉及体细胞核移植技术，因此要对克隆技术严加管理，反对滥用体细胞克隆技术，严格禁止用于复制人类为目的的任何研究。

（2）支持治疗性克隆的研究：如将胚胎干细胞体外培养技术与体细胞核移植技术相结合，产生出特定的细胞和组织用于临床治疗，既可为患者提供组织修复的足够材料，又可克服排异反应，这种为患者造福的治疗性克隆是符合伦理的，应予支持。

（3）用体细胞核移植技术创造胚胎进行胚胎干细胞研究应注意卵母细胞必须是辅助生殖多余的，并由不孕夫妇自愿提供；用体细胞核移植技术创造的胚胎，只能在体外培养并不能超过 14 天；禁止将体细胞核移植技术所形成的胚胎植入妇女子宫或其他任何物种的子宫。

（4）鼓励科学家对人类胚胎干细胞的生物性基础研究，如深入探索干细胞定向分化以及卵细胞质重新编程的机制等，以便绕过胚胎时期直接从患者体细胞建立多能干细胞系，既可避免过高代价，又可减少伦理学的争论。

（三）胎儿研究

胎儿研究一般不存在伦理学的困难，但是对于可存活的胎儿在子宫外进行研究多数人表示反对，而对于死胎及其组织的研究异议不大。胎儿研究存在的主要问题是对不可存活的活的胎儿在子宫外进行研究是否符合伦理，对子宫内的胎儿是否可以进行研究。

一种观点认为，胎儿不具有自卫能力，不具有表达是否自愿参加实验的能力，因此用胎儿做实验就是剥夺了他们的生命权，是一种不人道的行为。因此，对子宫外不可存活的活胎的研究应特别慎重。对不可存活的活胎在子宫外进行研究有可能会导致对人类生命价值的冷漠，对不能照顾自己的人如婴儿、老人、重患者、智力低下者的权利和需要的漠视，对临终患者的要求和对不自愿的受试者的权利的忽视。另一方面，如果研究表明，用不可存活的活胎进行研究非常有用，就有可能使受试胎儿供不应求，就会不自觉地刺激使胎儿成为受试者的行为，进而导致人工流产标准的放宽。

对于子宫内胎儿的研究也可分为两种情况。一是治疗性研究，二是非治疗性研究。对于治疗性研究，如果对胎儿的风险很小，又能解决母亲的健康问题，则可进行研究。对于非治疗性研究，如果对胎儿和孕妇没有风险或风险很小，也可进行研究。对子宫内胎儿的研究要进行四个要素的权衡：①治疗效果；②经验和知识的获得；③孕妇的安全；④胎儿的安全。这里涉及许多方面的利益和价值：受试孕妇、受试胎儿、其他孕妇和胎儿、社会和人类、研究者等。

1972 年，英国以妇产科专家皮尔（J. Peel）为首的顾问小组提出进行胎儿研究的如下条件：①活的胎儿不能做非治疗研究；②可存活胎儿的胎龄应定为 20 周，体重 400～500g；③可用死胎及其组织进行研究；④有关胎儿的研究不应有金钱交易，要保持完整记录；⑤如活胎体重低于 300g 肯定不可存活，可作研究使用，但需经伦理委员会批准；⑥不准为了弄清试剂的效应给子宫内胎儿可能有害的试剂。

人类基因组计划的进展，使人类能够更有效地在出生前对胎儿进行基因改造，剔除不良基因，增强优秀基因，甚至还可以按照“父母”的意愿设计婴儿。这里就出现了一个基因选择的伦理困境：什么是“好基因”?什么是“坏基因”?凡·高是精神疾病患者，又是最伟大的画家之一；霍金是运动神经疾病患者，又是世界上最杰出的科学家之一。基因研究告诉我们，基因的缺陷有两面性。如镰形红细胞贫血症基因有利于抗疟疾，某种辅因子基因缺陷有利于增强对艾滋病的免疫力。我们必须面对这样的问题：用什么标准来鉴定基因的好与坏?谁来制定标准？谁来决定哪一对“准父母”需要胚胎基因检查？

胎儿的性别鉴定可以作为决定有严重遗传缺陷的胎儿是否需要进行选择性人工流产的重要依据。但是一些正常妊娠的妇女在重男轻女思想驱使下，做胎儿性别的鉴定以流产掉女婴，保留男婴。某些医生在金钱的诱惑下，不顾道德的谴责帮助正常妊娠者做胎儿性别鉴定。这些行为有可能导致一场人间悲剧：男女比例严重失调，继而带来一系列潜在的社会问题。社会学家和法学家将会非常担忧，年轻人因找不到配偶必然导致性犯罪或道德败坏者增加；由于单身男子的增多，出生率的降低，将使社会老龄化加速。我国是儒家思想的发祥地，重男轻女的现象既普遍又严重，尤其在农村。在这种情况下，某些医务工作者会在金钱的诱惑下，不顾国家的法令，用各种非法手段帮助想要男孩的孕妇堕掉女胎。因此，医务工作者须遵守医务道德和国家法律，严格掌握胎儿性别鉴定的条件和指征。

四、生殖控制的伦理原则

（一）树立科学的生育观和人口价值观

树立科学的生育观和人口观是计划生育对象的广大民众。而且包括计划生育工作者，只有树立正确观念，才能保证计划生育工作的顺利开展。应该改变传统的“多子多福”“传宗接代”的生育观和“人丁兴旺”“子孙满堂”的人口价值观，树立正确的“应该而且必须控制生育”生育观和“人口保持适度为宜”人口价值观；人口的数量、素质、增长率、年龄构成、地区分布等应该与经济、社会、资源和环境相协调，才能保证社会的可持续发展。

（二）遵守、执行法律政策原则

中华人民共和国的许多法律、法规，如《宪法》《婚姻法》《人口和计划生育法》《计划生育技术服务管理条例》《流动人口计划生育管理办法》等都有对计划生育的规定。同时，各级政府也有许多计划生育的政策规定。不论计划生育的工作者，还是计划生育的工作对象，都必须从社会、国家大局出发，严格遵守和执行有关计划生育的法律、法规和政策。

（三）提供优质服务原则

生殖权利是人权的一个基本组成部分，是人的自然权利，是人类的生存和延续所不可缺少的。政府采取措施提供优质的计划生育技术服务，包括计划生育技术指导，咨询以及与计划生育有关的临床医疗服务。计划生育工作者必须严格遵守操作规程，在技术上精益求精，坚决避免不应有的差错、事故和并发症，努力提高服务质量。计划生育技术指导、咨询，包括下列内容：生殖健康科普宣传、教育、咨询；提供避孕药具及相关的指导、咨询、随访；对已经施行避孕、节育手术和输卵（精）管复通手术的，提供相关的咨询、随访。县级以上城市从事计划生育技术服务的机构，可以在批准的范围内开展下列与计划生育有关的临床医疗服务：避孕和节育的医学检查；计划生育手术并发症和计划生育药物不良反应的诊断、治疗；施行避孕、节育手术和输卵（精）管复通手术；开展围绕生育、节育、不育的其他生殖保健项目。而且，向实行计划生育的育龄夫妇提供的国家规定的基本计划生育技术服务是免费的。

（四）贯彻知情选择原则

中华人民共和国提供计划生育技术服务，实行国家指导和个人自愿相结合的原则。国家创造条件，保障公民知情选择安全、有效、适宜的避孕措施。从事计划生育技术服务的机构施行避孕、节育手术、特殊检查或者特殊治疗时，应当详细告知手术者计划生育服务的目的、预期效果、可能出现的后果和风险、应对措施等情况，并征得受术者本人同意后，方可进行。在计划生育工作中，尊重男女双方自愿选择哪一方采取避孕、节育、绝育措施。

第二节 人类辅助生殖技术伦理

一、人类辅助生殖技术伦理概述

（一）人类辅助生殖技术概述

生殖技术（procreation technique）是指用现代生物医学的技术和方法代替自然的人类生殖过程的某一步骤或全部步骤的手段。最基本的生殖技术有三种：人工授精、体外受精–胚胎移植、无性繁殖。人工授精实际上替代了自然生殖过程的性交；体外受精–胚胎移植代替了自然生殖过程的性交、输卵管受精和自然植入子宫三个步骤；无性繁殖（cloning）则是用简单的、低等生物生殖方式来繁殖高等动物甚至人类，几乎完全放弃了人类生殖的所有形式和过程。人类的自然生殖方式属于有性生殖，而人类辅助生殖技术似乎表明婴儿是可以制造的，生殖过程与性爱、婚姻、人伦等似乎也是可以分离的。因此，人类辅助生殖技术在广泛应用与解决不孕症夫妇的生育问题的同时，也引发了一系列的伦理之争。

（二）人类辅助生殖技术的种类

目前，人类已经或能够进行的人类辅助生殖技术主要有：

1. 人工授精（artificial insemination，AI） 人工授精指收集丈夫或自愿献精者的精液，由医师注入女性生殖道，以达到受孕目的的一种技术。按照精液的来源不同，可以分为同源人工授精（artificial insemination of husband，AIH）和异源人工授精（artificial insemination of donor，AID）前者又称夫精人工授精或同质人工授精，指使用的是丈夫的精子；后者又称他精人工授精或异质人工授精，指使用的是自愿献精者的精液。自愿献精者一般需要匿名，对其有关信息予以保密。如果使用某一确定捐献者的精液进行人工授精，称为特源人工授精，或称为非匿名人工授精。由于冷冻技术在这个领域中的运用，可以把精液冷冻在−196.5℃的液态氮中予以保存。尽管冷冻精子授精能力约为新鲜精子的2/3，但对人工授精的成功率没有太大的影响。于是出现了储存精子的机构——精子库，或称精子银行。

2. 体外受精–胚胎移植技术（in vitro fertilization and embryo transfer，IVF-ET）**及各种衍生技术** 体外受精–胚胎移植技术指从女性体内取出卵子，在器皿内培养后，加入技术处理的精液，待卵子受精后，继续培养，到形成早期胚胎时，再转移到子宫内着床，发育成胎儿直至分娩的技术。由于受精是在实验室的试管中进行的，通过这种方式诞生的婴儿，人们通常称为“试管婴儿”。体外受精–胚胎移植的衍生技术有卵胞质内单精子注射、植入前胚胎遗传学诊断等。

由于可以激发排卵，受精卵的数目可能超过移植的需要，在这个领域同样可以使用冷冻技术，于是出现了冷冻精子库和冷冻胚胎库。

人工授精和体外受精技术在临床上的运用，出现了代孕母亲（surrogate mother）。代孕技术使用的是代理孕母自己或捐献者的卵子和委托人或捐献者的精子，通过人工授精或体外受精技术，由代理孕母妊娠、分娩后交给他人抚养。

3. 无性生殖（克隆技术） 无性生殖指运用现代医学技术，不通过两性结合，而进行高等动物（包括人）生殖的技术。低等生物是用无性方式生殖的，单细胞机体常常通过直接二裂法生殖，从遗传的角度看，分裂为二的生命体的遗传信息是完全相同的。但高等动物的生殖方式是完全的两性生殖。雌雄两性的生殖细胞形成时，将46个染色体一分为二，通过性细胞的结合，重新组合成 46 个染色体。组成的受精卵是未分化的细胞，可以发育成整个生命体，但非生殖细胞，已经失去分化能力，不能发育成整个生命体。现代生殖技术可以使高等动物进行无性生殖，由于通过无性方式生殖的生命体之间以及与提供遗传信息的生命体的遗传信息完全相同，所以又称克隆技术。

二、人类辅助生殖技术的伦理争论

人类辅助生殖技术的出现及其在临床上应用，很快就会引起大量的社会伦理问题，把人们带到了“奇妙的新世界”。所以，有必要对之进行伦理讨论。

（一）人类辅助生殖技术的伦理价值

人类辅助生殖技术的意义表现在多方面，除了体现和标志着科学发展的巨大成就和人类的能力大大提高外，至少还有如下伦理价值。

1. 人类辅助生殖技术与婚姻家庭　生殖技术可以解决不孕夫妇的生儿育女问题。生殖技术的初衷就是为了解决不育问题，因此，人们通常又称这种技术为人类辅助生殖技术。人工授精主要解决男性的不育问题：AIH 适用于男性性功能异常不能进行正常性交者，或适用于男性精液中轻度少精、弱精或者其他轻度男性不育者；AID 适用于男性精液中无精子或男女为同一染色体隐性杂合体。在体外受精–胚胎移植中，第一代试管婴儿主要解决了夫妻双方中女方因输卵管阻塞而产生的不孕难题，还可以解决妇女宫颈不利于精子通过以及其他不明原因的不育症，也可以解决妇女无卵或卵功能异常（供体卵）；第二代试管婴儿技术则主要解决了夫妻双方中因男方极度少精，弱精或阻塞性无精而产生的不孕难题。

目前，不容乐观的现实是中国内地平均每 10 对夫妇中即有一对出现不育，在医疗水平不断提高的状况下，不孕不育发生率不降反升，越是经济科技发达的国家，不孕不育问题越多。根据世界卫生组织的估测，目前世界上有 6000 万～8000 万对不育夫妇，其中男女因素大约各占一半。不育夫妇承受着来自自身、家庭、社会的巨大心理压力。中华人民共和国《人口和计划生育法》规定，生育是公民的权利。通过生殖技术帮助他们生儿育女，不仅可以治疗不育症，也有利于改善夫妻关系，稳定家庭关系。

2. 人类辅助生殖技术与优生　人类辅助生殖技术可以用于优生。挑选他人的优质精子和卵子进行人工授精和体外受精，既可以进行预防性优生，又可以进行演进性优生。对于有重大遗传病可能的夫妇，使用他人的生殖细胞进行辅助生殖，无疑可以进行预防性优生；挑选优质生殖细胞进行辅助生殖，无疑可以进行演进性优生。美国加利福尼亚州成立“诺贝尔精子库”，提供诺贝尔奖奖金获得者的精子；中国有人试图设立“名人精子库”“美女卵子库”，据说，其动机之一是为了进行演进性优生。第三代试管婴儿技术，就是通过胚胎筛选预防遗传病，将有遗传病的夫妇通过体外受精发育成的胚胎进行筛选，将没有遗传病基因的胚胎直接植入女方的子宫里，显然也有利于优生。

3. 人类辅助生殖技术与计划生育　人类有计划地控制自己的生育在今天已经成为现实。根据中国内地的人口形势，今天以及今后相当长时期的计划生育，是控制生育数量。

但有一个不能回避的问题是，如果一对夫妻的独生子女在生长的过程中不幸夭折，而这对夫妇此时已经失去了生育能力，那么他们将非常遗憾地在晚年失去天伦之乐。怎样解决这个问题？人类辅助生殖技术可以提供“生殖保险”服务，即把生殖细胞或受精卵、胚胎利用现代技术进行冷冻保存，随时可以取用。一旦他们的独生子女不幸夭折，便可取用上述冷冻的生殖细胞或受精卵、胚胎利用人类辅助生殖技术生儿育女。

4. 生殖技术并非人类运用的意义 生殖技术除了直接有利于人类自身的生育外，还可以有利于农业、畜牧业、医药业的生产，有利于抢救濒危动植物。

运用生殖技术可以培育优良动植物品种。例如，运用克隆技术可以将粳稻细胞籼稻细胞融合杂交出优良品种。中国科学家已经成功地掌握胚胎切割技术，把一个家畜优良品种的胚胎进行切割，就可以变成两个或更多，这样就可以大大提高畜牧业的产量和效益。

运用生殖技术可以生产生物医用药品。利用动物乳房生物反应器生产人工细胞生成素、人体干扰素等，被称为畜牧业和医药业革命性的重点攻关项目。通常人们只能从大量人的血液中提取极为珍稀的药用蛋白，如果能够通过牛奶或羊奶源源不断地、大量地流出来，本来几百元、上千元一针的药物，就可能为普通患者所享用，治愈一些疑难病症。

运用生殖技术可以抢救濒危动植物。濒危动植物之所以濒危，其中一个重要原因是生殖能力不强，人类可以运用生殖技术繁殖这些濒危的动植物。

（二）生殖技术引起的社会伦理问题

1. 生殖技术能否商品化 生殖技术的运用，在很多时候涉及精子、卵子、胚胎的来源问题，这就会遇到精子、卵子、受精卵和胚胎是否是提供者的私有财产，提供者可否因此获得报酬？包括代孕母亲可否获得报酬？从根本上说，就是生殖技术可否商品化的问题。在美国，提供精子的人获得报酬已经成为常规，中国也有人建议精子可以商品化。主要理由是精子商品化可以大大增加精子的供给量，而中国的精子库普遍存在捐献者过少、有可能使受精过于单一等问题。但更多的人认为，商品化带来的问题会大大抵消“商品化可以增加精子的供给量”这一好处，原因有：

（1）精子商品化可能造成供体不关心自己行为的后果，有意或无意地隐瞒自己身体上、行为上、心理上的缺陷。

（2）精子库可能由于竞争或追求利润最大化，而忽视精子的质量，或者精子库为了追求高质量，只提供一类他们认为“最佳的”精子，结果使人类基因可能变得单调而缺乏多样性。

（3）精子商品化不仅给上述人工授精儿带来危害，而且会形成一个促使其他人体组织、人体器官商品化的滑坡。

（4）精子商品化与供体本身的意愿也是相违背的，商品化违背了供者的初衷。

提供卵子、受精卵和胚胎也会遇到同样的问题。代孕母亲在美国已经成为全国现象，有些代孕母亲尽管声称自己不是为了“钱”，但实际上每个代孕母亲都通过提供这种服务得到了报酬。所以，有人就认为这是为了牟利而“出租子宫”“租用子宫”。在当今文明社会，贩卖婴儿是违法的，当然也是极其不道德的，那么，代孕母亲获利，是否可以看成是贩卖婴儿呢？同样，不孕夫妇通过花钱得到代孕母亲所生的孩子，日后，这对夫妇可能为同样目的，把孩子卖给别人。

2. 人类辅助生殖技术导致人类伦理关系的复杂与混乱 有人指出，“AID 提出的一个新问题是‘什么是父亲？’采用 AID 技术生出的孩子，可以说有两个父亲？一个是养育他（她）的父亲，另一个是提供他（她）一半遗传物质的父亲。”“AID 提供出‘什么是父亲？’

的问题，随着 AID 与体外受精–胚胎转移技术的结合，扩大为‘什么是父亲？’的问题。……母亲分为‘遗传母亲’‘孕育母亲’、‘养育母亲’三种，三者合一者为‘完全母亲’；父亲则分为‘遗传父亲’‘养育父亲’两者合一者为‘完全父亲’”。

现在生殖技术主要是辅助性的，仅仅或主要用于不孕、不育症患者，但难以避免未婚男女、同性恋者通过生殖技术生儿育女，这样会对已有的家庭模式、孩子的成长、人伦关系等产生前所未有的影响。

3. 人类辅助生殖技术破坏自然法则 生殖技术伦理“应该如何”的重要基础是人类生殖行为的“事实如何”——生殖自然法则。凡是符合自然法则的，往往被认为是道德的，凡是不符合自然法则的，往往被认为是不道德的。

在人类遗传学和生殖生物学中，迄今为止一直遵守着一条铁的法则：由父母通过性细胞中遗传物质 DNA 的结合而产生子代。生儿育女是婚姻、爱情结合的永恒体现，生殖技术切断了生儿育女和婚姻的联系。有人说，把生育变成了配种，把家庭的神圣殿堂变成了一个生物学实验室，同时把人类分成了两类：用技术繁殖的和自然繁殖的。

生殖技术还可能导致近亲婚配。对精子、卵子的提供者，进行生殖技术通行的做法是保密的。这样，就存在着这种可能：献精者、献卵者、人工授精儿、试管婴儿相互之间近亲婚配。而人类两性关系发展的历史早已证明，血缘关系近的亲属之间通婚，往往容易将双方生理上的缺陷传给后代。

无性生殖，显然一方面改变了上述生育法则；另一方面，由于是“复制”，使人类失去了遗传的多样性，从进化意义上，“克隆人”缺乏适应自然和生存能力。

4. 人类辅助生殖技术可能被错用或滥用 “错用”是指实施生殖技术的动机本来是合乎道德的，但由于种种原因可能导致违背伦理的结果。例如，意大利一对夫妇通过人工授精生育一对双胞胎，但谁都没有想到，给这位妇女授精的精子与 18 年前使其母亲人工授精的精子同属一个批号，原因是精子库的疏忽所致。

“滥用”是指有的操作人员本来就没有按照社会认可的伦理原则操作生殖技术。例如，英国的一位人工授精专科医师，对要求人工授精服务夫妇，声称是使用其丈夫的或到精子库购买精子，实际上使用自己的精子进行人工授精，使 6000 多个人工授精儿出生，因此而获“世界上产子最多父亲”的称号，然而其后患无穷。

人们反对无性生殖的一个重要理由，是担心被滥用。例如，犯罪集团利用它复制一些犯罪分子；妇女利用无性生殖摆脱男性，因为已有的在动物身上的无性生殖完全是由雌性动物完成的；利用克隆技术制造一些智力低下的人用作奴隶等。

三、人类辅助技术和人类精子库的伦理原则

（一）维护社会公益

人类辅助生殖技术的应用，不仅是为当事人及其家庭造福，而且应该利国利民，体现社会公益效应。坚持为计划生育和优生工作服务，这是实施人类辅助生殖技术的宗旨。对于那些期望通过辅助生殖生多胎者，或以要男舍女为目的而要求这种技术者，应拒绝其要求。医务人员不得实施非医学需要的性别选择。因此，只有属于下列情况之一者，方可给予人工授精或体外受精：①有遗传病家族史或患遗传病者；②精神病患者；③传染病病原携带者；④长期接触放射线和有害物质者；⑤精液检测不合格者；⑥其他严重器质性疾病

患者。绝不能滥用生殖工程技术。不具备条件的医疗单位，决不能为了获取经济利益而开展这方面的工作。有条件的单位在开展这项业务时，一定要以严肃的科学态度，在政策法规和科学理论许可的范围内进行。要严格控制同一供精者的供精次数，一个供精者的精子最多只能提供 5 名妇女受孕。并防止其精液被同一小群体中的受精者所采用，应把可能造成子代血缘婚配的现象减少到最低限度。

（二）知情同意

知情同意原则是医学伦理学的重要原则，也是生命伦理学的根本原则之一。为了避免忽视知情同意原则的倾向，我们应该强化“充分知情，自主同意”的意识，不断提高落实“知情同意”的自觉性，切实做到：人类辅助生殖技术必须在夫妇双方自愿同意并签署书面知情同意书后方可实施；医务人员对符合人类辅助生殖技术适应证的夫妇，须使其了解：实施该技术的必要性、实施程序、可能承受的风险以及为降低这些风险所采取的措施、该机构稳定的成功率、每周期大致的总费用及进口、国产药物选择等与患者做出合理决定相关的实质性信息；接受人类辅助生殖技术的夫妇在任何时候都有权终止该技术的实施，并且不会影响对其今后的治疗；医务人员必须告知接受人类辅助生殖技术的夫妇及其已出生的孩子随访的必要性；医务人员有义务告知捐赠者对其进行健康检查的必要性，并获取书面知情同意书。

（三）互盲和保密

人类辅助生殖技术有着特殊的敏感性，深深地介入当事人和相应后代的隐私，为了保护受者的正当权益，维护供者的正当行为，除了加强道德宣传，还必须坚持保密原则、互盲原则：一是为受者保密，永不向他人透露他们的隐私；二是为供者保守秘密，永不透露他们的名字，为防止泄密，做手术记录时不记供者姓名，用代号代替之；三是采取“互盲法”，凡是利用捐赠精子、卵子、胚胎实施的辅助生殖技术，手术者和供者保持互盲，供者与受者夫妻保持互盲，供者与出生的后代保持互盲。

（四）防止商业化

医疗机构和医务人员对要求实施人类辅助生殖技术的夫妇，要严格掌握适应证，不能受经济利益驱动而滥用人类辅助生殖技术；供精、供卵、供胚应以捐赠助人为目的，禁止买卖，但是可以给予捐赠者必要的误工、交通和医疗补助；对实施辅助生殖术后剩余的胚胎，由胚胎所有者决定如何处理，但禁止买卖。

（五）接受伦理委员会监督

为确保以上原则的实施，实施人类辅助生殖技术的机构应建立生殖伦理委员会（ethical committee），并接受其指导和监督；生殖医学伦理委员会应由医学伦理学、心理学、社会学、法学、生殖医学、护理学专家和群众代表组成；生殖医学伦理委员会应依据上述原则对人类辅助生殖技术的全过程和有关研究进行监督，开展生殖医学伦理宣传教育，并对实施中遇到的伦理问题进行审查、咨询、论证和建议，确保人类辅助生殖技术的应用符合上述伦理原则，真正造福患者、造福子孙后代、造福社会。

第三节 优生优育伦理

一、优 生 概 述

（一）优生的概念

优生（healthy birth）是指通过医学手段改良人的遗传素质、提高人们的体力和智力水平的生育控制。优生的目的是提高人口质量，它包括两个方面：一是积极优生，二是消极优生。积极优生是促进体力和智力上优秀的个体优生，即用分子生物学和细胞分子学的研究，修饰、改造遗传的物质，增加有利表现型的基因频率，控制个体发育，使后代更加完善，真正做到操作和变革人类自身的目的。近些年来兴起的人工授精、人体胚胎移植、DNA重组等技术，为积极优生开辟了广阔的前景。消极优生是降低人群中不利表现型的基因频率，减少以致消除有严重遗传病和先天性遗传病的个体出生，具体内容包括遗传咨询、产前诊断、宫内治疗等，后者是人类最基本的，有现实价值的预防性优生。

（二）优生的发展

“优生”一词由英因人类遗传学家高尔顿（Francis Galton）首次提出，他将达尔文《物种起源》理论中的遗传观念应用于人类天赋的遗传（hereditary genius）研究，于1883年创立了优生学（eugenics）。高尔顿对一些学生的数学考试成绩进行了研究，他发现学生之间天赋才能的差异是巨大的，因此他认为“人人生而平等”的说法，“如果是指才能而言，显然是错误的。”高尔顿给“优生学”下的定义是：研究在社会的控制下，为改善或削弱后代体格和智力上的某些种族素质的力量的科学。他建议大力开展遗传学研究，开展社会各阶层人士的遗传学调查，分析职业的家族性倾向及其原因，研究影响婚姻和婚姻制度的各种因素，宣传“优生学”对于民族国家的重要作用。高尔顿在其《人类的才能及发展》一书中，正式提出了优生学说，并很快得到传播。20世纪初，出现了国际性的优生运动，然而，一些国家打着优生学的旗号，歧视弱势人群、侵犯婚育权利；在第二次世界大战期间，纳粹分子打着优生的旗号，对犹太人、斯拉夫人等实行残酷的种族灭绝政策，对本民族中的老弱病残也采用“安乐死”的办法来进行“淘汰”，这一罪行在战后被揭发并引起公愤，优生学的发展也由于纳粹分子的假冒和干扰而一度裹足不前。

20世纪后半叶以来，特别是20世纪70年代中期以来，遗传学摆脱了种族主义的不良影响，在理论方面取得了重大突破，出现了将遗传咨询、产前诊断与选择性流产三者相结合的“新优生学”（birth health）。

20世纪20年代初优生学开始传入中国。学者潘光旦到美国专攻优生学，回国后在上海、北京等地的大学内讲授优生学，并译有《优生原理》等专著若干种。1949年中华人民共和国成立后，在苏联影响下优生学遭到批判。1979年学术界倡议开放这一禁区，旋即在限制人口的需要和医学遗传学广泛开展的背景下引起了公众和有关方面的重视。1981年11月，中华人民共和国计划生育委员会和中华医学会等单位倡导召开了优生学讨论会，发表了《优生倡议书》。优生优育政策以改善民族素质、增强人体健康为出发点，严格以遗传学规律为理论基础，制定优生优育措施，以适应现代社会发展的要求。

（三）我国的优生优育

我国是一个有超过 13 亿人口的大国，人口的身体素质与一些发达国家相比，在婴儿死亡率、平均寿命等项指标方面还存在着差距，同社会主义现代化建设的需要还不适应。我国政府 1995 年 6 月 1 日颁布实施《中华人民共和国母婴保健法》，该法律在第十条规定：经婚前医学检查，对诊断患医学上认为不宜生育的严重遗传性疾病，医师应当向男女双方说明情况，提出医学意见；经男女双方同意，采取长效避孕措施或者施行结扎手术后不生育的，可以结婚。但《中华人民共和国婚姻法》规定禁止结婚的除外。在第十六条规定：医师发现或者怀疑患严重遗传性疾病的育龄夫妇，应当提出医学建议。育龄夫妇应当根据医师的医学意见采取相应的措施。这些规定也引起了国际遗传学届莫顿（Newton Morton）等的争议，1998 年在中国召开的第十八届国际遗传学大会也险些遭到抵制。

事实上，我国实施的是在中国特定历史、文化、政治和社会条件下发展而来的一种有中国特色的“消极优生学”，它并不同于第二次世界大战时期德国和美国等西方国家的优生学；不再针对人种的改良和对种族的优化，而是更注重与对个体体质的提高和种群数量和质量的控制，与中国人口、经济、政治和文化等各个方面有着密切联系。

首先，优生学组成人员不同：纳粹时的优生学执行者对遗传学一知半解，将阶级差别和遗传混为一谈，中国从事优生学的大都是遗传学家、医学工作者和伦理学家。

其次，目的不同：纳粹优生运动目的是为了改良人种并为政治服务，而中国优生学的目的是为了人的生命质量更加健康，生活更加美好。

最后，运用手段不同：纳粹优生学采取的是国家强制，是对弱势群体的谋杀；而中国优生学则是尊重个人意愿的基础上的政府指导。

二、优生的伦理争议

（一）优生的伦理价值

1. 有利于提高人口身体素质 影响人体素质的原因很多，其中劣生是一个重要方面。国家统计局数据显示：2014 年末，中国各类残疾人总数已达 8500 万，约占中国总人口的比例的 6.21%，是世界上残疾人口最多的国家之一。专家推测，到 2050 年，我国残疾人口总规模将达到 1.68 亿。造成劣生的主要原因是遗传病代际遗传。在严峻的人口素质形势下，应该通过结婚管理、生育控制、生育保健等优生措施，提高人口素质。

2. 有利于节约有限的社会资源 我国残疾人中，先天性因素致残占 9.57%。开展优生工作，能够避免劣生，减少先天性缺陷和遗传性疾病婴儿的出生，减轻这些劣生儿的抚养费用，节约有限的社会资源。

3. 有利于家庭幸福 优生可以使一个家庭幸福、美满。健康是最大的幸福，对于一对夫妇来说，生育一个聪明、健康的孩子，无疑是家庭的最大幸福。目前中国有残疾人的家庭共 7000 多万户，涉及约 2.6 亿人。通过优生优育最大限度地避免残障婴儿的出生，无疑有利于这些家庭的幸福。

（二）优生的伦理诘问

1. 优生学导致或助长种族歧视 这是一条对优生学最主要的控诉意见，虽然在 1883

年高尔顿提出优生学之前，人类的种族歧视和种族仇杀更为普遍，在20世纪40年代优生学衰落之后，种族歧视和种族冲突并没有停止，但几乎所有对优生学提出批评的人都把优生学与种族问题联系在一起。1986年Harper等五位英国的遗传学家到中国访问的时候，尽管他们对中国正在结合计划生育搞优生学表示理解，但也同时担心这会影响中国遗传学界与西方同行的交流与合作，因为西方的科学家很少有人愿意碰这根危险的地雷线。

2. 优生学导致社会对弱势群体的冷漠和歧视 低能、痴呆、先天的聋哑和残疾，具有这些遗传性疾患的人的存在，降低了一个民族的人口素质水平，为他们而修建福利院等慈善机构又成为社会巨大的经济负担。优生学的宣传者提出这些理由来证明优生的必要性，早期的优生学更建议通过限制他们的婚育而降低这些“低劣的”遗传基因在人口中的比例。这些行为和思想后来都被优生学的反对者用来作为优生学导致人们心地冷漠，失去对弱势者同情心的理由。

3. 优生学以相对单一的标准来衡量人的优劣，鼓励对人类差异的消灭 法国遗传学家雅卡尔在《差异的颂歌：遗传学与人类》一书中，从保护人类遗传的多样性角度提出对优生学的反对意见，他说：对于集体来说，个体的遗传值与他所拥有的基因自身的质量无关，而与这些基因的多样性有关。所以我们要做的不是“改良个体”，而是保留个体的多样性。有人认为，优生学以科学的名义提出甚至有时还实现了一些最可怕的暴行。面对优生学对科学的滥用，还有人不禁对科学家们努力工作的原因提出质疑：这种努力很有可能会被某几个人利用，助他掌握权力，奴役大多数人。

4. 优生学导致社会对人类个体权利的侵害 不用说纳粹的暴政和美国历史上极端绝育法是对人权的侵害，就是许多国家基于优生学的法律对有严重遗传病患者之婚育提出的限制也被认为是对个人生育权利的一种剥夺，所以优生学的反对者都会提到这一条作为要求推翻优生学及其相关法律的理由。

三、优生优育措施及其伦理

（一）三级预防体制

减少或杜绝某些遗传疾病或严重缺陷新生儿的出生，根本解决途径在于预防。目前我国采取“三级预防”体制。一级预防以祛除病因为宗旨，采取的措施主要包括避免接触有毒、有害、易致畸物质（药物等）和有害辐射，加强优生优育知识的宣传和教育，加强婚前医学检查的宣传和管理力度，实施遗传普查和遗传咨询，提高全民族的优生意识。二级预防以早发现、早治疗、早防治为目标，在更大范围内开展产前检查，对采用外科手术等方法和手段可以加以治疗和矫正的出生缺陷儿童在出生以后积极救治。三级预防以减轻患儿身心痛苦、延长其寿命为目标。如对于先天智力低下儿童实施妥善教养、对患有严重先天疾病的儿童及时发现、及时诊治，以减轻其痛苦、延长其寿命。

（二）遗传咨询及产前诊断的伦理

遗传咨询是临床医生或遗传学工作者就遗传病患者及家属提出的某一疾病的病因、遗传方式、诊断、治疗、预后和复发风险等问题给予科学的答复，并提出建议或指导性意见，以供询问者参考。产前诊断又称宫内诊断，它是为了了解胎儿在子宫内的健康情况，有无先天性畸形或遗传病，用某些特殊检查方法在子宫内对胎儿进行诊断，以便及早采取措施避免残疾儿的出生，提高出生人口的素质。遗传咨询和产前诊断都是优生学的重要措施，不管选择哪种技术，由于种族、信仰和文化背景的差异，在伦理原则上都存在着一些争议，其中的伦理问题主要有以下几方面：

首先，各方利益的平衡。遗传咨询和产前诊断之后的决定涉及夫妇、未出生的孩子以及其他家庭成员的利益。由于未出生孩子的利益是潜在的，即使出生，求询者夫妇也是其监护人，而且遗传咨询和产前诊断后的决定直接涉及夫妇的利益，而非其他家庭成员，所以平衡各方利益的原则是求询夫妇的利益和需求优先。

其次，医生与求医者的价值观平衡。产前诊断如果获得阳性结果，则会导致有缺陷胎儿人工流产。但是做这样的决定并不容易，尤其在缺陷轻重程度上认识不一、存在某些不确定性和仅有概率等情况下，选择更加困难。在遗传咨询和产前诊断的过程中，医生往往根据自己的价值观提出医学处理意见，但这种意见往往不符合求医者的价值观，在进行充分解释但无效后，医生应该充分尊重求医者的价值观，不能将自己的价值观强加于对方。

最后，保密与讲真话原则。对于遗传咨询中形成遗传的信息如何控制，涉及"为求询者保密"和"对求询者保密"两个问题。其一，应该为求询者保密，泄露秘密会导致其在就业、保险等方面收到歧视。如果遗传信息将严重影响到求询者家属的利益，咨询医生应该尽量说服求询者将该信息告知家属，如果求询者要求保密，应该尊重其选择。其二，对于某些遗传信息，应该对求询者保密。例如，求询者患有抑郁症，告知信息会加重病情甚至自杀，咨询医生应该以保护求询者最大利益为原则，可以采取告诉家属或选择恰当的时机、方式和场合告知等策略。

（三）严重缺陷新生儿处理的伦理

1. 出生缺陷的定义 根据医学遗传学定义，出生缺陷（birth defect）是指在人类正常范围之外，任何解剖学和功能的变异，这些变异或来自孟德尔方式遗传，或新的突变，或来自任何的染色体异常，后者是由于感染、化学和物理因子作用于出生前的胚胎而引起的。出生缺陷不包括产伤性缺陷。出生缺陷是环境、遗传和行为等因素共同作用的结果，是生理意义上的缺陷与智能缺陷的总称。其中，智能缺陷（智力缺陷和能力缺陷）往往是以生理缺陷为前提，但并非所有的生理缺陷都会导致智能缺陷。生理缺陷往往比较容易看出来或者检测出来，但是有些类型的智力缺陷则要等到孩子长到 4～6 岁（甚至更大）才有可能显现出来。20 世纪 70 年代世界卫生组织专门成立了"国际出生缺陷监测系统信息交换所"，世界上很多国家和地区通过该组织监测和交流有关出生缺陷的情况和信息。

2. 严重缺陷新生儿的处置及其伦理问题 根据世界卫生组织的标准，从出生后脐带结扎开始到未满 28 天这一段时期，称为新生儿时期。新生儿"严重缺陷"包括了智能意义上的严重缺陷和生理意义上的严重缺陷两部分。

随着医学的发展，特别是婚前医学检查和产前诊断的实施，使严重缺陷新生儿的出生率大大降低，但是不幸事件还是偶有发生。无论是在城市还是乡村，严重缺陷新生儿的处置都是人们无法回避的一个痛苦的现实问题。怎样处置严重缺陷的新生儿，各个国家并没有制定出一个普遍适用的标准或准则，因为它涉及伦理和法律方面的诸多问题，也涉及婴儿、家庭、医务人员、医院甚至更广范围人员的利益，因此，在做出决定时应特别慎重。

在我国，严重缺陷新生儿的处置，存在着正确界定和恰当处理这两个方面的问题。一些基本的伦理原则应严格遵守：应按照国务院卫生行政部门制定的有关标准，严格区分"严重缺陷”和不严重缺陷，针对不同情况做出相应处置。严重缺陷包括患有无法存活的疾病或者成人后存在着生活无法自理的缺陷，已知的医学手段又无法治愈和矫正。按照“生命质量标准”和“代价标准”相统一的原则，针对不同程度的缺陷情况分别采用不同的方式做出处置建议，当然，处置的最终决定权主要掌握在产妇手中。

首先，按照 1995 年 6 月 1 日正式实施的《母婴保健法》第十八条规定，胎儿的严重遗传性疾病，胎儿的严重缺陷等严重疾病目录由国务院卫生行政部门规定。医务人员需要对患儿的情况做出明确的分类诊断，在专家会诊基础上，确定缺陷新生儿的严重程度。

其次，结合患儿的实际情况，如实向患儿的双亲以及监护人做出客观公正和全面地解释，对各种可能得后果做出预测和评价，提出可供选择的相关建议，使患儿双亲、亲属或监护人做到知情同意、自主决定。

再次，有关的诊断结果以及相关处置意见应逐级上报，并需要经过专门的咨询委员会审核批准。有关的原始资料、证明材料等都要设立专门的档案予以封存。

对于严重缺陷新生儿做出舍弃处置时（如积极安乐死等），必须做到诊断确切、手续完备、程序合理、方法适当：①必须持有专门的咨询委员会明确的处置意见或建议；②必须持有患儿双亲或其监护人的处置意见或建议，有两名或两名以上亲属或监护人的共同签名；③处置过程应由 3 名或 3 名以上相关专业的医务工作者或经过专门训练的人员组成处置小组共同实施，并在非公共场合进行；④处置完毕，患儿尸体应严肃而郑重地处理。

第十章　器官移植伦理

第一节　器官移植的概述

一、器官移植的概念

器官移植（organ transplantation）是指摘除某一个体健康的细胞、组织、器官，用手术或其他方法移植到同一个体（自体）或另一个体（异体）的相同或不同部位，从而替代功能已丧失的组织或器官，以达到治疗目的的现代医疗技术。

在临床上，人们习惯称用于移植的健康细胞、组织、器官为移植物（graft）；称供给健康的细胞、组织、器官的个体为供体（donor）；称接受健康的细胞、组织、器官移植的患者为受体（recipient）。

广义的器官移植包含以细胞、组织和器官作为移植物，狭义的器官移植仅以器官作为移植物。

二、器官移植的分类

根据供受体是否是同一个体，器官移植可分为：自体移植和异体移植。自体移植指供受体为同一个体，其移植物多为可再生的皮肤、骨骼等组织或器官。异体移植指移植中供受体不是同一个体，即从其他个体摘取移植物，移植于另一个体内，替代受损组织或器官以修复缺损，达到恢复功能的目的。

根据供受体遗传基因的差异程度，器官移植可分为：同质移植、同种移植和异种移植。同质移植是指供受体不是同一个体，但两者有着完全相同的遗传素质，如临床应用中的同卵双生子之间的移植就属于同质移植。同种移植指供受体不是同一个体，但属于同一物种，遗传基因种类相同，如不同个体的人与人之间、狗与狗之间的移植。异种移植是指供受体为不同物种，即用人以外的移植物移植于人体内，如移植胎猪神经元给患者，治疗帕金森病和亨廷顿舞蹈病等。

另外，器官移植还可以根据不同的分类标准分为不同的类型：根据移植物是否可以再生，分为可再生器官移植（如皮肤等）和不可再生器官移植（如肾脏等）；根据植入位置的不同，可分为原位移植和异位移植；根据移植物的来源，可分为尸体器官移植、活体器官移植、胎儿器官移植、异种器官移植和人造器官移植等。

三、器官移植的发展

作为 20 世纪人类医学史上重大发明之一的器官移植，其有着悠远的发展历史，概括起来主要经历了三个阶段：幻想阶段、实验阶段、临床阶段。

（一）幻想阶段

人类器官移植的想法和传说古而有之。早在古希腊时代，人类就有了用组织器官代替有病症的或受损的组织器官的幻想。在公元前 3 世纪，我国古代的《列子 · 汤问》中，曾记载过神医扁鹊为两个患者互换心脏的故事，这也是国际公认最早的关于器官移植的文字记载。1986 年，在美国的器官移植大会上，扁鹊换心的图像被作为大会徽标。西方宗教的故事里也有很多关于器官移植的传说，其中最著名、流传最广的是卡斯莫斯兄弟换腿的故事。考古学证实在古埃及、希腊、罗马、南北美洲、印度、中国均有零星牙齿移植的记录。

（二）实验阶段

在有据可查的历史上，最早的移植术施用于人的皮肤组织。公元前 800 年，印度的整形外科医生发明了用额头或其他部位的皮肤来修补鼻子的技术，后被称为印度移植法。医学史上公认最早的组织移植试验始于 18 世纪，英国实验外科的先驱约翰 · 亨特（John Hunter）曾经成功地把鸡的脚移植在鸡冠的部位。此后，很多科学家便开始在动物甚至人的身上做组织移植的实验，有些实验获得了成功。

1902 年，法国人卡雷尔（A. Carell）发明了血管的三点缝合法，解决了在器官移植中血管修补和重建，为器官移植解决了第一个难题，开创现代人体器官移植历史的新纪元。后来，美国人古斯里（C. Guthrie）对这项技术进行了改进。卡雷尔也因多项成果获得了 1912 年诺贝尔医学和生物学奖。第二次世界大战中，英国的医学生物学家彼得 · 梅达尔（Peter Mcdawa）发现免疫排斥反应。但是，彼得 · 梅达尔和其他很多研究者都没有找到完全解决这个问题的办法，移植物和宿主均未能较长时间存活。

（三）临床阶段

直到 1954 年，美国外科医生约瑟夫 · 莫雷（Joseph E. Murray）在一对同卵双胞胎兄弟间成功进行了肾移植试验，接受肾移植的哥哥理查德活了 8 年多，理查德去世时肾功能仍然完好，当时默雷医生主要是考虑到了这两个兄弟的基因相同，发生免疫排斥概率会很小，这例手术也成为医学史上首例获得成功的器官移植手术，也使研究者们意识到器官移植中的免疫学问题，开始研究如何克服免疫系统针对移植器官发生的反应，同时又不彻底摧毁机体的抵抗力。1959 年，莫雷和法国的汉伯格（Jean Hamburger）等分别完成了异卵双生同胞间的肾移植，且受体接受全身 X 线照射作为免疫抑制，受体又一次获得了长期存活。1962 年，莫雷在进行尸体肾同种异体移植时改用硫唑嘌呤作为免疫抑制药物，移植肾脏的存活时间有了突破性的进展。这三次不同类型的肾移植获得成功，标志着现代器官移植时期的开始。

在临床肾移植成功的带动下，20 世纪 60 年代陆续开展了人类各种同种器官移植。1956 年世界第 1 例骨髓移植获得成功；1963 年斯塔茨尔（T. Starzl）进行了第 1 例常位肝移植；同年，哈迪（Hardy）进行了临床肺移植；1967 年南非医师巴纳德（C. Barnard）又进行了震惊世界的第 1 例心脏移植手术。与此同时，1967 年和 1969 年美国的贝尔泽（Belzer）和柯林斯（Collins）分别找到了灌洗技术和细胞内液型溶液降温保存的方法，解决了移植物的短期低温保存问题，实现了现代人体器官移植的另一个重要突破。

20 世纪 70 年代后期，随着新的免疫抑制药物的问世、外科学的发展、器官和细胞分离保存技术的改进，以及移植免疫学基础的快速发展，器官移植开始摆脱肾移植一枝独秀的局面，在心脏移植、肝移植、胰腺移植、骨髓移植等方面也取得良好的效果，人体器官移植技术已经成为脏器功能衰竭终末期的有效、常规性治疗手段。目前，人体器官移植已由单一器官向多器官联合移植发展，至今人类已经能完成除大脑以外所有器官的移植。1983年医生斯塔泽尔进行了首例临床多器官联合移植，标志多器官移植和器官联合移植开始在临床中应用。对于累及2个及以上器官的终末期疾病，器官联合移植及多器官移植能很好地解决单器官移植的缺陷，为患者提供更大可能的治愈和康复的机会，也为部分肿瘤患者提供了根治性切除的手术机会，展现了巨大的临床应用前景。

我国的器官移植始于20世纪60年代，起步晚，但发展快。1960年吴阶平率先在国内开展的第1例同种异体肾脏移植取得成功，1978年第1例肝脏和第1例心脏移植也取得成功。随后，胰腺、脾、肾上腺、骨髓、胸腺、睾丸和心肺等双器官的联合移植也相继开展。近年来，我国器官移植在各种临床器官、组织和细胞移植，同种和异种移植的实验研究，保存灌注液的创制与应用，现代移植免疫与检测，以及新的免疫抑制药物的临床验证等方面又取得了许多可喜的成绩。虽然我国人体器官移植总量已跃居世界第一位，国际上能开展的人体器官移植手术在我国几乎都能开展，但我们必须看到与世界领先水平的差距，器官移植后存活率仍然较低。

第二节　器官移植伦理问题

近几年来，作为一种现代医学高新技术，器官移植的广度和深度有了较快的发展，大量在过去难以治愈的器官衰竭的终末期患者重新获得了生命和健康，其中常用的移植器官包括肾脏、心脏、肝脏、胰腺、骨髓、角膜等。但是，随着这种现代新兴技术的运用，也引发了伦理道德领域的争议，如人体器官移植是否会影响到器官移植者人格的完整性、器官移植的成功率问题、高昂的器官移植费用问题以及人体器官移植物供需矛盾问题等，争论的焦点主要集中在器官移植的来源和分配方面。因此，器官移植不仅是医学高新技术问题，也是伦理道德问题。

一、器官移植来源及伦理问题

器官移植的移植物主要有尸体器官、活体器官、胎儿器官、异种器官和人造器官。

（一）尸体器官移植

尸体器官移植是指当人死亡后，将其良好的、仍具有活力的器官或组织移植给因脏器衰竭急需手术的患者，以延续其生命。由于尸体供体自身的生命已终结，其体内的组织或器官的摘除也不存在对供体的生命和健康产生威胁，同时在一定程度上，也可视为造福他人的义举，是对逝者生命的延续，更容易为社会所接受。因此，从伦理角度来说，应该成为移植器官的主要来源，我国目前97%以上的人体器官移植物来源于尸体供体。

尸体器官的获取来源，主要可以分为四种类型：

1. 自愿捐献　自愿捐献是指依据死者生前以某种被法律或公众认可的方式表达了死后捐献的意愿为依据，死者生前明确表示愿意捐献器官，在其死亡后可以提取器官供移植。死者生前明确表示死后保持遗体完整，不愿捐献器官，则不能摘取死者的器官。自愿捐献充分遵循器官移植的自愿和知情同意的基本伦理原则。死者生前意愿的表达可以通过生前预嘱的方式、生前签订知情同意书的方式以及通过一些固定格式表达意愿（如英国的器官捐献卡、美国汽车驾驶证上的是否捐献器官选项等）。1968 年美国的统一组织捐献法规定：任何超过 18 岁的个人都可以捐献他身体的全部或部分用于教学、研究或移植；如果个人在死前未做此捐献表示，他的近亲可以如此做，除非已知死者反对；如果个人已做出捐献表示，则不能被亲属取消。我国《器官移植伦理原则》中提出："从尸体上摘取器官和组织最好有死者生前的自愿捐献的书面或口头遗嘱。特殊情况下，也可采取推定同意原则。"

2. 推定同意 推定同意又称为法定捐献，指由国家法律推定所有公民都会同意在其死后愿意捐献器官，即规定公民在生前未做出不愿意捐出器官的表示，可被认为是自愿的器官捐献者。这种推定是针对大多数既未表示同意，又未表示反对捐献器官的人而提出的，必须由立法机构通过法律认定。这样就意味着：医院被允许假定，即由政府授权医务人员，只要死者生前未表示反对，医师就可推定其同意摘取其器官，不考虑亲属的意愿，如法国、瑞士等法律采用此形式；或亲属就被允许假定，即医师与死者亲属交涉，家属无反对意见、同意捐献时医生可以摘取器官以供移植，如罗马尼亚等法律采用此形式。我国《器官移植伦理原则》也规定了："公民生前未表示不同意捐献其人体器官的，该公民死亡后，其配偶、成年子女、父母可以以书面形式共同表示同意捐献该公民人体器官的意愿。"

3. 有偿捐献和激励措施 有偿捐献和激励措施是指国家除了加强对公民进行宣传教育外，还尝试通过一些财政手段鼓励公民捐献器官，如给死者家属减免部分治疗及住院费用，给捐献者家庭一些非金钱的特殊利益，给家庭内有人捐献器官，当家庭其他成员需要器官移植时优先供应，以及器官捐献者理应得到一定的补偿。这种做法存在较多争论，主要是担心可能破坏利他主义价值观，利诱当事人从而丧失自主决定的能力，给器官移植带来消极影响。

4. 需要决定 需要决定是指根据拯救患者生命的实际需要和死者的具体情况，决定是否摘取死者组织和器官，并要求按规定的法律法规程序办理审批手续，不必考虑死者及家属的意见。采取"需要决定"的国家，主要是苏联。近年来，有些国家（如土耳其）规定："因意外事故死亡者，如果有患者急需移植器官，在未取得同意的情况下，也可以摘取之。"

尸体捐献虽然不存在对供体的生命和健康产生威胁，但是人死后能否捐献器官，还存在着复杂的伦理道德问题。主要体现在两个方面：一方面是传统观念的束缚。在我国传统儒家孝道等传统思想的影响下，对自已身体的保护就是对父母、长辈的"敬"和"爱"，人们死后追求"全尸"，相信死后有生命，能死而复生，轮回转世。因此，大多数中国人仍将捐献死者器官视为不仁不孝之举，身后愿意捐献器官者和同意捐献亲人器官者微乎其微。另外一个方面是对死亡的标准存有争议。供体器官必须是具有活力的健康器官，这是器官移植的前提条件。传统上是把心肺功能丧失作为判定死亡的标准，而用心肺功能丧失过久的尸体器官进行心、肾、肝等重要脏器的移植几乎是不可能的，如肾一般不超过 30 分钟，而肝在 5～8 分钟内。若以脑死亡的标准判定，因供者的循环、心跳、呼吸仍可用人工辅助方式维持，切取移植物时在接近正常呼吸循环功能的情况下进行，且热缺血时间短，移植较易于成功。但是脑死亡时仍有心跳和呼吸，此时摘取患者器官，患者家属常常难以接受，也有可能增加医生提早宣布患者死亡而获得新鲜器官的道德风险。因此，我国目前主要还是采用传统的心肺死亡标准。那么，什么时候可以从"尸体"中摘取器官，成为器官移植的首要问题？2010 年《中国心脏死亡器官捐献工作指南》进一步明确了心脏死亡器官捐献的工作程序和具体规范，采用了 1995 年荷兰马斯特里赫特（Maastricht）国际会议定义的心脏死亡器官捐献（donation after cardiac death，DCD）的分类方式，分类Ⅴ近来被提议作为对其他 4 个分类的补充。分类Ⅰ：入院前死亡者，热缺血时间未知。属于“不可控制”类型；分类Ⅱ：心肺复苏失败者，这类患者通常在心脏停跳时给予及时的心肺复苏，热缺血时间已知。属于“不可控制”类型；分类Ⅲ：有计划地撤除支持治疗后等待心脏骤停的濒死者，热缺血时间已知且有限。属于“可控制”类型。分类Ⅳ：确认脑死亡患者发生心脏骤停。有时患者已经同意捐献，正在等待器官获取人员到达。热缺血时间已知，可能有限。属于“不可控制”类型。分类Ⅴ：危重患者发生意外的心搏骤停。热缺血时间已知，可能有限。属于“不可控制”类型。

（二）活体器官移植

活体器官移植是指从活的供体身上摘取某一成双器官中的一个（如肾）或某一器官的一部分（如肝脏）、组织或细胞作为移植物，移植后能较快地恢复其原有的生理功能。目前，活体器官移植开展最多的是肾移植，其次是肝移植。活体器官移植的优点是，移植物冷缺血时间少，手术可择期进行，只要配型好，抗排异药物用量少，长期效果也好。

目前，活体器官移植的移植物常来源于：亲属活体供体、非亲属活体供体和器官市场。

①亲属活体供体是指与受体有直接血缘关系的亲属间的供者，这种移植组织配型好，术后免疫排斥少，存活率高，符合“冒险-获益原则”。目前，许多国家普遍采用亲属活体器官移植。②非亲属活体供体指与受体没有直接血缘关系的活体供体，包括情感性供体（如夫妻）、利他动机供体（即“赠予”）、有偿捐献供体。有偿捐献供体即只给一定形式回报，以弥补其住院治疗费及其他损失，报酬也不一定是金钱。对于有偿捐献供体的移植目前争论较多，在伦理学上不能普遍接受，但也有不少国家通过严格控制有偿捐献的办法，鼓励器官捐献。③器官市场提供纯商业性的移植物，供体捐献器官的唯一目的是为了金钱，这样很难保证移植物的质量，容易诱导犯罪。此种器官来源方式主要存在于印度、中东等地，受到绝大多数伦理学家的坚决反对。1989 年 8 月在渥太华召开了首届器官移植社会学学术会议，会上确认器官商业化违反伦理道德，是不能接受的，得到了广大国家与会代表的赞同。

活体器官移植应关注的伦理问题主要包括两个方面：①供者自身承担伤害的风险和压力。活体供体多为亲属，也有非亲属关系的。供体器官被摘除后，对其以后的健康和生活或多或少有些影响，尤其是在身体应急情况下会存在一定的危险。因此，活体器官移植的前提条件是本人自愿，不能危及供体的生命，对其未来的生活不能有太大的影响。少数供体是因为家庭或社会压力，不得已才捐献活体器官，这就带来很多隐患，尤其是在移植效果不好的时候。②风险与收益是否对等的问题。供体虽然承受一定的风险，但所需要得到的最大利益是受体的生存。活体供体的风险与利益有时并不是对等的，活体供体捐出器官以后，器官移植仍有失败的可能，并不能绝对保证受体的生命质量和健康。这种捐赠行为蕴含着崇高境界的利他目的，要求医生严格掌握选择供体和移植手术的适应证标准，不做弊大于利的手术。

国际器官移植学会前主席、英国剑桥大学罗依·卡尔尼（Roy Calne）对活体器官捐献提出了 3 个需要解决的伦理学问题：①活体亲属器官的捐献必须考虑“捐献极限”的伦理问题，即一位活体器官提供者最多可以捐献出多少种器官，或器官的多大部分？从伦理上看，医疗部门可以接受一个人捐献一个以上的器官，但对捐献者的健康是否会造成损害，损害的风险是多大，如何评估，谁来评估？如果一位器官接受者移植多次失败，那么这位患者最多可以从多少个亲属那里获得多少个器官？这样的极限如何界定？这是对现代医学伦理学的新挑战。②父母捐献器官给自己的子女容易接受，而子女捐献器官给父母则应该慎重。因为子代相对于亲代而言，有更漫长的人生路要走，其健康状况更为重要。因此，只有在迫不得已的情况下才可推荐子代将器官捐献给亲代的模式。③非亲属活体器官捐献更应慎重，因为由此极易导致活体器官买卖。

2000年美国国家肾脏基金会以及美国移植外科和肾病协会组织的一次国际会议，会后发表了一个关于活体器官移植的伦理原则的共识报告，主要内容包括：①活体供体应该是有行为能力、自愿（捐献）的、没有受到强迫的、医学及社会心理学状态适宜的人；②活体供体应该完全了解自己捐献器官所面临的风险、利益，以及接受器官捐献的人所面临的风险、利益和可行的治疗方式；③供体捐献的器官不能用于临床上已没有希望的患者；④供者、受者的利益必须超过活体器官捐献和移植的风险，即要符合风险–收益原则。

2010年我国《关于规范活体器官移植若干规定》中规定活体器官捐献人与接受人仅限于以下关系：配偶（仅限于结婚3年以上或者婚后已育有子女的）、直系血亲或者三代以内旁系血亲、因帮扶等形成亲情关系（仅限于养父母和养子女之间的关系、继父母与继子女之间的关系）。禁止摘取未满18周岁公民活体器官用于移植。

（三）胎儿器官移植

胎儿器官移植指利用不能存活或属淘汰的活胎或死胎的器官作为移植物的器官移植。胎儿器官移植具有组织抗原低、免疫排斥反应弱、资源充足、生长力强等特点，且易于排除伦理学的障碍，故胎儿器官是所有器官移植来源中治疗效果最好的。实际上胎儿器官移植只能着眼于严重畸胎儿或缺陷儿（包括无脑儿等），中、晚期引产，尤其晚孕妊娠引产在许多国家是被禁止的。

胎儿器官移植涉及“胎儿是不是人”，是否具有生存权利、淘汰胎儿标准、谁有权进行胎儿死亡鉴定及处置，以及做出流产与捐赠决定的关系等诸多伦理争论。反对者从生命神圣和尊重生命的观点出发，认为胎儿是潜在的人，是具有生命的实体，也具有生命权和生存权；赞同者认为人是生物属性和社会属性的有机统一，胚胎虽然具有人的准生命形式，但仍不是一个完整的生命个体，在已确定其不能存活或淘汰废弃的前提下用于移植以挽救他人生命，是符合道德的。死亡胎儿的处置权一般赋予胎儿的母亲，孕妇做出流产的决定要早于其被询问捐献意愿，胎儿组织捐赠也必须是匿名和无偿的。

1990年美国医学伦理和司法事务委员会提出了七项应遵守的条件：遵守美国伦理和司法事务委员会的关于临床研究和器官移植准则中关于胎儿组织移植受体的表述；供给胎儿组织所交换的经济价值不超过必需的合理费用；胎儿组织的受者不由供者指定；流产的最后决定是在讨论将胎儿组织供移植用之前；根据孕妇的安全来决定用于人工流产的技术和关系到胎儿妊娠年龄的流产时间；参与终止妊娠的医者不参加妊娠流产组织的移植，也不从中收取任何利益；按照适当的法律取得供受者双方了解和同意。这些条件反映了制约、回避、理解、协商、监督的原则，因而可能保证移植胎儿组织合乎道德，值得我们借鉴。

我国医学伦理学家、医学专家一般认为胎儿器官移植应遵循以下伦理道德规则：①作为供体的淘汰性胎儿应局限在避孕和怀孕失败后引产和流产的小于5个月胎龄的胎儿，以及围产期内无脑儿等有严重先天缺陷胎儿的范围；②供体胎儿必须以征得其父母一致的知情同意和医院相应委员会的审查和认可为前提；③必须禁止供体胎儿过程中的商品化行为和方式；④必须禁止直接以治疗需求为理由而流产的胎儿用于供体；⑤在胎儿供体利用的程序上，必须坚持淘汰在先，然后方可考虑利用。

（四）异种器官移植

异种器官移植是指以某一物种的细胞、组织、器官作为移植物，移植到另一物种体内，也称为异种移植。由于临床供者器官来源短缺，科学家考虑从跨物种移植中寻找器官来源，期望将动物如猪、狒狒、猴子等的细胞、组织或器官移植于人体，达到治疗疾病的目的。由于灵长类动物具有与人类亲缘关系密切、传播种属间疾病风险高、繁殖率低等特点，以其作为供体不断受到责难。目前，异种移植主要处于动物实验阶段，以经过基因修饰后的猪的器官作为移植物，通过基因调控增加供体猪器官的匹配性，降低跨物种疾病传播的概率。

从理论上看，异种器官移植的研究和发展为突破人体器官移植的种属限制、解决人类器官供给不足的困境具有十分重要的意义；但从实际应用上看，异种器官移植不仅存在技术问题，而且也存在诸多伦理难题，比同种供体器官移植更为敏感和复杂，主要体现在以下三个方面：

1. 风险/受益问题 主要包括跨物种的免疫排斥反应和跨物种感染。由于异种移植物是跨物种的，与同种移植物相比，免疫排斥问题更为严重，如产生超急性或急性排斥反应，表现为数小时或数周内出现血栓、血管内凝血现象，致使移植物坏死。此外，异种移植还潜藏着将供体动物的疾病或携带的致病基因，特别是病毒性疾病传播给人类的风险，实践已证实，如艾滋病的HIV病毒、乙肝病毒、SARS病毒等都是由动物传染给人类的，有些病毒感染目前仍没有有效的治疗药物，且可能存在较长潜伏期，不仅影响到受体的安全，而且可以通过感染被移植的患者而扩散到整个人群甚至人类的后代，影响整个人类的安全。

2. 人的同一性与完整性问题 有的人认为，不同物种间生物物质的混杂是违背自然法则的，降低了人的价值和尊严，破坏了受体自身的人格同一性。有证据表明，人的意识过程是大脑与其他器官协同作用的结果，如果一个人的主要器官被置换了，其生理的变化也必然影响其心理，异种器官移植打破了生命的完整性，从而也改变了人本身。这些会使接受异种器官受体面临巨大的心理和社会压力，甚至可能被人类社会看成“异类”，导致他们在婚姻、就业、保险等方面受到歧视和排斥的社会问题。

3. 动物权利与保护问题 有人认为异种器官移植是“物种主义”和“人类中心主义”观念的产物，漠视动物的权利。以汤姆·里根为代表的动物权利主义者认为，动物和人享有一样的权利，反对在人和动物间任何权衡利益的选择，认为没有必要讨论“牺牲”动物去挽救一个人是否有伦理道德上的合理性。另外，从减少排斥反应和考虑器官功能的完好角度出发，灵长类异种器官是异种器官的首选。但是，灵长类动物（如黑猩猩、狒狒之类）有感受苦乐的能力和初步的意识能力，属于国家一级保护动物，不能随意捕杀，这就给异种供体器官移植增加了难度。

（五）人造器官

人造器官在生物材料医学上是指能植入人体或能与生物组织或生物流体相接触的

材料，或者说是具有天然器官组织的功能或天然器官部件功能的材料。人造器官主要分为三种：

1. 机械性人造器官 是指将材料学、生物力学、组织工程学和电子学特别是微电子学与临床医学相结合，运用完全没有生物活性的高分子材料仿造一个能够部分或全部替代人体自然器官功能的人造器官。如日本科学家已利用纳米技术研制出人造皮肤和血管。

2. 半机械性半生物性人造器官 是指将电子技术与生物技术结合起来生产的器官。在德国，已经有 8 位肝功能衰竭患者接受了人造肝脏的移植，这种人造肝脏将人体活组织、人造组织、芯片和微型马达奇妙地组合在一起。

3. 生物性人造器官 是指运用生物工程技术如基因技术、克隆器官技术、干细胞技术等，利用自然的细胞或组织制造出一些具有生物活性的器官或组织。目前，除人体大脑还未研制出被替代的人造大脑外，几乎人体的每个器官都在进行人工模拟研制中，其中人造心脏、人工肺、人工肾等人造器官已成功地用于临床，在一定程度上缓解了器官供体不足，挽救了患者的生命，但生物材料与人体组织相容性问题尚未很好解决。

人造器官带来的伦理问题有：如何贯彻患者的知情同意；患者的风险如何，像人工心脏不能排除发生故障的可能，也不排除血栓形成和感染的可能，一旦发生会带来灾难性后果，同时有可能将动物的疾病带给人类，由此可能给人类本身带来灾难性的后果；患者的投资与效益比如何，人造器官移植费用昂贵，效果却不尽如人意等。

二、器官移植分配的伦理问题

人体器官作为一种稀有医疗资源，在分配过程中和其他医疗资源一样要遵循公平、公正的伦理原则。在临床操作过程中，受体的选择面临着诸多伦理问题：由谁来进行器官分配、依据什么标准进行分配、谁有权优先得到器官等。这些问题涉及了人体器官分配中的一个基本的伦理问题，即如何做到既保证每一个器官移植患者享有平等的获取器官的权利，又能最大限度地增加患者接受移植手术的机会，提高器官分配效率，减少因生理、病理和地理，乃至经济、社会等个体差异造成的器官分配不公的情况，最大程度挽救患者生命，提高其生命质量。

由于器官移植技术有着严格的适应证，要保证移植的最大效用，伦理学家们认为器官分配应从医学标准、社会价值、个人及社会应付能力以及医学发展的科研需要进行综合判断。主要有以下两个标准：①医学标准。即移植的适应证与禁忌证，取决于医学科学发展的水平和医生自身医学知识经验做出的判断，主要看受体与供体器官的组织相容性高、没有活动性感染和不可控制的肿瘤、身体条件有移植成功的可能、并发症对治疗和恢复可能性的影响不严重、心理状态和整体功能好等。②社会标准。即有器官移植适应证的患者中选择谁做移植，谁先做移植。可以从年龄（在某些条件下年龄小者应当优于年龄长者，年龄过大可视为禁忌证），对社会贡献的大小、在家庭的地位及作用、经济支付能力、受者病情需要的紧迫程度等多维度来评判。欧洲器官移植中心依据器官移植的急迫性标准，将患者分为四个等级（0～3 级），并依据等级高低决定器官分配的优先顺序，例如，0 级：患者如果不能很快得到移植器官，就一定会死亡；1 级：必须在数周内获得他人器官，否则也会死亡；2 级：没有移植器官，也能存活一段时间；3 级：因感染等原因暂时不能做器官移植手术的患者。也就是说，患者需要器官移植的程度越急迫（如 0 级），越有可能优先获得移植器官。临床中，器官分配的基本原则是先考虑医学标准，再考虑社会标准。

美国伦理委员会就曾制定过一个指导卫生资源公平分配的原则，主要包括：①回顾性原则，即照顾患者过去对社会的贡献；②前瞻性原则，即考虑患者对未来社会的作用；③家庭角色原则，即在家庭中的地位；④科研价值原则，即有科研价值者优先于一般患者。此外，还有人提出器官的分配、受体的选择应采取排队原则，即在充分考虑客观医学标准，尽量排除经济能力、社会地位等个体差异的情况下，依据器官移植申请者登记的先后顺序和等待时间决定获得器官的优先顺序，为此才能保证人体器官的公正合理分配。如我国2003年深圳市人民代表大会常务委员会表决通过的《深圳经济特区人体器官移植捐献条例》规定："患者接受移植的顺序由红十字会按照申请登记的时间先后确定。只有当前一名备选患者不适合接受该人体器官移植时，方可选择后一顺序的备选患者。"也就是说，在符合医学标准的情况下，先登记的患者有权比后登记的患者优先获得移植器官。

2013年8月中华人民共和国国务院颁布的《人体捐献器官获取与分配管理规定(试行)》中第十六条指出："捐献器官的分配应当符合医疗需要，遵循公平、公正和公开的原则。"第十七条指出："捐献器官必须通过器官分配系统进行分配，任何机构、组织和个人不得在器官分配系统外擅自分配捐献器官。"

第三节 器官移植的伦理原则

一、国际器官移植的伦理原则

2008年5月，世界卫生组织执行委员会第123届会议上形成了《世卫组织人体细胞、组织和器官移植指导原则（草案）》，2010年5月世界卫生组织在第63届世界卫生大会再次批准《世界卫生组织人体细胞、组织和器官移植指导原则》共包括11项指导原则，意在为以治疗为目的的人体细胞、组织和器官的获得和移植，提供一个有序、符合伦理标准并且可接受的框架。这些原则保留了1991年版本的要点，同时加入新的条款，以应对当前的移植趋势，尤其是活体捐献器官的移植，以及人体细胞和组织的日益广泛使用。指导原则不适用于以生殖为目的的配子、卵巢或者睾丸组织以及胚胎移植；或者以输血为目的采集的血液或者血液成分。只有在符合下列指导原则的情况下，才可以以移植为目的，从死者或者活体身上摘取细胞、组织和器官。

指导原则1：细胞、组织和器官可以从死亡或者活体身上摘取用于移植，如果已得到符合法律规定的任何同意意见，以及没有理由相信死者生前反对这种摘取。

指导原则2：确定潜在捐献人死亡的医生，不应直接参与从捐献人身上摘取细胞、组织或器官，或参与随后的移植步骤；这些医生也不应负责照料此捐献人的细胞、组织和器官的任何预期接受人。

指导原则3：死者的捐献应显现出其最大的治疗潜力，但成年活人可在国内法律允许的范围内捐献器官。活体捐献人一般应与接受人在基因、法律或情感上有关系。

活体捐献在以下情况下才可接受：捐献人知情并获得其自愿同意，已保证对捐献人的专业照料和完善组织后续步骤，并已审慎执行和监督捐献人选择标准。应以完整和可理解的方式告知活体捐献人，其捐献可能存在的危险、捐献的益处和后果；捐献人应在法律上有资格和能力权衡这些信息；捐献人应自愿行动，不受任何不正当的影响和强迫。

指导原则 4：除了在国家法律允许范围内的少数例外情况，不可出于移植目的从未成年人身上摘取任何细胞、组织或器官。应当具备保护未成年人的具体措施，在任何可能情况下都应在捐献前获得未成年人的同意。对未成年人适用的内容也同样适用于没有法定能力者。

指导原则 5：细胞、组织和器官应仅可自由捐献，不得伴有任何金钱支付或其他货币价值的报酬。购买或提出购买供移植的细胞、组织或器官，或者由活人或死者近亲属出售，都应予以禁止。

禁止出售或购买细胞、组织和器官，不排除补偿捐献人产生的合理和可证实的费用，包括收入损失或支付获取、处理、保存和提供用于移植的人体细胞、组织或器官的费用。

指导原则 6：可依据国内法规，通过广告或公开呼吁的方法鼓励人体细胞、组织或器官的无私捐献。

应禁止登广告征求细胞、组织或器官并企图为捐献细胞、组织或器官的个人提供或寻求付款，或在个人死亡情况下，为其近亲属提供或寻求付款。参与对此类个人或第三方付款的中间行为也应予以禁止。

指导原则 7：如果用于移植的细胞、组织或器官是通过剥削或强迫，或向捐献人或死者近亲属付款获得的，医生和其他卫生专业人员应不履行移植程序，健康保险者和其他支付者不应承担这一程序的费用。

指导原则 8：应禁止所有参与细胞、组织或器官获取和移植程序的卫生保健机构和专业人员接受超过所提供服务的正当费用额度的任何额外款项。

指导原则 9：器官、细胞和组织的分配应在临床标准和道德准则的指导下进行，而不是出于钱财或其他考虑。由适当人员组成的委员会规定分配原则，该原则应该公平，对外有正当理由并且透明。

指导原则 10：高质量、安全和功效好的操作程序对捐献人和接受人同样极为重要。对活体捐献人和接受人双方都应进行细胞、组织和器官捐献和移植的长期效果评估，以记录带来的好处和造成的伤害。

移植用人体细胞、组织和器官属于具有特殊性质的卫生产品，其安全、功效和质量水平必须不断加以维护并做到最大化。这需要有高质量的系统加以实施，包括可追踪机制和防范机制，并伴有不良事件和不良反应的情况报告，这对国内和输出的人体产品都应如此。

指导原则 11：组织和实施捐献和移植活动以及捐献和移植的临床后果，必须透明并可随时接受调查，同时保证始终保护个人匿名以及捐献人和接受人的隐私。

二、国内器官移植的伦理原则

1997 年第 9 次全国医学伦理学学术年会上提出了《器官移植的伦理原则》，这些准则和原则在一定程度上反映了医学人道主义的伦理价值观。在器官移植过程中，医生对供体及受体的健康和生命应有同样高度的尊重和责任感，必须使双方的权利都得到同等的保护，并且必须在供体或其亲属严格履行知情同意权后方可摘取器官。2006 年我国卫生部制定并颁发了《人体器官移植技术临床应用暂行规定》。2007 年我国国务院颁布了《人体器官移植条例》，包含器官移植立法目的、器官移植的原则、器官采集的条件、医疗单位许可证制度、器官移植合法性的条件、器官移植的管理监督、法律责任等七个方面，共 32

条。该条例的出台就是为了规范人体器官移植，保证医疗质量，保障人体健康，维护公民的合法权益方面发挥重要的作用。

人体器官的多种来源和器官分配过程中涉及的诸多法律和社会问题，为对人体器官移植的管理和行为加以规范，切实履行相关法律和规定，人体器官移植的伦理原则主要以下几点：

（一）安全有效原则

人体器官移植是一项高度复杂的现代医学技术，相对于一般的医学应用技术而言，依旧潜藏着巨大的医疗风险，且受体为了获得器官和后期治疗往往要承担巨大的经济负担。因此，应努力防止对供体和受体可能造成的伤害，珍惜来之不易的移植器官，在充分衡量风险/收益比的前提下，最大效用地保证器官移植手术的成功率。我国《人体器官移植条例》中第十六条明确规定“实施人体器官移植手术的医疗机构及其医务人员应当对人体器官捐献人进行医学检查，对接受人因人体器官移植感染疾病的风险进行评估，并采取措施，降低风险。”

（二）知情同意和自主原则

知情同意是医疗过程中的基本伦理原则，人体器官移植中的知情同意涉及供体和受体两个方面：对于活体器官的供体，需要让其了解摘取器官可能造成的健康损害、手术的风险、术后可能的并发症和对未来生活的影响，以及了解器官移植的可行性、受体是否还有其他能替代器官移植的可供选择的治疗方案、器官移植是否是唯一的选择，不能向供体施加任何或明或暗的压力，不得利诱供体捐献器官，让供体充分理解、经深思熟虑、自由地表示同意与否。捐献者有权撤回自己原先做出的决定。对于尸体捐赠仍要严格遵守知情同意原则，在尊重死者生前明确意愿和家属同意的前提下，方可摘取尸体供体器官。对于受体，需要让其了解器官移植的成功可能性、有关治疗过程的概况、术后近期和远期的疾病复发率、危险性和死亡率、并发症和排斥反应的预防和改进措施、需要随访和服用免疫抑制剂的费用等。若受体是儿童或者没有行为决断能力的人，应该向其委托人说明情况。总之，只有在严格且充分履行知情同意原则的前提下实施器官移植手术，才是对患者自主权的尊重，才能最大程度维护患者利益。

（三）保密原则

由于器官移植无论对供者还是受者都会带来身体、心理和社会上的压力。因此，医务人员要充分尊重个体的隐私权，对于器官捐献者、接受者和申请者的个人信息予以保密，对受体的雇主、保险公司以及医药厂商等不得随意泄露，除非事先征得受体同意或法律需要。同时，要坚持实施器官移植手术的医生、器官受体和器官供体的“互盲原则”，以避免器官捐献者对受体施加额外压力，或受体对配型成功但不愿意捐献器官的潜在捐献者予以威逼利诱，迫使其做出有违初始意愿的捐献决策。

（四）公正原则

在人体器官供需严重不平衡的情况下，合理公正透明地分配稀有的器官资源，应制订相应的医学和社会标准，开展器官移植伦理委员会审查程序，尽可能使需要移植器官的患者得到移植，尽量避免因经济、社会地位等个体差异造成的分配不公，以防止由于器官分配不均而导致器官买卖。此外，还要从国家层面建立器官资源共享网络，收集全国的器官资源，建立配型数据库，在专门机关的统一监督下，实现器官分配的高效、公开与透明，最大限度地实现捐献器官的合理利用。

（五）互助准则

为了鼓励和提高人体器官的捐献率，尽最大限度满足器官衰竭患者的移植需求，为其带来重生的希望，社会有义务建立有效的机制，鼓励器官捐献，使社会成员间彼此互助。2003 年深圳市人民代表大会常务委员会表决通过的《深圳经济特区人体器官移植捐献条例》规定："最近亲属中已经有捐献人体器官的患者在接受人体器官移植时享有优先权。"该条例的制订有利于扩大器官来源，鼓励人体器官捐献，维护等利交换原则。

（六）自愿无偿与非商业化原则

基于对人类生命尊严的尊重和商业化可能的严重后果，应提倡捐献者发扬人道主义精神，坚持人体器官的无偿捐献原则，反对有偿买卖。作为人体重要组成部分的器官，只有在充分尊重所有者意愿，在器官供体不受任何经济、政治、家庭等压力下，自主做出捐献意愿时，摘取其器官用以挽救他人生命才是在伦理上可以得到辩护的。我国 2007 年国务院正式颁布的《人体器官移植条例》规定："任何组织或个人不得以任何形式买卖人体器官，不得从事与买卖人体器官有关的活动。"2011 年 5 月 1 日开始实施的我国刑法修正案（八）中又详细规定了"组织出卖人体器官罪"。

第十一章　临终关怀与死亡伦理

第一节　临终关怀伦理

一、临终关怀概述

如何在生命的最后阶段，减轻病魔带来的痛苦，依然保持人的尊严和从容，这在人类社会文明不断进步、医学科学技术日益发展的今天，已经成为临终者的最后愿望。临终关怀就是满足这种愿望，给予临终者最后关怀的新兴学科。这是20世纪60年代以后兴起的一种新型医疗卫生保健服务，它提倡对临终的患者及其家属提供全面的关怀和服务，满足患者临终前的生理、心理等方面的需要。临终关怀的兴起，反映了现代医学模式的转变，也反映了人类社会物质文明和精神文明的巨大进步。

（一）临终关怀的概念

临终关怀一词源于英文 Hospice，原意是“招待所”“济贫院”“小旅馆”的意思。中世纪的欧洲使用此词，是指对朝圣者或旅游者提供的重新补充体力的驿站，后引申为专门收容不治之症的场所。当那些因为病重濒死而住在 Hospice 中的时候，会得到教士和修女的治疗和照顾，死后也会得到妥善的处理。中世纪的 Hospice 多隶居于宗教团体，是一种慈善机构。

现代意义上的临终关怀是一种“特殊服务”，即对临终状态的患者及其家属所提供的一种全面照护。临终状态是指当生命活动趋向终结，而死亡又尚未到来的生命状态。它可以因疾病所致，也可因意外事故或伤害造成人体主要器官的生理功能趋于衰竭所致，一切治疗措施均已不能使患者状态出现好转。临终状态可以是几小时，如以意外事故或伤害所造成的主要器官的严重损害（心脏、肺、脑的外伤）或急性病的发作（猝死等），也可以是几个月，甚至更长时间（慢性消耗性疾病）。目前，有部分学者认为，当患者被诊断为危及生命的疾病，已处于濒死阶段，预计其生存期少于6个月者，为临终患者。

现代临终关怀的创始人是英国的桑德斯博士。她原来是一名护士，在工作中发现许多老年患者在自知生命无望被拒之医院之外，更增添了患者的悲伤心理。她决心为临终患者创造一种舒适、安宁的环境与气氛，进行善终前、善终后的良好服务，让老年人安心地回归大自然。由于她的勤奋和爱心，于 1967 年在英国伦敦创办了世界上第一家临终关怀机构——圣克利斯多福临终关怀医院。由于临终关怀既不加速、也不延缓死亡，又能给临终患者全面照护，充分体现了医学人道主义的精神，因而广受欢迎。这项崇高的事业从一开始就表现了强大的生命力，发展相当迅速。据不完全统计，1992 年世界上已经有 40 多个国家和地区建立了，或正在筹建临终关怀机构或类似机构，其中英国已发展到 273 个，美国有 2000 余所。

我国在 2000 多年前成立的“庇护所”，可以认为是对临终患者关怀的雏形。以后的“养病房”“安济房”“普善堂”“救济院”，都带有慈善和照顾患者、老人的意向。这些机构专门收留孤寡、残疾、不能自养的老人，或贫穷无依、不能自存的老人，由各级官府供给一定的口粮和柴薪，大多老人病故，则给予安葬费，也能得到各种形式的殡葬服务，但较少有医疗照顾。我国的临终关怀理论是在儒学、佛学、道教和传统伦理道德的基础上逐步发展起来的，具有典型的东方文化内涵。

20世纪80年代以来，真正意义上的临终关怀在我国开始起步，并逐渐地引起了全社会的关注。我国在1988年建立了第一所临终关怀研究中心，同年10月，上海也组建了国内第一家临终关怀医院——南汇护理院。尤为重要的是，1998年末，李嘉诚基金会开始每年捐资1700万元实施“全国宁养医疗服务计划”，旨在为贫困的癌症晚期患者提供免费的善终服务，协助他们减少痛苦，获得尊严，安详地走完人生最后之旅。临终关怀服务在中华人民共和国香港特别行政区和台湾地区已经相当发达，1990年3月，台湾马偕医院建立第一所临终关怀安宁病房，“Hospice”一词，在中国台湾译为“安宁疗护”，香港则称为“宁养”，含有宁静、养护之意。

（二）临终关怀的特点

临终关怀是一种特殊的卫生保健服务，强调的是将治愈为主的治疗转变为以对症为主的照料；将以延长临终者的生存时间转变为提高他的生命质量；维护他们的尊严和权利，并注重他们家属的心理支持。因而不同于一般患者的治疗和护理，具有以下的特点。

1. 以临终患者为对象，家庭为中心 临终关怀应以所有的临终患者为对象，特别是晚期肿瘤患者，至于临终期从何时开始，每一个患者是不同的。临终患者在生活上多数难以自理，最需要家庭、亲人的关爱，然而出于家庭中的成员都很紧张，难以处理好与临终患者的关系并为其创造一个良好的终老环境。因此，为临终患者创造一个家庭般的环境和给予家属关怀也是非常重要的。总之，临终关怀的对象包括患者及其家属，并且为临终患者创造一个家庭般的环境是临终关怀的一个重要特点。

2. 以缓解疼痛为目的，全面护理为手段 疼痛及其相伴而生的恐惧感缠绕着临终患者，特别是晚期肿瘤患者，因而影响着他们临终生活的质量，所以缓解疼痛和其他不适是临终关怀的目的。临终患者的疼痛与所患疾病有关，但同时又是一种主观感受，即疼痛可能会由于恐惧、焦虑、厌倦、孤独感、精神压力、缺少亲情关爱以及身体的局部不适而加重，也会由于环境幽静、注意力分散、精神放松、亲人的关爱和医务人员的体贴等而减轻。因此，提供全面的护理手段，包括营造温馨、和谐的环境，充分、全面的生活和心理护理，尽可能满足患者的需要等，也是临终关怀的特点。

3. 以医护人员为主导，社会志愿者为辅助 医护人员掌握医学知识和理论，能最大限度减轻患者的疼痛和痛苦，评估并满足临终患者及家属的需求，因此临终关怀以医护人员为主导。但是，社会工作者、家庭成员、朋友、社会志愿者等也都参与了临终关怀工作，尤其是社会志愿者通过与患者、家属的沟通、交流、聆听以及为患者做一些基本的生活护理等，给患者和家属以精神和感情上的支持，增加信心和力量，使其不感到孤独和无助。志愿者以无私的爱心，热心服务，已成为临终事业发展的基础，这也是临终关怀的一个重要特点。

二、临终关怀的伦理意义

（一）临终关怀是人类对自身关怀的表达

人有生老病死，这是客观的自然规律，谁也无法逃脱。在对待生老病死的各个阶段，过去人们比较重视生而忽视死。对于死亡很少给予关注和研究。当代死亡理论，肯定了死亡的价值。坦然接受死亡，死得安详、舒适、无痛苦、有尊严，这是人们对死亡提出的更新更高的要求。临终关怀对毫无康复希望的晚期绝症患者，致力于用科学的心理关怀方法、精心的照护手段，以及姑息、支持疗法，最大限度减轻患者生理和心理的痛苦，使他们充实地，尊严地走完人生的最后旅程，这充分体现了人类对自身生命质量的无止境的追求，表达了人类对自身的关怀。

（二）临终关怀是医学人道主义的具体体现

人道主义精神在生命问题上的体现，不仅表现于解除人们肉体上的病痛或物质生活上的改善，而且还应该充分体现在注重人们精神上的危机以及临终阶段的关怀上。每个人都希望生得顺利、活得幸福、死得安详。当一个患者处于生存无望的人生终末阶段时，除了缓解肉体的痛苦，最需要的就是享有人间的温暖、社会的尊重、精神的照护以及亲情的关怀。临终关怀恰好能满足这样的需求。

（三）临终关怀顺应了社会发展的需求

临终关怀是现代社会最具人性化的一种医学发展，它不仅顺应了医学模式转变的趋势，而且还适应了人口老龄化的趋向。临终关怀的发展，也是符合我国国情和社会道德要求的，在一定意义上，它也是我国医疗卫生事业在新的历史条件下贯穿“尊老爱老”优良传统的体现。

（四）临终关怀是一种更容易为人们所接受的临终处置方法

把临终关怀与安乐死相对照，两者的对象都是临终患者，但在患者临终阶段的处置上是有所不同的。安乐死作为一种死亡方式，虽然也是出于对临终患者身心痛苦的关怀，希望赋予临终患者死的尊严，然而它只是帮助其无痛地迅速死亡，以此摆脱无法解脱的痛苦，忽略了在患者临终过程中的全面关怀，尤其是给予心理上、心灵上的安慰和生活上的照料。因而，患者在临终前往往身心痛苦依然存在，甚至是带着某种遗憾而离开人世的。何况，人死不能复生，安乐死这种终止患者生命的方式虽然在理论上可以为许多人的接受，但是实际上却面临着重重障碍。

而临终关怀从保障临终患者的生命质量出发，采取适宜性和支持性的照料方法，既对临终患者的疼痛加以控制，又和患者家属联合，从身心上给患者以全面的照护，始终维护着患者临终期间的生命价值与尊严。临终关怀在现实中更易为人们所接受，也更容易得到理论与法律的认可。

第二节　死 亡 伦 理

凡有生者必有死，生与死是人生的两个极点，死亡是每个生命个体的必然归宿。但是生者又皆不愿死，人们并不能像谈论生那样坦然地面对死亡。因此，医学自诞生之日起，就一直视为“活人之术”，医生就开始肩负着与死亡做搏斗的重任，顽强地抵御着死亡的到来，试图通过医学来解除人们心中对死的恐惧和困惑。

随着科学的进步、医学的发展，人类战胜疾病的能力已大大增强，新技术、新方法使死亡得到了延续，许多生命获得了新生。但是，这一切并没有解决人类在死亡问题上的困惑，相反，充满了更多的冲突，带来了更多的痛苦，陷入了更深的困境之中。

如何认识死亡，如何面对一个临终的患者，这不仅是医学研究和护理实践的重要问题，也是一个重要的伦理问题。

一、死亡概述

（一）死亡的概念

在人类社会发展过程中，由于学科的不同与研究角度不同，对死亡有着截然不同的界定。

1. 传统的死亡定义 《说文解字》一书对“死”的注解是“死，澌也，人所离也，”澌，意“尽”，也就是水流完的意思，也有“分”“离”的意思。庄子说：“人之生，气之聚，聚则为生，散则为死。”《礼记·祭法》中说：“大凡生于天地之间者皆曰命，其万物死皆曰折。人死曰鬼。”总之，中国古代对死的认识有强烈的鬼魂或祖先崇拜的观念。

2. 社会学的死亡定义 死亡是人的意识或自我意识以及与他人、社会交往的消失。这主要是依据一个人与他人、社会直接或间接交往是否消失，意识或自我意识是否存在为判断标准的。

容格（Jung，1969）认为生命是一个能量过程，不可逆转，直向终极目标死亡走去。

Schaie（1982）对死亡的定义为：①潜在的个人身份的结束，自我的失去，个人无法再听、闻、尝，没有希望、快乐、悲伤等一切感觉的碰触；②社会关系的结束，即与社会中人和事物等一切关系的断绝。

Kastenbaum从社会学角度给死亡下的定义为：死亡也是一个社会学过程，当一个人没有思想，没有感觉时，可称之为社会学死亡。

此外，有些社会学家还把死亡分为社会死亡、知识死亡和生物学死亡三个时期。

3. 临床医学的死亡定义 临床上的死亡是指自然呼吸与心跳功能呈现不可逆转的停止，瞳孔对光无反应，是生命活动的终止，是机体完整性的解体。死亡是一个过程。临床医学通常把死亡分为濒死期、临床死亡期和生物学死亡期三个阶段。

（1）濒死期。指心肺等脏器已极度衰竭，濒于停止其功能的状态。它是死亡过程的开始，随着意识和反射逐渐消失，呼吸和脉搏渐渐停止，从而进入“临床死亡”。

（2）临床死亡期。指器官功能的丧失，主要是心跳、呼吸和个人的整个生命活动已停止，神经系统中枢功能完全消失，作为一个整合功能的“人”已不复存在，但组织内代谢过程还保持。

（3）生物学死亡期。是临床死亡之后进入机体细胞和组织坏死，直至机体全部代谢活动的完全停止，生命现象彻底消失。

4. 医学伦理学的死亡定义 认为死亡是一个人的全脑功能的不可逆性停止，是人的生命活动和新陈代谢的终止，是人的本质特征即自我意识的消失，是个体自我生命在社会中存在的终结。

（二）死亡标准的历史演变

死亡标准，亦即用以衡量与判断死亡的标准或尺度，既有医学意义，又有伦理学意义。

临床上需要有明确的死亡定义，并需要从可观察的现象中找到反映死亡本质的标准，通常以代表性器官能够带来或标志全身组织器官的不可逆恢复来衡量。一个科学的临床死亡标准将对个人和社会产生深远的影响。

1. 传统死亡标准——心肺标准 人类依据自身经验和医学知识的积累，制订了传统的死亡标准。传统的死亡标准许是心肺标准，即心跳停止和呼吸停止，就是生命结束，死亡的来临时刻。长期以来，医学一直应用心肺标准判断人的死亡。1951 年美国的《Black 法律词典》就以传统的"心死"概念给死亡下定义："……生命之终结，人之不存，即在医生确定血液循环全部停止，以及由此导致的呼吸、脉搏等动物生命活动终止之时"。

随着医学科学技术的发展和人们认识的深化，传统死亡标准——心肺标准遇到了当代的挑战。现代医学发展中大量的科研和临床实践资料表明，死亡不是生命的骤然停止，而是一个连续发展过程。在许多情况下，心脏骤停之时，脑、肾、肝等组织仍未死亡。现代人工维持心肺功能的技术和药物的应用，使某些患者一度停止的心跳、呼吸经抢救可复苏，甚至痊愈出院。这说明心肺功能停止不一定意味着死亡。反之，某些实际上已丧失脑功能的患者却能在生命维持装置监护下，使心跳、呼吸持续很长时间而成为一种无意识的"植物性生命"。

2. 当代死亡标准——脑死亡标准

（1）传统死亡标准的动摇。

医学的发展，尤其是一些高新技术在医学的应用，一些维持传统生命活动的基础——心跳呼吸的器械、药物、技术飞跃发展，使传统死亡标准受到强烈的动摇。

人体是一个多层次、多器官的有机体，各系统、各层次、各器官之间有着本质的区别和复杂、密切的联系。在许多情况下，心脏停搏时，脑、肝、胃等器官在一定时间内尚未死亡，或是虽然心脏停搏一段时间后脑组织才死亡，而这时肾、肝、骨、肌肉、皮肤等组织仍未死亡。对于人体这样一个多层次的生命物质系统，它们哪一层次的什么器官、什么组织死亡之后才算这个人已死亡了呢?由于人体各层次，各器官的不同死亡状况，使传统的心肺活动的停止作为死亡标准受到动摇。

现代医学高新技术可以极有成效地维持患者的心肺功能。20 世纪 50 年代以来，人工心肺机、人工肾的应用，机械复苏措施的普及，器官移植等技术的发展，挽救了许多传统上认为由于心肺功能停止而属于"死亡"的患者。所以，医学技术的成就和人体本身的特性，明确地显示了传统的心跳呼吸停止的死亡标准是极不准确的，当代医学要求有一个符合主客观一致的死亡标准。

（2）脑死亡定义的产生。

由于上述心肺死亡标准的动摇，人们注意到，病理生理学业已证明脑死亡是不可逆的。人体的主导器官已由心脏转向了大脑。因为，在对中枢神经已不可逆地功能停止的脑死者继续使用人工心肺机等救治，虽可表面上维持心肺功能，但最终无助于脑死后的人复活。全脑生命活动的停止，即脑死亡。由于它的不可逆性，确定了机体各器官在不久的将来必然很快出现死亡。即使心跳在心肺机维持下仍在继续，但这个人的思想、意志、信念、知识等完全消失，不复存在。"这一个"的"人"也就不复存在而死亡了。所以，新的死亡标准"脑死亡标准"就产生了。

二、脑死亡标准

鉴于上述情况，以及医学发展本身的需要，医学专家提出了新的死亡标准，即脑死亡标准。

所谓脑死亡（brain death），即全脑死亡，为大脑、中脑、小脑和脑干的不可逆的死亡（坏死）。也就是某种病理原因引起脑组织缺氧、缺血或坏死，致使脑组织功能和呼吸中枢功能达到了不可逆转的消失阶段，最终必然导致的病理死亡。

1968 年，美国哈佛医学院特设委员会发表报告，把死亡定义为不可逆的昏迷或"脑死"，并且提出了 4 条判别标准：①不可逆的深度昏迷。患者完全丧失了对外部刺激和内部需要的所有感受能力，以及由此而引起的反应功能全部消失。②自发呼吸停止。人工通气停止 3 分钟（或 15 分钟）仍无自动呼吸恢复的迹象，即为不可逆的呼吸停止。③脑干反射消失。瞳孔对光反射、角膜反射、眼运动反射（眼球–前庭、眼球–头部运动等）均消失，以及吞咽、哈欠、发音、软腭反射等由脑干支配的反射一律消失。④脑电波（EEG）消失（平坦）等。

凡符合以上标准，并在 24 小时或 72 小时内反复多次检查，结果无变化，即可宣告其死亡。但有两个例外，体温过低（$<32.2℃$）或刚服用过巴比妥类药物等中枢神经系统抑制剂的病例。

把脑死亡作为整体死亡开始的标志，因为它有两个特征：①脑死亡的确定决定了机体各种器官在不久的将来很快出现死亡，这种变化是不可逆的；②脑死亡后即使心跳仍在继续，但是这个人的意志、信念、态度、素质、知识等则完全消失，那么这个人也就不复存在了。

美国哈佛医学院提出的脑死亡标准目前在英、美等国已被医学界多数人所接受，然而人们围绕这个标准的讨论还在继续中。在各国专家相继发表的文献中又提出了大约 30 种关于脑死亡的诊断标准。

虽然提出了许多标准，但是，目前世界上许多国家还是采用了哈佛医学院提出的标准。综合各国的临床实践，一般可将脑死亡的诊断标准归纳为：①深度昏迷；②脑反射消失；③无自主呼吸；④脑电图检查呈大脑电沉默；⑤脑循环停止。

死亡标准是临床诊断的重要依据，决定患者的生死存亡和医生对医疗行为的选择。传统的死亡标准着重于人的生物性，认为人的生命无论在生物学上，还在社会上，都必须在没有意义时，医生方可停止对他的医疗活动，否则就是大逆不道。然而，如植物人等那些没有意义的生命作为社会的人已消失，其生命质量已丧失，延长他们的死亡过程，就是延长他们的痛苦，同时也给患者家属带来极大的精神和经济负担，给社会带来不必要的负担。脑死亡标准弥补了上述的缺陷，它着重于人的社会性，主张生命质量论。认为意识和自我意识是人的本质特征，一旦脑死亡，作为有意识、有道德、有法律地位的人已不复存在，符合脑死亡标准的人是没有生命质量的人，是不值得保持的生命，从而可以免去许多毫无价值的临床救护，节约卫生资源，减轻家庭与社会的沉重压力。

脑死亡标准的提出是死亡问题上的一次观念转换，脑死亡标准在我国要被医务界、国民广泛接受将是一个较长的过程。

我国的医疗水平同发达国家有着一定的差距，并且国内各地区的医疗水平参差不齐，因此，我国目前尚未将脑死亡作为死亡标准，但是脑死亡概念已被越来越多的人所了解、认识和接受。1998 年 5 月，在武汉召开了全国脑死亡标准专家研讨会，与会专家通过反复讨论和研究，制定了《脑死亡临床诊断标准条例（讨论稿）》，提出凡是符合以下 6 条标准，即可确认脑死亡：①自主呼吸停止，需要不停地维持人工呼吸；②对外界刺激毫无反应；③无自主性的肌肉活动；④各种脑干反射均消失；⑤脑电图长时间呈现平直线；⑥这种状态持续 12 小时以上。该条例的提出，对深入探讨安乐死的有关问题十分重要。

三、脑死亡的伦理问题

（一）对脑死亡标准的伦理分析

确立脑死亡标准，在医学史上开辟了人们对死亡认识的新阶段。

1. 有利于关于“人”的标准确立　人同动物虽然都是生命的存在形式，但人同动物毕竟有着本质的区别，最根本之处在于人具有意识，是具有自我意识的实体，如果一个人永久地失去了意识，没有思维功能，没有感觉知觉，没有情感体验，那么，他的真正生命在任何意义上说都已经停止，作为人的生存价值也随之丧失。以脑死亡为人死亡的标准，就意味着意识功能是否存在成为人是否死亡的重要条件，有利于从人的本质特征去确定“人”的存在。

2. 有利于对人的生存权利的维护　以脑死亡作为人死亡的标准，有利于人们在患者的脑死亡阶段到来之前，竭尽全力抢救患者，或者使患者劫后余生，得以康复；或者抢救无效，毫无遗憾地死亡。呼吸和心跳停止的人并不表明人体必然死亡，中国古典医籍常有记载患者死而复生的事例。中国民间在人死后有停尸 3 天的风俗，一方面是丧事准备的需要，另一方面也是排除假死的可能。而人的大脑一旦处于不可逆的昏迷状态，死亡也在所难免。如果确定脑死亡标准，那么在患者心跳停止时，医务人员仍有抢救的义务，从而使某些心跳暂停者的复苏成为可能。

3. 有利于人体器官移植，满足现代医学对某些活体的需要　现代医学上器官移植术的发展已使医学对供体的需求量与日俱增，移植用的尸体器官必须非常新鲜，才使接受器官移植者有存活的可能，故对供体的需求时限要求较高。确定脑死亡标准，可以保证那些大脑已经死亡，但其他主要脏器短期内尚未死亡的人成为新的供体来源。由于我国尚未确立脑死亡标准，活体器官来源十分困难，影响器官移植技术的进一步研究与临床运用。不确定现代死亡标准，无法律依据获取优质的可成活的器官，影响器官移植事业的发展。

4. 有利于医药资源和人力资源的合理利用，减轻社会和家庭的负担　现代医学中，人工维持心肺功能的技术很有成效，往日由于心脏停搏和自动呼吸停止而必然死亡的患者，今天却可以在价格昂贵的机械复苏术、器官移植术等措施作用下维持生命，先进的生物医学技术救活了许多本来“死亡”的患者，延长了不少临终患者的生命，然而，有时单纯延长生命的结果往往等于延长痛苦和死亡。如果延长的是一种无意识的“植物性”生命状态，实际上也失去了延长生命的意义，从而也就等同于浪费了更多更好的医药资源，而相对于我国的医疗需求，医药资源极其有限，也就意味着变相剥夺了其他人享受医药资源的机会。确定脑死亡标准，在一定程度上会克服这种弊端，使有限的医药资源和人力资源得到更为合理地利用。

（二）加快推进脑死亡诊断标准的立法工作

脑死亡标准完全取代心死亡标准，还未能成为现实，还有很长的路要走。虽然在美国最早诞生了脑死亡标准，但对其推行也并非一帆风顺。1972 年，美国弗吉尼亚州一家医院的医生依据脑死亡标准取走了一名死者的心脏，结果被告上法庭，法官的意见开始倾向认为医生违反了法律，后经陪审团和律师的据理力争，最后做出了有利于医生的裁决，医生被无罪释放。在日本，脑死亡标准的推行遇到的阻力更大。1984 年，日本筑波大学医学小组的 3 名医生，将一名暴死妇女的器官移植到他人身上，此手术是在这名妇女的脑电波活动全部消失，但心脏尚未停跳的情况下进行的。不久，这 3 位医生受到了起诉，17 名患者康复小组成员作为原告控告这 3 名医生犯了杀人罪。

尽管脑死亡标准在世界各国引起了较大的争议，但是接受脑死亡标准的人数越来越多，在医学上接受脑死亡标准的国家，截至 20 世纪 90 年代末期，已经有 35 个，但在立法上承认脑死亡的国家仅有 13 个，而且规定不一。以美国为例，1985 年底，有 27 个州通过了立法审议，接受脑死亡新概念并加以法律上的解释，替代习惯上的死亡解释。

相对于心肺死亡而言，脑死亡标准更为客观、科学、合理，在伦理学上应该得到辩护。随着科学技术尤其是医学科学的发展以及人类的进步，脑死亡标准将会逐渐被社会和法律所接受。

第三节　安乐死伦理

面对一位病魔缠身、治愈无望、极度痛苦、濒临死亡的患者，是不惜一切代价维持他的生命，还是遵从他的意愿，使其少受折磨，安详地提前结束生命——安乐死，这是一个能够触动每个人类个体心灵的问题，是医学问题，是法律问题，也是医学伦理学的重要研究课题。

一、安乐死概述

（一）安乐死的概念

安乐死一词源于希腊文 euthanasia，原意是指“快乐的死亡”或“无痛苦的死亡”，也有人译为“无痛苦致死术”。安乐死有两层意思：一是作为一种死亡的状态，指无痛苦的死亡，安然离世；二是指无痛苦致死术，就是为结束不治之症患者的痛苦而采取医学特殊致死措施。

安乐死作为一种特殊的死亡形式，现代意义上的安乐死已与原本意义相去甚远，至今尚无一个统一完整的定义。《Black 法律辞典》认为，安乐死是“从怜悯出发，把不治之症和极端痛苦的人处死的行为或做法”。《牛津法律指南》认为，安乐死是“在不可救药的病危患者自己要求下，所采取的引起或加速死亡的措施”。《韦伯新国际词典》第 3 版的定义是：“使患者脱离不治之症的无痛致死的行为。”1985 年版的《美国百科全书》中把安乐死称为：“一种为了使患不治之症的患者从痛苦中解脱用来的终止生命的方式。”目前，国内对安乐死尚无权威统一定义，《中国大百科全书·法学卷》对安乐死的定义是：“对于现代医学无可挽救的迈进死亡的患者，医生在患者本人真诚委托的前提下，为减少患者难以忍受的剧烈痛苦，可以采取措施提前结束患者的生命。”有人认为：“安乐死是指对身患绝症濒临死亡的患者，为解除其极度的痛苦，由患者本人或亲属要求，经医生鉴定和有关司法部门认可，用医学方法提前终止其生命的过程”。但也有学者持不同意见，认为对安乐死的内涵外延界定的不准确，是导致安乐死被引起争议的原因。安乐死的本质是死亡过程的文明化、科学化，主张“安乐死是对于医学无法挽救，濒临死亡者的死亡过程进行科学调节，以减轻或消除死亡痛苦，使死亡状态安乐化”。

尽管上述关于安乐死的定义众说纷纭，各有千秋，也各有缺陷，很难使人们共同认可、信服和接受其中的哪一个定义，但我们可以归纳综合起来对其进行表述：安乐死是一种特殊的死亡类型或死亡方式；安乐死必须符合一定的条件，前提是患者所患的疾病是现代医学无法医治的，疾病已到晚期，病痛难忍；安乐死应该是出于对患者的同情和帮助，出于对患者死亡权利和个人尊严的尊重而实施的；安乐死不能违背患者的意愿，应该是患者自愿要求的；安乐死还必须经过权威的医学专家机构鉴定确认，合乎法律的规定，按照法律程序；安乐死必须有别于其他死亡方式，必须符合安乐死的原则。

安乐死关系到医学、伦理学和法学多个领域，综合考虑，可以给安乐死做如下定义：“患不治之症的患者在危重濒死状态时，由于难以忍受躯体和精神的极端痛苦，在患者或其家属的合理及迫切要求下，经过医生、权威的医学专家机构鉴定确定，符合法律规定，按照法律程序，用人为的、仁慈的医学方法使患者在无痛苦状态下度过死亡阶段而终结生命的全过程。”在此还应特别强调指出，安乐死是死亡过程中的一种良好状态及达到这种状态的方法，而不是死亡的原因。安乐死的本质不是决定生与死，而是决定死亡时是痛苦还是安乐。安乐死的目的是通过人工调节和控制，使死亡过程呈现一种理想状态，避免肉体和精神的痛苦折磨，使濒死患者获得舒适和幸福的感受。

（二）安乐死的分类

国外有些学者将安乐死分为主动安乐死、被动安乐死和自愿安乐死、非自愿安乐死。安乐死通常有两种分类方法：

1. 按照安乐死的执行方式来分类，可分为主动安乐死和被动安乐死 主动安乐死是指采取某种措施加速患者死亡，亦称为积极安乐死。主动安乐死是根据垂死患者或者其家属的要求，有意识地对不可逆转的患者采取某种处理方法，如采用药物或其他办法主动结束患者的生命，让其安然舒服地死去，迅速完成死亡过程。这类安乐死也称为“仁慈助死”，所采取的措施常称之为“无痛致死术”。

被动安乐死是指终止维持患者生命的措施，听任患者死亡，亦称为消极安乐死。被动安乐死是对于确定无法挽救其生命的患者，在预测后果的基础上，根据濒死患者或其家属的要求，停止无望的救治，做出终止延长生命的医学处理，如只给患者适当的维持治疗，减轻其痛苦，任其自行死亡，结束患者的痛苦，故又称“听任死亡”。

2. 按照患者同意方式分类，分为自愿安乐死和非自愿安乐死 自愿安乐死是指患者有过或表达过同意安乐死的愿望。患者本人要求安乐死，或患者有过要求安乐死的愿望，或对安乐死表示过同意。

非自愿安乐死是指患者没有表达过同意安乐死，这种情况主要是针对无行为能力的患者（如婴儿、昏迷不醒的患者、精神病患者和能力严重低下者）实行安乐死，这些患者无法表达自己的要求和愿望，根据患者家属意见，只能由医生依据实际情况决定给予安乐死。

有人把非自愿安乐死称为“仁慈杀死”。

综合以上两种分类方式，安乐死具体包括四种类型：自愿主动安乐死、自愿被动安乐死、非自愿主动安乐死、非自愿被动安乐死。

二、安乐死的伦理争议

安乐死的提出和实施，冲击了传统的伦理道德观念，使伦理学和法律面临了新的问题，引起的争论十分激烈。人们争论的焦点在于是否符合道德，争论的双方都不同程度地将人道主义、功利主义作为自己的伦理根据。

（一）反对安乐死的观点

反对安乐死的论证所依据的伦理学理论有道义论或后果论。

1. 依据道义论反对安乐死的论证

（1）安乐死违背了生命神圣的原则。反对安乐死的最大伦理依据之一是来自宗教传统的“生命神圣论”。宗教传统的生命观强调：无论人们可以拥有什么样的权利，都没有破坏自己生命的权利。安乐死涉及故意夺取人的生命，因而是道德上不允许的。至于临终患者不可忍受的痛苦，许多有宗教信仰的群体还相信，人类的痛苦能够对临终患者和照顾患者的人产生积极的价值，痛苦还可能是神所赐予的学习和净化的机会。

（2）安乐死违反了医生救治患者的基本义务。这种观点认为，医学上的最大敌人是死亡，避免死亡才是医生治病救人的基本义务，是医学的目的。所以我们绝不能选择死亡，必须永远选择生。安乐死是选择死亡，它有悖于医学的目的、医生的基本义务和医生的人道主义的职责。

2. 依据后果论反对安乐死的论证

（1）安乐死阻碍医学的进步。这种观点认为安乐死的实践可能会由于过早地把患者判定为“不治之症”而放弃积极抢救，这样做还会弱化医学人道主义的绝对至上命令和医学改善这种状况的努力，从而妨碍了医学的进步。而且社会之所以推进医学的研究和发展，部分是因为它们经历了不可逆转疾病和不可忍受痛苦的蹂躏。

（2）导致医生“道德滑坡”。“道德滑坡”是反对安乐死的一个主要论点。从医生在安乐死所扮演的角色考虑，这种观点普遍担心如果安乐死合法化，就会破坏医患之间的传统的信任关系，削弱对临终患者的同情和关怀；面临痛苦不堪的患者，医生会觉得实施安乐死更容易有效，久而久之就会改变医生对医学目的的理解。如果医生开始把杀死一个请求安乐死的患者看成是医生自己的责任，医生就容易对人类生命的价值抱有一种漠然态度。一个社会如果允许或鼓励安乐死这样的仁慈杀死，那么安乐死的实施就会从有行为能力的患者开始，发展到无行为能力的患者、昏迷患者、儿童以及有精神缺陷的人，就会导致医生在人道主义的意义上“滑坡”。甚至可能导致以仁慈为理由，开消灭老弱病残者之先例。

今天对安乐死持有批评态度的人认为，目前的安乐死以及撤除生命支持措施的时间，至少是已经开始有计划地实施终止某些患者的生命，这与德国纳粹党的安乐死毫无二致。甚至有人认为安乐死干脆就是纳粹党的“优生学的回归”，就等同于纳粹党的种族优生政策。滥用是很难避免的，纳粹党的教训值得汲取。

（二）赞成安乐死的观点

（1）个人有权处理自己的生命，即人有生的权利，也有死的权力和选择死亡方式的权利。人应有尊严死亡的权利，应对自己的死亡掌握主动权，尤其是当患者极端痛苦，生命又无可挽救时。

（2）维持一个毫无生命质量的生命是毫无意义的，延长这样的生命实际上是给患者死前以痛苦，违反了人类自己希望生活得好的最大愿望及强调生命的质量和价值。给社会带来沉重负担的生命是无价值的，甚至是负价值的，这样的生命没有抢救的价值。

（3）对于死亡已不可避免、遭受着难以忍受的痛苦的患者，解除痛苦比延长生命更重要。让这种患者继续忍受临死前的极端痛苦是不人道，让患者免予忍受痛苦正是为了患者的利益，因而是人道的。

（4）判断一个垂死患者是否值得继续活下去，不仅要考虑到患者的利益，还要考虑他的亲属、朋友和社会的利益，把大量的资金、人力与物力用在无望的患者身上是否有益。安乐死可以节约医药资源，对患者、家属、社会都有利。因此，对无望的患者实施安乐死应该是一种公益的做法。

上述观点的对立，说明安乐死实际上是一个意识形态领域里的事，要受到社会意识、经济、文化及科学发展水平的影响，尤其是传统观念、习惯的影响。同时，也说明了人对于不同情况、不同种类的安乐死（如主动和被动、自愿和非自愿等）的认识和理解存在差异，因而评价、判断很难统一。因此，我们分析安乐死问题、不能持绝对肯定或绝对否定的态度，必须用科学的立场，以人道主义的道德观，按医学伦理学的原则来研究和讨论。

（三）我国对安乐死问题的态度

在我国，目前人们习惯上是实行终止治疗而不愿接受安乐死，临床上常见到患者已处在临终而治疗无望的境地时，患者及家属常常是要求停止临床治疗，出院回家。家属之所以这样选择，一是传统道德习惯，尽量让亲人死在家中；二是既然无法救治，就不再白花费钱财，以免“人财两空”；三是不忍心再看亲人受打针、手术、检查等医疗的痛苦。这种主动要求终止治疗、出院回家，实际上就是一种被动安乐死。对于这样的情况，人们并不指责其违反伦理道德。

（四）安乐死的伦理评价

1. 有利原则 患者利益的原则是安乐死辩护中最为重要的原则。从患者的最佳利益出发是安乐死在道德上唯一应该进行考虑的，它也是人们最容易接受的理由。从世界范围的安乐死案例来看，不论是患者亲属、医生、律师，还是法官，都是从患者最佳利益这个基点来考虑的。在医学安乐死中，患者的最佳利益是可以得到确定的，当有意义的人的生命已经不再成为可能时，当死亡已经不可避免时，当已达到医疗极限时，当患者无法忍受巨大的疼痛和痛苦，希望能够在医学的帮助下早日解脱痛苦，安宁地、尊严地死亡时，放弃治疗，甚至为了解除患者不堪忍受的痛苦而加速其死亡过程，肯定是合乎道德的。因为对于这样的患者来说，延长生命实际上只是延长他们痛苦的死亡过程。

2. 自主原则 对于自己的最佳利益，患者自己具有无可争辩的自主权。对于患者个人而言，最了解自己的生命价值和人生的意义。作为一个有行为能力的理性人，能够在其个人的偏好、信念和价值观的基础之上，根据他在特定情形下所获得的信息而设定和追求自己的人生价值。当医学的干预与其“好的”人生相冲突时，患者有权拒绝这样的医学干预，有权做出加速生命终结的决定，有权要求医生为他的决定提供人道的医学帮助。尊重患者的自主权，实际上也就是尊重他们自己的意愿，维护他们的尊严。

3. 公正原则 从患者利益出发也是公正原则所要求的。以“给每个人以其应得”为表现形式的公正原则是社会权利的基础，它要求尊重每一个社会成员所享有的权利。因为共同道德原则是共同体的生活原则，该原则所包含的权利就是共同体的每个成员都享有的权利。当这些权利得到尊重时，社会成员就得到了公正的对待。如果一个人显然是处在无可救药而又痛苦万分难以忍受的地步，因而想结束这一切，但他的愿望却要受到压制，他的权利却得不到尊重，这能看成是合乎情理的和公正的吗?此外，尊重患者的意愿在客观上也有利于社会资源的公正与合理分配。

强调有利原则、自主原则和公正原则的安乐死，不能离开两个前提，即患者极端痛苦和疾病不可挽救。如果疾病可救治，治疗就是主要矛盾，医生在治疗中即使暂时增加患者痛苦也是道德的。当疾病完全控制了人体，死亡是不可避免时，主要矛盾就转化为患者死亡过程中的痛苦。这时，全力解除这种痛苦才是人道主义的体现，才是道德的，而安乐死则是最好的方法之一。这两个前提是实行任何形式安乐死时都首先必须考虑的。

对安乐死的分析是一个前瞻性与回顾性交错的问题。前瞻性问题是脑死亡的标准、器官移植的需要问题；回顾性问题是存在于医生和家属心目中都有希望患者多活一些时日的文化传统和习惯。一个是科学问题，一个是社会问题，不正确对待科学与社会问题，安乐死的处理就难以得到符合科学而又道德的满意效果。

三、安乐死的实践探索

（一）世界各国安乐死实践

1. 各国立法实践 1976 年，美国加利福尼亚州颁布了《自然死亡法》，这是人类历史上第一个有关安乐死的法案。1993 年 2 月 9 日，荷兰议会通过了默认安乐死的法律，此后又一再放宽安乐死合法化的尺度，使荷兰成为世界上第一个正式承认安乐死合法化的国家。现在，荷兰每年大约有 25 000 人以安乐死的方式告别人生。1994 年 10 月 20 日晚，在荷兰首都阿姆斯特丹，近百万市民通过一部名为《他自己选择死亡》的电视目睹了一位 63 岁的老人接受安乐死的全过程。1999 年 8 月 10 日荷兰通过的最新修正案规定，凡 16 岁以上的人，若患绝症到生命末期，均可自行决定是否接受安乐死，12～15 岁的青少年，要求必须经其父母同意。目前，安乐死在荷兰很受公众的支持，80%以上的荷兰人赞成安乐死。

继荷兰之后，2001 年 10 月比利时参议院批准了安乐死法案：允许医生在特殊情况下，可以帮助患绝症的患者安乐死。2002 年 5 月 16 日，比利时正式公布了该法案，3 个月内法案生效，这样，比利时成为继荷兰之后第二个使安乐死合法化的国家。

在英国，近年来要求使安乐死合法化的呼声越来越高。据统计，20 世纪 50 年代英国只有不到一半的人认为安乐死应合法化，但目前这一比例已上升到了 82%。1993 年 2 月 4 日，英国最高法院裁定了英国第一例安乐死案件，同意了一位年仅 21 岁患者的父母和医生的申请，停止给他输入营养液。1996 年 4 月 24 日，又裁定允许为 53 岁的珍妮特·约赖逊太太（已成为植物人 4 年多）实施安乐死。1998 年，英国《泰晤士报》报道，尽管安乐死还不合法，但英国已有 2.7 万人在医生的帮助下以安乐死的方式结束了生命。

多数德国人也赞成安乐死。1994 年德国一家民意测验所对 1004 名德国人进行的调查显示，83%的人赞成安乐死，30 岁以下赞成安乐死的人甚至多达 88%。在德国，安乐死协会的会员 1994 年已达 4.4 万人。1999 年，德国外科学会首次把在一定情况下限制和终止治疗作为医疗护理原则的一个内容。

1992 年 10 月 1 日，丹麦通过了停止延长无药可救的患者的生命的法律，受到了很多人的欢迎，4 个月内就有 45 000 人立下遗嘱，表示愿意在必要时接受安乐死。

以色列 1998 年也实行了首例经法院批准的安乐死，耶路撒冷一家医院的医生给一名 49 岁的身患绝症的男性患者注射了致命剂量的麻醉剂。

1996 年 5 月 25 日，澳大利亚北部地区议会通过了《晚期患者权利法》，从而使安乐死在该地区合法化。不过该法案一出台就受到澳大利亚医学会、官方和土著人的强烈反对，1997 年澳大利亚参议院迫于压力不得不通过了禁止安乐死法案，致使仅存半年的北方地区安乐死法案遭到废弃。

在安乐死立法运动中，美国是一个积极的国家，但各州对安乐死的立法不尽相同。从总体上看，有些州反对安乐死，认为不管法律上和道德上都是不能接受的，而有些州已经认定特殊情况下的安乐死是合法的，当然在安乐死的确认方面有着严格的程序。美国 20 世纪 70 年代以来，判例开始明确承认被动安乐死，同时对主动安乐死持宽容态度。1976 年美国加利福尼亚州州长签署了《自然死亡法》（Natural Death Act）。这是美国第一部成文的被动安乐死法。1977 年以来美国有 38 个州通过了《死亡权力法案》，要求医生尊重患者的安乐死愿望。但直至今日美国法律和医疗专业人士仍然对安乐死持极为谨慎的态度，甚至公开反对安乐死，安乐死在美国大部分地区仍属非法行为。只有俄勒冈州于 1994 年通过了一项法律，允许内科医生在特定条件下协助患者自杀，截至 2004 年，208 名俄勒冈人选择了安乐死。不过就美国民众而言，美国最新的民意测验显示现今在包括医生在内的美国公众中，支持安乐死的已占多数。

1976 年，日本东京举行了“安乐死国际会议”，在其宣言中强调指出：尊重人“生的意义”和“庄严之死”，可以说日本是世界上第一个有条件承认安乐死的国家。1995 年 3 月 28 日，日本横滨地方法院判处一名胜“德永”的医生“谋杀晚期癌症患者”。地方法院列出四种允许“仁慈杀死（安乐死）”的条件：①患者遭受不可忍受的肉体痛苦；②患者不可避免的即将死亡；③所有可能减轻其痛苦的医疗手段都已尝试过，不可能有其他办法挽救其生命或减轻其痛苦；④患者清楚表达了缩短生命的意愿。横滨地方法院裁定，德永医生的行为没有符合上述条件，因为患者虽然将在几天内死亡，却没有清楚表达自己正遭受肉体痛苦，或主动表达接受安乐死的意愿。德永医生的行为不可视为实施“安乐死”，因此判其入狱 2 年，缓期执行。

2000 年 10 月 26 日，瑞士苏黎世市政府通过决定，自 2001 年 1 月 1 日起允许为养老院中选择以“安乐死”方式自行结束生命的老人提供协助。不过这一规定本身所涉及的只是苏黎世二三十家养老院。

在法国，“安乐死”一直被视为禁区。刑法明确规定：主动帮助别人死亡视为与谋杀同罪，最高刑期可判无期。但减少临终患者痛苦的大辩论此前一直未停止过。1999 年 4 月，法国国民议会接受了 58 名议员联名提交的“安乐死”立法建议书，2000 年 3 月，法国政府公布了一项关于实施安乐死的调查研究报告。报告认为在法国实施“安乐死”应继续被视为一种“非法行为”，但同时建议在所有医疗方案被证明无效和患者要求的情况下实施减少患者痛苦的方法是可以接受的。2001 年法国各界对安乐死历时 3 年的争执终于有了一个并不明确的定论：在特定的情况下可以实施安乐死，但总前提则仍然将安乐死视为“非法行为”。这等于给法国的安乐死解除了禁锢，尽管只是开了一个小小的口子。

2. 特丽·夏沃案例 2005 年，美国女植物人特丽·夏沃的命运备受全球各界广泛关注，引起人们重新讨论“安乐死”这一涉及法律和医学伦理范畴的议题。

从佛罗里达州临终关怀医院的病床，到美国国会的大厅，延长特丽·夏沃生命的“战争”占据了人们的视线，让有关战争、预算、社会保险制度改革的讨论变得失去了民众的眼球。

1990 年，特丽·夏沃因心脏病发作而成为植物人，15 年来一直依靠人工进食管维持生命。她的丈夫迈克尔·夏沃说，特丽曾经说过自己不愿依靠人工来维持生命，要求对她实施安乐死；而特丽的父母则认为女儿会笑、会哭，也会对周围的声音做出某些反应，因此强烈要求维持其生命，以等待有朝一日科技的新进展可以让女儿康复。为此，他们和特丽的丈夫打了 10 年官司。其间，特丽的进食管曾经两次被拔掉，然后又被重新插上。2005 年 3 月 18 日，美国佛罗里达州第六巡回法庭裁定对维持植物人状态已 15 年之久的特丽·夏沃实施安乐死。但她的父母向佛罗里达州州长求援，州长签署了延续特丽生命的命令。但州第六巡回法庭坚持认为，特丽的脑部损坏非常严重，恢复感知能力已经不存在任何希望，所以最终还是决定拔掉特丽的进食管。

根据法庭的裁决，医生再次拔除了维持特丽生命的进食管，使其进入“自由死亡”状态。在这之后 1～2 周内，如果不重新插上这根管子，41 岁的特丽将实现安乐死。为此美国总统布什特地中断休假赶回华盛顿，于 3 月 21 日签署了美国国会史无前例通过的紧急法案，要求联邦法院再做决断以延续特丽·夏沃的生命。布什在白宫发表声明说：“我国的社会、法律和法庭必须有重视生命的推定。”“我今天签署法案，使之成为法律。法律将允许联邦法庭审理特丽·夏沃提出或代表她提出的请求，即不要妨害她想留住或除去维生所需的食物、流液或者医疗的权利。”而联邦法官 22 日裁定，拒绝女植物人父母为爱女恢复进食管的要求。联邦地区法官詹姆斯·惠特莫尔裁决说，特丽·夏沃的父母未能证明佛罗里达州法院所做出的拔除进食管的决定侵犯了特丽·夏沃的权利，相反特丽·夏沃的“生命和自由权利”受到了州法院的保护。尽管“决定艰难、时间紧迫，但本庭被迫依照法律衡量本案”。3 月 31 日，特丽在其进食管被拔除 13 天之后死亡。

在此背景下，法国各界辩论多年的“安乐死”也终于在法律界定上告一段落。4 月 12 日，法国参议院通过了 2004 年 11 月底国民议会表决赞成的《临终患者死亡权法》。该法案强调，继续进行固执和不合理的治疗是不可取的。法案规定，医生尊重患者提前提出的终止治疗的选择，哪怕采用会带来可能加速死亡的镇痛药物，医生不承担任何责任。《临终患者死亡权法》实际上并未突破“安乐死属非法行为”的司法瓶颈，不过或许不久的将来安乐死会在法国解禁。

（二）我国安乐死实践探索

1. 关于安乐死的讨论 改革开放以后，安乐死的观念传入我国，并很快成为人们普遍关注的热门话题。1987 年 4 月，在第六届全国人大第五次会议上有王群等 32 名代表提出 101 号提案，建议制定《安乐死条例》，这标志着安乐死的立法问题从那时起就被提到立法机关的议事范围之内。在 1988 年七届人大会议上，严仁英在议案中写下这么短短几句话：“生老病死是自然规律，但与其让一些绝症患者痛苦地受折磨，还不如让他们合法地、安宁地结束他们的生命。”1986 年 12 月 24 日，中国社会科学院哲学所、北京医学哲学研究会、中国自然辩证法研究会联合邀请了 30 多位医学界和哲学界人士座谈关于安乐死的问题，中央人民广播电台于 1987 年 1 月 22 日在《午间半小时》节目中播出了讨论会的录音。节目播出后，节目组收到了邓颖超同志的来信，信中说：“今天你们勇敢地播出了关于‘安乐死’的问题并希望展开讨论，我很赞成，我认为‘安乐死’这个问题是唯物主义的观点。我在几年前已经立下遗嘱，当我的生命要结束……千万不要用抢救的办法。这是我作为一个听众参加你们讨论的一点意见。”她还再次强调对安乐死的赞成态度，并且建议有关部门立法。从 1992 年起，在每年的全国人民代表大会上，提案组都会收到有关安乐死的提案，要求国家立法，使安乐死合法化。1997 年，来自 17 个省市的伦理学界、医学界、法学界近百名专家学者在上海举行了第一次全国性的安乐死学术讨论会，会上争论得非常激烈，多数代表拥护安乐死，个别代表认为就此立法迫在眉睫，部分代表认为目前在我国施行安乐死为时尚早。

虽然安乐死在我国还处于争论阶段，但是现在上海等一些城市已经开始悄悄地施行安乐死。只是目前还没有一例是经过官方医疗单位的正式批准后进行的，而是首先由患者提出要求“死的权利”，写一份遗书：“本人系无法忍受病痛而死，与旁人一概无关，口说无凭，立此存照。”然后经家属同意，由医生悄悄地进行。

2. 汉中案例 1986 年 6 月 23 日，一位名叫夏素文的女性患者住进陕西省汉中市人民医院。经医院检查，确认患者已处于肝硬化晚期，伴有肝性脑病、肝功能丧失代偿。虽经多方抢救，病情仍不能控制。6 月 27 日晚，病情恶化危急。28 日，患者的小儿子王明成和小女儿看到患者痛苦难忍，提出能否采取措施，尽快结束患者的痛苦。医院对患者家属的这一要求开始不同意，但在患者子女的再三要求下，医生分两次给患者注射了 100 多毫升复方氯丙嗪。事前在处方上写明了家属要求“安乐死”，并由王明成签了名。29 日凌晨 5 点，患者死亡。汉中市公安局以故意杀人罪逮捕了 2 名当事医生和死者的小儿子、小女儿，后因案情特殊曾一度改为取保候审。

此案时隔 3 年半后才于 1990 年 3 月 15 日正式开庭审理，但由于法庭辩论存在明显分歧，仍未能得出明确的结论。1991 年 5 月 17 日，陕西省汉中市人民法院对此案做出了一审判决，依法宣告 2 名被告人无罪。法院认定，被告人为身患绝症的患者夏素文注射加速其死亡的药物不构成犯罪。而原告则认为，被告的行为构成了犯罪，因而依法提起抗诉。1992 年 6 月 25 日，汉中市人民法院依法驳回抗诉，维持原判，宣告 2 名被告人无罪。至此，我国首例安乐死杀人案从 1986 年 7 月 3 日立案，经过了 6 年的漫长审理后终于有了结果。虽然这起案件已经画上了句号，但其意义和影响已远远超出了医学和法律范围，引起了社会各界广泛的关注，也正是从 1992 年起，在每年的中国全国人民代表大会上，提案组都会收到有关要求安乐死立法的提案。

在为身患绝症的母亲实施了安乐死 17 年后，我国首例安乐死案主要当事人之一王明成身患晚期胃癌不堪病痛折磨于 2003 年 6 月 6 日提出为自己实施安乐死。王明成在向医院提出安乐死的请求时，同时表示愿将自己的器官无偿捐献出来。接到王明成的安乐死书面申请后，医院明确表示，在没有明确法律规定的情况下，不可能为王明成实施安乐死。2 个月后，王明成离开人世，留下一个饱受争议的话题——安乐死。

3. 安乐死立法 目前,我国赞成安乐死的人主要是老年人和高知识阶层人士。据北京、上海、河北、广东等省(市)调查,民间测评安乐死赞成率很高。上海对 200 名老人进行了安乐死意愿的问卷调查,赞成率为 73%。在北京的一次同样的调查中,认为目前国内可实施安乐死的支持率则高达 79.8%,85%以上的人认为安乐死符合人道主义。另据《健康报》报道,有关部门对北京地区近千人进行的问卷调查表明,91%以上的人赞成安乐死,85%的人认为应该立法实施安乐死。在对某医学院 172 名学生进行调查时发现,赞成对伴有难忍痛苦的绝症患者实施安乐死的达 77%,因法律无明文规定而表示说不清的占 16%。可见无论是青年人还是老年人,无论是医务工作者还是非医务工作者大都赞成安乐死,都希望有相应的法律予以规范。在 1995 年召开的全国人民代表大会上,著名医学专家胡亚美、严仁英两位代表提出了安乐死议案。广东代表、华南理工大学教授谭盈科提出建议立法支持安乐死的议案,获得 31 位广东代表的附议后已提交有关方面。在我国第二届"安乐死与临终关怀"研讨会上,许多专家、学者建议早日推行安乐死,尽快给安乐死立法。这些都说明,安乐死在我国也越来越受到公众的关注和赞同,受到学术界、法律界的重视,安乐死立法已经成为一个迫切而又现实的问题摆在了我们面前。

安乐死是否正当的问题,不仅在司法界、医学界是一个争论不休的问题,就是在社会上也是一个热门话题。虽然在学术界,有越来越多的人赞成安乐死,但是,我们需要面对这样一个现实,即当今世界上只有荷兰和比利时以法令的形式正式承认了安乐死,其他国家,无论是大陆法系的代表法国、德国,还是英美法系的代表英国、美国,对安乐死都采取了十分谨慎的态度,它们都没有明确地以法令的形式承认安乐死合法,而是采取各种其他的形式,对个案中的行为人减轻或者免除刑事责任,即有的学者所说的"安乐死的非犯罪化"。事实上,就是在法律上接受并承认安乐死的国家,其安乐死标准和范围也是不易确定的。

我国从 20 世纪 80 年代初开始公开讨论安乐死问题,目前尚没有安乐死的成文法,法律界也未接受这一概念,但安乐死在我国以隐蔽方式已经实施了很久。在理论上,安乐死在道德上的合理性与在法律上的违法性的悖论应该早日解决。在实践上,应该规范和控制安乐死的实施,以杜绝目前安乐死实施中的混乱,这种规范和控制的最佳方式是运用法律这个最有约束力的社会控制手段。由此可见,制定一部有关安乐死的法律是很有必要的,但各界对我国是否具备安乐死立法条件,仍无定论。

由于安乐死立法涉及国家政策的权衡和制定,这就决定了它不是一个医疗问题,而是一个需要首先对之进行伦理判断和哲学思考的问题。目前我国有关部门对安乐死的概念、伦理理由、与安乐死立法相关的一系列伦理学依据,以及有关法律问题的理论研究还很不够,而且我国的医疗卫生法制尚不健全,如果匆忙立法,被滥用的可能性很大。所以,应该针对有关安乐死的问题进行积极的研究和论证,以期尽快达成共识,以规范和控制我国的安乐死实践,防止滥用。

第十二章　公共卫生与预防医学伦理

第一节　预防医学伦理

一、预防医学概述

（一）预防医学的概念及发展

预防医学是以人群为主要对象，研究环境因素对健康的影响，人群中疾病的发生与分布规律，以及制订预防疾病和增进人群身心健康的对策和措施的一门综合性学科。其工作模式是“环境－人群－健康”。这是一个“健康生态模型”，强调环境与人群的相互依赖、相互作用和协调发展，并以人群健康为目的。预防医学的内容包括医学统计学、流行病学、环境医学、社会医学、行为科学与健康促进、卫生管理学，以及在临床医学中运用三级预防措施。

预防医学的萌芽在公元前就已经产生。古代人们在同自然界的长期斗争中，逐步积累了与疾病做斗争的知识和经验，产生了预防疾病的思想。例如，《黄帝内经》中已提出“圣人不治已病治未病，不治已乱治未乱。”随着人类社会和生产力的发展，预防疾病的思想也得到了发展。16世纪以后，欧洲的文艺复兴和工业革命推动了自然科学的进一步发展，促进了社会和医学的新变革，也为预防医学的发展奠定了科学基础。预防医学真正成为一门有理论、有方法的科学体系，只有不到200年的历史。它是在临床医学、基础医学和社会学的基础上发展起来的。预防医学发展至今大致经历了两次变革：第一次是在19世纪的下半叶到20世纪的上半叶，主要对象是防治急慢性传染病和寄生虫病。从20世纪下半叶开始，预防医学又进行了以保护环境和减少心血管病、肿瘤、意外伤亡等主要死因为对象的第二次变革。

（二）促进健康的三级预防措施

根据疾病发生发展过程以及健康决定因素的特点，把预防策略按等级分类，称为三级预防策略（Prevention strategies at three levels）。

1. 第一级预防（primary prevention）　又称病因预防，在第一级预防中，如果在疾病因子进入环境之前就采取预防性措施，则称为根本性预防（primordial prevention）。它是从全球性预防战略和各国政府策略及政策角度考虑，建立和健全社会、经济、文化等方面的措施。

2. 第二级预防（secondary prevention）　在疾病的临床前期做好早期发现、早期诊断、早期治疗的“三早”预防工作，以控制疾病的发展和恶化。达到“三早”的根本办法是宣传，提高医务人员诊断水平和建立社会性高灵敏可靠的疾病监测系统。

3. 第三级预防（tertiary prevention）　对患者采取及时、有效的治疗措施，防止其病情恶化，预防并发症和伤残；对已丧失劳动力或残疾者，主要促使功能恢复、心理康复。进行家庭护理指导，使患者尽量恢复生活和劳动能力，能参加社会活动并延长寿命。

二、预防医学工作的伦理特点

（一）社会性与全球性

预防医学的社会性集中表现在为社会健康利益服务，其一切工作以大多数人民群众的健康需求为出发点，预防医学工作者必须具有高度的社会责任感，要牢固树立对人民健康负责、对社会负责的观念。预防医学工作的社会性还表现在预防医学工作正常有效的开展离不开社会的支持。经济全球化的高度发展，人口流动性的增大，通讯手段的日新月异，交通工具的日益便捷等，可以使一种病原体在几十小时之内从疫源地传遍世界各主要城市，进而向中小城市、农村蔓延。因而预防医学的全球性特点就凸现出来。预防保健不能仅局限在某个国家、某个地区，而要求世界各国、各地区共同努力、协同工作。

（二）间接性和长期性

预防医学与临床医学不同，临床医生通过治疗患者，使病患转危为安，它所产生的社会效应立竿见影，很容易得到社会的认可。而预防医学工作的重点，是对人群疾病进行预测，提前采取一系列切实有效的防治措施，防患于未然，以此实现预防工作的保健价值，它所产生的社会效益一般不能在短期内表现出来，有些疾病的防治后果，甚至长时期内也难以表现出来。这种不同之处，使部分群众产生轻视预防工作，甚至不尊重预防工作者的倾向，从而给预防工作带来了困难。因此，正确认识预防医学道德责任的长期性和间接性，不断向群众宣传“预防为主”的工作方针尤为重要。通过宣传教育，调动起全社会的积极因素，让群众充分认识预防工作的重要性和迫切性，使其主动参与、支持预防工作。要克服“重治轻防”、预防工作“出力不讨好”“可有可无”“低人一等”的错误思想，坚持不懈地履行自己的社会职责和道德义务，促进预防工作的顺利开展。

（三）公益性与福利性

公益性与福利性是预防医学的本质特性。一般来说，社会卫生事业是政府实行一定福利政策的社会公益事业，特别是发达国家基本上都对预防体系的建立做出这样的规定。而预防医学工作的开展正是实现这种公益事业、造福社会公众的有效途径。无论是 1977 年第 30 届世界卫生大会通过的“2000 年人人享有卫生保健”的决议，还是进入 21 世纪后世界卫生组织又一次提出了 21 世纪“人人享有卫生保健”的全球卫生总目标，都是世界性的面向人类社会提出的整体的健康方向和目标。其实施步骤贯穿了预防为主的公益思想，并最终实现健康社会效益的最大化——人人享有健康保健，社会进入基本健康状态。这是预防医学的本质特性。一般来说，社会卫生事业是政府实行一定福利政策的社会公益事业，特别是发达国家基本上都对预防体系的建立做出这样的规定。而预防医学工作的开展正是实现这种公益事业、造福社会公众的有效途径。无论是 1977 年第 30 届世界卫生大会通过的“2000 年人人享有卫生保健”的决议，还是进入 21 世纪后世界卫生组织又一次提出了 21 世纪“人人享有卫生保健”的全球卫生总目标，都是世界性的面向人类社会提出的整体的健康方向和目标。其实施步骤贯穿了预防为主的公益思想，并最终实现健康社会效益的最大化——人人享有健康保健，社会进入基本健康状态。

（四）复杂性与艰巨性

预防工作的复杂性是指预防工作的自然环境庞杂多变，涉及社会方方面面，工作对象千差万别，工作效果显现多样。预防工作的艰巨性是指预防工作的任务重、要求严、时限紧、难度大。预防工作关系到广大人民群众的健康安危，关系到社会的繁荣稳定，还关系到民族的声望和子孙后代的幸福。任重而道远，必须严肃对待，从严要求。

三、预防医学工作中的伦理准则

（一）贯彻“预防为主”的思想，树立“大卫生观”

预防医学价值目标的社会公益性要求医务人员，尤其是预防医师树立和贯彻“预防为主”的思想。首先，要通过有组织的活动来预防疾病、延长生命和促进心理和躯体健康。这些活动包括改善环境卫生、保证食品卫生、控制传染病、进行个体健康教育、组织医护人员对疾病进行早期诊断和治疗，发展社会体制等，以此来保证每个人都享有足以维持健康的生活水平和实现其健康地出生和长寿。其次，还要了解、宣传、树立“大卫生观”。“大卫生观”是用广阔变化的视角，整体审视自然生态环境，观察、认识、评价人的精神和物质属性以及人与社会、人与自然之间关系的新理念。它不仅要求重视物质的人体，而且必须重视人的精神活动和社会活动对人体健康的影响，不仅要求重视人本身，更应关注自然、生态环境对人的整体作用。而“大卫生观”就体现了“预防为主”的思想，预防医学的长效性要求必须真正树立和贯彻“预防为主”的思想。“预防为主”强调长期性、坚持性，而不是一过性、突击性、任务性。否则，由于价值评估的滞后性和无形性的特点而很容易被忽视或者流于形式。

（二）把社会公众权益放在首位，合理兼顾个体人权

预防医学价值目标的社会公益性要求正确处理个体人权与公众权益之间的关系，把公众权益放在首位，同时要防止对个体人权的忽视与践踏。在预防新型传染病之初，往往由于卫生行政管理部门、疾病防控中心、医疗及其科研机构还没有掌握其传播方式、致病机制和有效的治疗方法，此时公众的警惕性最高，在防控手段上也更“极端”，会将疑似者及接触者隔离，造成一些被隔离者的不解和不满。随着疫情的扩展，隔离的人数越来越多，被隔离者往往同防疫人员发生争执和冲突。其矛盾和冲突的根源主要涉及公众权益与个体人权保护两者关系问题。国家通常的做法往往从公众利益出发，卫生防疫部门一旦接到疫情报告，特别是危害严重的传染病，除了向上级卫生行政部门报告外，还应当以最快的速度前往疫点或疫区进行详细的流行病学调查，尽快对传染源、传播途径和易感人群采取防疫措施，将疫情控制在最小范围，乃至尽快平息。这既是法律要求，也是道德责任。但在传染病预防的措施中，隔离受到的质疑最多，反对的理由也似乎很充分。例如，针对艾滋病的防治，就有人想通过立法使隔离手段合法化和常规化。但这种立法建议会遭到严厉的批评，批评的理由是此种做法会侵犯艾滋病患者的自由和平等人权。所以，疾病防控伦理准则必须兼顾个体人权和公众权益。

（三）强化公共卫生措施，促进人群的健康水平

公共卫生措施是指以预防医学的理论和技能为基础，从群众的健康角度，研究各种有害因素对人体健康的影响，并采取切实可行的措施控制和消除这些有害因素，以达到群众预防和促进健康目的的社会实践的总称。它包括计划生育、妇幼卫生、老年保健等预防性卫生服务，公共卫生监督，疾病的预防、控制以及健康教育等内容。其中健康教育是通过改变个人有害健康的不良卫生行为，如不合理的饮食、吸烟、酗酒、吸毒、药物滥用等实行自我保健，因此，它是最有效、最经济的促进健康的方法。这就要求工作者具备扎实的预防医学和相关学科的理论基础知识，过硬的业务技术水平和实事求是的工作作风以及科学严谨的工作态度，从而正确实施和不断强化公共卫生措施，最终促进人类健康。

（四）对社会负责，坚持原则，树立忘我的献身精神

预防保健的关键在于防患于未然。由于思想观念受社会环境、生活水平、文化程度等因素的影响，社会人群对预防保健工作的重要性和迫切性认识各异。其中，有些人对预防保健工作缺乏积极性和主动性，对所处的生活环境缺乏关心，对预防保健工作人员主动上门为他们查病防病无迫切要求，表示冷漠、抵触甚至反对，对预防医师也不像对临床医师那样关心和尊重。这就要求预防医师在这种被动的局面中有更高的道德修养，不图名利，积极主动地对可能受到威胁的健康人群采取预防性保护措施。此外，预防医学的工作任务艰巨，经常需要走出办公室、实验室，深入群众，接触社会，调查掌握有关卫生问题的第一手资料，既要防治传染病、地方病、寄生虫病、职业病，又要防治严重危害人民健康的非传染病，甚至还需要经常深入疫区。面对这样艰巨的任务，预防医师必须有不畏艰苦、迎难而上、勇于自我牺牲的精神。遇有自然灾害、传染病流行、突发重大伤亡事故及其他严重威胁人民健康的紧急情况时，还要冲锋在前，对患者进行全力的救治，最大限度地维护其身体健康和生命安全。

预防医学关系到人民群众的生命安危和千家万户的悲欢苦乐，影响到民族的健康素质和子孙后代的幸福，涉及国家的声誉和经济建设。也就是说，预防医学是以社会人群健康为主要研究对象，其目的是达到人人健康。因此，要求从事预防保健工作的人员树立对全社会负责的伦理观念和高度的社会责任感，把社会利益放在第一位。同时要利用一切可行的手段控制危害人类健康和生存的自然因素、社会因素及不道德的医疗行为，保证对社会整体健康利益负责。绝不能为了照顾个人或小团体的利益，放弃原则，降低标准，有法不依，违法不究。新中国成立以来，特别是近十年来，我国先后由全国人民代表大会常务委员会制定了《食品卫生法》《环境保护法》《国境卫生检疫法》《传染病防治法》等重要法律。同时，卫生行政部门也相继颁布了一系列行政性和技术性的卫生防疫法规。预防医师必须正确认识卫生法规和职业道德的关系，增强执法的自觉性。应依法办事，主持公正，做到一视同仁、不徇私情、不畏权势、不怕威吓、文明执法、处罚有理。对违反法规者，不管其地位高低、关系亲疏，也不管其采取什么样的逃避、抵触行为，决不姑息迁就、退让妥协。

第二节 公共卫生伦理

一、公共卫生伦理概述

（一）公共卫生的概念

公共卫生（public health）是预防疾病、延长人的寿命和促进人的身心健康的一门科学。公共卫生又称公共健康，概念的提出针对传统注重个体健康而言。医学事业发展的结果之一是医学活动的对象从个体转向群体和整个社会。其转向并不表明现代医学不关注个体健康问题，而是对群体和社会公众的健康予以同等的关注。所以公共卫生亦可以称之为人口的健康、群体的健康。

从内涵来看，公共卫生包括静态与动态两个层面。静态是指其工作目标以及围绕实现工作目标而建立的制度、组织、文化等。静态工作目标具体包括制订预防流行疾病发生的战略与战术，提高群体生活质量，延长人群寿命，减少损伤、残疾的发生率，促进群体的身心健康水平等。其结果将在统计学层面显示出社会健康状况的改善，而不能在某个个体的具体健康和生存年龄等方面得到证明。动态是指实现与维持目标处于稳定状态的工作过程，包括现状评价、问题分析、政策制定与发展、保障措施的实施等。早期的公共卫生观念及其指导下的行为与烈性传染性疾病的流行密切相关。在微生物知识、传染性疾病以及预防和治疗知识技术成熟之前，根据直观经验，人们发现对待烈性传染病的唯一有效办法就是将已发病的人隔离起来，并监视他们的生活，完全避免与其接触。中世纪的普遍做法是：封闭城市及其郊区，严禁离开城市，违者处死，捕杀一切乱窜的动物；将城市分成若干小区，各区由一名区长负责；每条街道由一名里长负责，严格监视该街事务，如果他离开该街，将被处死。在规定的那些天，所有的人都必须待在家里，违者处死。

随着细菌学知识的完善和消毒技术的普及，以及 20 世纪免疫接种技术和抗生素的发现与广泛使用，烈性传染病得到相对的控制。但人口的快速增长，城市化速度的加剧，导致公共卫生概念的内涵与外延扩展。传统的预防传染病的组织得到保留与扩大，而通过有组织的教育和卫生促进活动，改善公众的身体素质和健康水平，延长寿命，预防除传染病以外的其他流行性疾病，成为公共卫生的新目标。1916 年，第一所公共卫生学院在美国约翰·霍普金斯大学医学院成立，标志着公共卫生教育与机构独立于医学教育与机构。随后，美国其他的大学也成立了公共卫生学院，至 1999 年，美国有 29 所公共卫生学院。这种教育模型在 20 世纪已经成为培养公共卫生人才的标准模式。

（二）国外公共卫生研究进展

1. 公共卫生的含义 美国公共卫生领袖人物温思络（Winslow，1877～1957）早在 1920 年就认为公共卫生是“通过有组织的社区努力来预防疾病、延长寿命和促进健康和效益的科学和艺术。这些有组织的社区努力包括改善环境卫生，控制传染病，教育每个人注意个人卫生，组织医护人员为疾病的早期诊断和预防性治疗提供服务，建立社会机构来确保社区中的每个人都能达到适于保持健康的生活标准。组织这些效益的目的是使每个公民都能实现其与生俱有的健康和长寿权利。”

美国医学研究所（The Institute of Medicine，IOM）于 1988 年对公共卫生下了一个影响比较广的定义：公共卫生是我们作为一个社会，集体采取措施来确保人民能够健康的条件。例如，通过保证安全饮用水、学龄儿童免疫接种或通过流行病学研究等方式。这个定义强调了政府、社区共同作为健康责任的主体。

美国公共卫生学院学会（the Association of Schools of Public Health，ASPH）的定义是：公共卫生是通过健康教育，促进健康的生活方式和对疾病伤害的预防研究，来保护和促进人群健康的科学。公共卫生是通过对处于疾病或伤害危险中的社区或人群的生理、心理和环境卫生问题，通过健康促进和疾病预防技术以及改进和增强生命质量的干预，以有组织、多学科的努力来实现目标。

约翰·霍普金斯大学提出，公共卫生是将人群健康作为整体来保护和加以改善的努力，是将健康的生物学基础和疾病与社会的社会学和政治进程相联系的一个领域。

2. 公共卫生的特点 尽管公共卫生的定义颇多，但从这些定义中可以发现现代公共卫生的基本特点：①公共卫生既是一种制度、学科和实践活动，又是科学的艺术；②公共卫生服务成本低、效果好，但它的社会效益回报周期相对较长；③公共卫生的最终目标是促进居民健康，延长期望寿命；④公共卫生以人群为研究重点；⑤公共卫生的实质体现在公共政策上，政府宏观调控和积极干预在公共卫生工作中将发挥关键性的作用；⑥公共卫生在很大程度上是一个社会问题而非技术问题，具体实施中将涉及社会的各个层面。因此，应加强部门间的协作和社区参与；⑦应建立一支受过良好教育、具有多学科背景的人员队伍，作为公共卫生的技术支撑。

3. 公共卫生伦理学 安东尼（Anthony）在其“公共卫生伦理学：教学调查和评论”一文中对公共卫生伦理学（ethics of public health）定义总结了三种观点：第一种观点认为，公共卫生伦理学是公共卫生领域中的一系列道德问题的罗列；第二种观点认为，公共卫生伦理学是生物医学伦理学的分支；第三种观点认为，公共卫生伦理学是在公共卫生领域对伦理学的拓展。

美国公共卫生学院协会（the Association of Schools of Public Health，ASPH）和卫生资源和服务管理局（Health Resources and Service Administration，HRSA）资助的课题成果“Ethics in public health：a model curriculum”是这样总结的：①公共卫生伦理学是一些原则和价值，它们帮助设计、指导人群健康问题的宣传和疾病与伤害的预防；②公共卫生伦理学应该与生物医学伦理学区分开来；③生物医学伦理学通常强调患者个体的重要性；④公共卫生伦理学更加强调人际关系、公民意识和社区作用的重要价值。

（三）公共卫生工作的道德特点

1. 道德目标的超前性 医学从产生时开始，重点是关注已经出现在个体身上的身心苦痛，即疾病已经发生，应该如何将疾病的不利影响消除，或者减轻其不利影响。公共卫生工作的目标与此不同，是以将来为工作导向，其目的是减少将来有很大可能出现的疾病发生率，从整体上改善群体的健康状况。

从道德的产生基础看，临床医学和公共卫生并无本质的不同，都是人类对他人和自身痛楚的深切关怀，是人文情怀的体现。但是公共卫生工作的目标体现了道德关怀的超前性，所关注的是尚未发生的未来的人类痛楚。这一超越，其科学前提是人类对健康和疾病发生与发展规律认识和控制技术的进步，从而真切地实现了人类对群体和他人将来身心健康的实际关切与改善。

2. 道德目标的社会性 公共卫生的最终价值体现在社会层面。一是公共卫生目标的实现，虽然存在着主要的组织者与实施者，如政府卫生行政部门、卫生机构等，但如果没有多数社会成员的积极参与，如果没有全社会的共识与支持，目标的实现就会遇到不可克服的障碍。二是公共卫生工作的受益者是相对多数的社会成员，而不一定确保每一个社会成员都免受疾病的影响。从总体看，有效的公共卫生工作确实能减少疾病的发生率，提高社会成员的健康水平。三是开展公共卫生工作可能影响部分成员的生活，甚至带来不便。如戒烟，目前的研究结果显示，戒烟确能降低相关疾病的发生率，促进社会健康水平，但是对有些“烟民”的吸烟自由就必然产生一定的限制。

3. 道德目标评估的滞后性 从工作目标的实现时间点来看，公共卫生工作的效果评价具有滞后性的特点。从已经产生的结果看，公共卫生工作具有巨大的社会、经济等效益，但是并不具有立竿见影的效果。天花曾经是世界上最严重的传染性疾病之一，数千年来导致千百万人死亡或毁容。1769 年，英国人贞纳（E.Jenner，1749～1823）试种牛痘成功，最终研制成有效预防天花的牛痘疫苗。但直至 1979 年 10 月 26 日，联合国世界卫生组织才理直气壮地在肯尼亚首都内罗毕宣布，全世界已经消灭了天花，并且为此举行了庆祝仪式。天花是人类完全控制的第一个烈性传染病，其科学价值、社会影响和经济利益等是一个无法完全计算的天文数字。可见，天花预防接种的道德价值的完全显现与肯定，需要等到 183 年之后。公共卫生价值评估滞后性的特点，在一定程度上影响了某些公共卫生工作的展开。因为不是所有人都能以理性的思维对待公共卫生政策与活动。这需要通过提高全民的知识水平以及建立相对完善的公共卫生制度，以确保公共卫生工作的有效开展。

（四）公共卫生伦理的使命

公共卫生伦理的主要使命是为促进公共健康、预防疾病、减少风险和伤害提供伦理支持。具体使命主要有：

1. 解决在维护和增进公共健康的活动中面临的伦理问题和道德冲突 道德冲突是指道德利益的相互对立、相互抵触和相互排斥。在公共卫生领域，存在各种各样的道德冲突和伦理问题。例如，如何公正分配医疗卫生资源；吸烟者在公共场所吸烟如何权衡个人利益与公共利益的冲突；在突发公共卫生事件发生时如何解决权力和权利发生的冲突、如何协调保护公共健康与保护个人隐私之间的关系等。许多疾病，特别是非典型肺炎和艾滋病一类的急性传染性疾病对现有的伦理道德关系产生冲突，需要有伦理原则来规范和帮助人们做出正确的道德选择。此外，公共卫生研究课题的选择、资金的投放等都需要有伦理论证。

2. 为公共卫生方面的政策和法律的制定提供依据 政策和法律往往是通过伦理反思而制定的，伦理是政策和法律的母体。善与恶、公正与偏狭、诚信与虚伪，都需借助法律工具予以规约和调整。在制定政策或做出任何决策是要明确所要达到的目的，例如，进行卫生改革，首先应该明确改革要达到什么目的，确立衡量改革成败的基准。为此就要运用伦理学理论和方法，尤其是要运用对各种可能的政策选项进行分析、推理和论证的方法。伦理分析可为公共卫生方面的政策和法律的制定提供合理的伦理辩护和依据，从而为政策和法律的实施提供有力的保障。

3. 为公共卫生提供价值观指导 希腊哲学家亚里士多德说：“凡是可欲的皆是值得追求的，凡是值得追求的皆是有价值的。”所谓价值就是当我们在追求一个事物的时候，能不能把它当成一个生命中唯一的或者非常高的一种准绳。价值观的深层意义，在于它是对人的思想和行为的根据、尺度和标准的哲学反思。有什么样的价值观，就有什么样的公共卫生状况。合理的价值观的指导意味着政府重视公共卫生事业，重视基本医疗的实现和基本的卫生条件的改善，避免、预防和消除伤害，努力消除贫困，促进社会公正，尤其是卫生保健资源分配公正为现实目标，使得公共健康状况得到普遍的改善，卫生投入和措施惠及一个国家的绝大多数人群特别是弱势群体的利益，充分体现公平、正义的理念，实现世界卫生组织提出的“人人享有卫生保健”的战略目标。

二、我国公共卫生伦理准则

（一）效用准则

公共卫生工作目标的实现，需要通过相应的组织，根据相应的法律法规和政策指导，动用相应的社会资源，采取特定的行动。在这一过程中，涉及稀有社会资源的使用，必须坚持和强调效用准则。

效用或称效果，是指人的一个特定行动带给人类的后果，包括“正效用”和“负效用”两方面。采取某种公共卫生政策，其效用的判断是衡量该政策给目标人群或全社会成员带来促进健康、预防疾病和伤害的好处，以及可能给相关人员带来的风险、负担及其他权利和利益方面的负面影响。因此效用准则是指全面评价行动的正面与负面后果，分析所谓的收益与风险比，以其比值的高低评价某个公共卫生行动的效用。这种分析对于是否实施某个方案或有可供选择的多种方案时尤其重要。

一项公共卫生行动，有时候不可避免地会牺牲某些个体的权益。恰当的公共卫生行动，一定是社会净受益的最大化。此时并不是简单地对个人利益和负担进行加减。例如，对传染病患者的隔离，肯定使当事人的某些权益受限制甚至损害，但社会整体却从中受益。不过效用原则也要求在能够得到最大可能受益的同时，实现最小可能的伤害，从另一方面扩大行动的净受益。换言之，不应为获得最大的健康受益的结果而任意、没有必要地伤害特定个体的利益。只有在损害特定对象利益不可避免时，并采取措施使必要的损害最小化、整个人群的受益最大化，此时效用准则才能获得伦理学辩护。例如，被隔离的传染病患者应得到充分的生活方便和医学照顾，有时还必须给予经济补偿。

在有多种公共卫生行动选项时，效用准则是左右决定的关键性准则。如果某个行动选项符合所有其他伦理准则，但效用较差，就应该放弃。效用准则第一位是公共卫生伦理学的一个特点。

（二）公正准则

为了约束效用准则的负面效应，还应坚持公正准则，以纠正追求效用最大化行动所导致的不公正现象。公正准则要求：在同一社会，所有成员都有均等的机会获得相同的公共卫生资源，或者是按照某种相对公平次序分配资源。该准则主要针对由于经济、阶层、种族、文化、宗教信仰等社会因素所造成的资源、风险、负担、受益等分配不公正的社会现实。某些已有的社会不公正损害了部分社会成员的健康水平，因而不符合公共卫生伦理的公正准则。

公正准则一般包括以下几个方面的内容：

1. 分配公正 即在所有社会成员之间公平、公正地分配资源、风险、受益和负担。包括形式公正和实质公正两个方面。形式公正即一视同仁，是一种形式上的平等。例如，当甲流疫苗生产出来后，所有社会成员均有机会接种。疫苗生产者、分配者、销售者不应因有直接接触机会获得优先接种的权利。实质公正则规定了可用来作为分配资源、受益和负担所依据的标准。例如，为了整个社会在甲流流行期能获得良好的医疗服务，医务人员在疫苗有限时接种次序优先；当疫苗充足时，医务人员接种时间优先。实际上，具体公共卫生政策应该选用什么样的优先分配标准，与特定社会文化、信仰、价值取向、经济水平、科技发展水平等复杂因素有关。

2. 程序公正　即确保所实施的公共卫生行动过程的公正性。实现程序公正地基本要求主要有：公共卫生信息保持公开与透明，公共卫生行动政策与决策公开，每一个利益攸关方与公众有机会参与等。程序公正可以保证公共卫生行动代表不同群体的利益，而且能够反映少数人的观点和利益诉求。

3. 回报公正　即对于在公共卫生行动中做出了贡献的人，社会应予以适当的回报；反之，导致公众健康严重损害者，则应受到相应的处罚。回报公正是社会有效运转的控制机制。其方式有经济、精神或两者共用等。

（三）尊重准则

尊重准则实际上是医学伦理的最基本和重要的伦理准则，所以同样适用于公共卫生伦理。其核心是要求尊重每一个人的自主性、自我决定权、隐私权。其要点有两个方面：一是以人为本，人本身是公共卫生活动的目的，而不能成为现实公共卫生目的的工具；二是成年人拥有自我决定和处理个人事务的权力，个人选择不应受他人操控；若遇到未成年人或其他特殊情况，应由法律规定的代理人代为处理。

在公共卫生伦理规范中，尊重准则是另一约束效用准则负面效应的机制。追求公共卫生行动效用最大化，有可能导致对少数人的不尊重，甚至侵犯部分个体权益。其逻辑前提是，公共卫生致力于保护公众的健康，而公众虽然是个体的集合，但公众与个体间的权益有时会有冲突。例如，某些公共卫生行动，甚至不可能避免地会限制个体自由，或侵犯个体隐私权。此时，尊重准则就起“刹车”的作用，在保护个人权益与保护公共权益之间寻求一个恰当的平衡点。

总之，每一个公共卫生行动都必须在涉及的个体权益和公众权益之间进行权衡、取舍。在伦理上，允许为了公众利益在一定程度上侵犯个体权益，其前提是必须采取的公共卫生行动有效且侵犯不可避免、可允许与合理，同时尽可能确保侵犯的性质最轻、程度最小、时间最短。

（四）互助准则

互助准则是与尊重准则相对应、对公共卫生行动涉及的社会成员的准则要求。在实施公共卫生行动时，公共卫生机构和工作人员一定会多多少少地影响或侵犯个体权益。但作为社会成员的个体，则应理解公共卫生行动对个体、群体及全社会健康的重要性，以积极合作的态度参与公共卫生行动的实施。另外，当个体行为将影响他人或群体健康时，应依据公共卫生知识，主动自我约束，并采取有效的预防措施，控制带给他人和社会的负面后果。互助准则强调社会成员在公共卫生工作中的主动性以及应承担的社会义务。

互助准则是个人与社会复杂关系的体现。互助准则强调个人权益的保障不能离开他所在的社会自发地实现。每个个体来到这个世界之前，已经有一个先于他的社会存在。人不是孤立的存在，而是在一种人与人之间权利与义务的关系网络中的存在。人类社会就是以人与人之间互助合作的方式中逐渐发展成熟起来的。因此，没有相互帮助，就没有公共卫生事业。所以人不仅追求自己的公共卫生权益，还应该维护他人同样的权益。

从公共卫生活动的目的看，个人乃至群体是否健康，在一定程度上取决于社会环境，包括其他人的行为等复杂因素。现代社会的重要特点是个体、民族、国家之间的联系已经变得日益紧密。公共卫生问题的解决，必须由政府、民族、地区、社群、个体密切合作，才能真正实现。可见，公共卫生与每个人密切相关，互助准则强调了所有社会成员促进公共健康的共同责任。

三、国外公共卫生伦理原则

美国公共卫生学会提出了 12 条公共卫生伦理实践的原则：①公共卫生应当从原则上强调疾病的根本原因和健康要求，以预防对健康的不良后果；②公共卫生应以一种尊重社会中个人权利的方式来促进社会社区人群的健康；③公共卫生政策、方案和优先性的提出和评价，应当通过一系列的步骤措施来确保社会社区成员都有参与的机会；④公共卫生应当提倡和努力赋予每一个社会成员基本的健康资源和必要的健康条件；⑤公共卫生应当为有效地实施政策寻求相关信息，以保护和促进健康；⑥公共卫生机构应当为社会提供其所拥有的信息；⑦公共卫生机构应当基于其拥有的信息，在公众赋予的资源和授权的范围内及时采取行动；⑧公共卫生方案和政策应当把各种取向整合起来，预先考虑到和尊重社会价值、信仰和文化的多元性；⑨公共卫生的方案和政策应当以最能促进自然和社会环境改善的方式来实施；⑩公共卫生机构应当保护个人或者社区的信息，除非能证明不公开会给公众或者社会带来重大伤害，否则就不应公开；⑪ 公共卫生机构应当保证自己的从业人员是胜任本职工作的；⑫ 公共卫生机构和其从业人员应当联合起来，为建立公众的信任和体制的有效运转而努力。

彼得·辛格（Peter A. Singer）等从加拿大多伦多的 SARS 教训中总结出 10 条伦理原则：①个人自由原则；②保护公众不受侵害原则；③比例关系原则；④互惠原则；⑤透明原则；⑥隐私原则；⑦保护社区名誉不受损害原则；⑧提供医护责任原则；⑨平等原则；⑩团结原则。

第三节 疾病预防与控制的伦理

一、疾病防控伦理概述

（一）疾病的概念

疾病（disease）是指个体内环境稳定的破坏以及机体同外环境的失调，表现为一定层次、一定部位的结构损伤、代谢紊乱、功能障碍。或者说，疾病是机体在一定的病因作用下，一定部位、一定层次的结构、代谢、功能发生异常变化的生命活动过程。

疾病是一个复杂的过程，表现形式多种多样，对疾病的认识总是受特定的历史条件制约，因而人们对疾病有过各种各样的定义。

早在 10 多万年前的原始社会，人们把疾病视为超自然现象的妖魔侵入人体的结果。自奴隶社会至今，随着生产和科学技术的不断发展，人们对疾病的认识逐步接近客观真实，先后出现了诸如阴阳失调说（中医）、四元素说（古希腊医学）、活力论（中世纪）、元气说（15～17 世纪）、医理说（医学物理学学派）、医化说（医学化学学派）、细胞病理说、内环境紊乱说、应激学说、皮层–内脏相关说、平衡失调说、基因病理说等。20 世纪后半叶以来，由于系统科学的产生及人类基因序列的揭示，人们对疾病的认识大大深入了一步。分子病理学、免疫病理学、分子生物学的飞速发展使人们对疾病的认识更加深入到本质。基于当代科学的水平，人们对疾病的本质有如下认识：①疾病是有机体生命活动过程中的一种运动形式，它与健康是对立统一的，是一种不同于健康的特殊生命活动过程；②疾病是由于在一定的条件下某种致病因素作用于机体而引起完整机体反应的结果；③在引起这个结果的过程中，贯穿着损伤与抗损伤的矛盾和斗争；④这种矛盾和斗争表现出机体的组织器官的功能、代谢和结构上的病理变化以及机体与外界环境协调的障碍，进而可以影响生命、生活、劳动、自我潜能的发挥和自我价值的实现。

（二）疾病的伦理关涉

开始对疾病进行思索时，初具思维能力的原始人经验地认为疾病是外部的神秘物（自然和超自然的）侵入机体，夺走了营养、灵魂等要素而产生的。这不是单纯的病理生理现象解释，而更多的是从宗教特别是巫术的角度所进行的文化理解，并认为人们“言行失当”是引起“侵入”的主因。这种解释为后来所有的伦理关涉埋下了伏笔。受自然哲学的影响，以希波克拉底为代表的最主要的古希腊医学派别立足于从物质性、整体性上说明疾病，提出来著名的“四体液病因说”，却也强调“疾病是一种服从自然法则的过程”，在治疗原则上重视精神疗法。中国传统医学典籍《黄帝内经》中有“道德稍衰，邪气时至”的提法，将道德衰败与身体不适，将情感、欲望与症状紧密联系在一起论述。道教生命观把道德修养与身心健康相连，强调行善去恶对于延年益寿的重要作用。在这方面，古代印度医学也与希波克拉底医学、中医学有相似之处。同样，欧洲和阿拉伯的神秘主义、魔术医学和信仰疗法一度占上风，教堂和修道院成为应对疾病和救赎的场所，祈祷、朝圣成为治疗手段。这些正是基于疾病与伦理的认识而形成的修德养性治疗的技术路线。

中世纪以来，随着生产力和科学技术的巨大进步，对于疾病的认识和理解不断加深，疾病作为一种道德隐喻，在人类发展的历程中逐渐成形。这一时期，人类经历了三次瘟疫大流行。其中以 14 世纪的黑死病最为严重。它夺去了欧洲大陆人口总数 1/4 人的生命，导致社会瘫痪。由于当时无法诊断出病因，人们相信疾病与道德人格之间有着内在的联系，将疾病视为耻辱、堕落、肮脏来躲避、驱赶。黑死病引起了全欧洲对犹太人的藐视和屠杀；希伯来人把麻风病称为“杂拉斯”，意为“灵魂不洁和不可接触”；英国人把梅毒称“法国花柳病”，巴黎人称“日耳曼病”，佛罗伦萨人称“那不勒斯病”，日本人称“支那病”，以示令人羞耻、粗俗的疾病等，成为一种道德腐化的隐喻。《圣经》中有大量上帝和神降下疾病来惩罚和训诫人类的篇章。明清时期许多文学作品常将疾病与人的道德品行联系起来，称心术不正、为非作歹者最终遭到报应，报应的形式就是疾病。《阅微草堂笔记》就记录了大量将遭遇疾病与道德品性并列衡量的事例，例如，认为品行不端者必病，骂人者得喉疾而死。在这种对疾病的认识中，文化性多于科学性，显示出鲜明的经验式判断和陈述特征，不自觉地继承了伦理解读的传统。

进入 20 世纪，对疾病的认识深入到基因层面，医疗技术高度发达，许多疾病得以治愈。但医学并没有使疾病消亡，新的疾病不断出现，关于疾病的解读也更加强调将健康、疾病与当时的伦理、文化相联系，而生物–心理–社会医学模式的转型强化了这种关联。20 世纪 70 年代，艾滋病在旧金山等地暴发，被称为“男同性恋病”，矛头直指被感染者得性道德取向，被认为将创造出一个终身为贱民的群体。苏珊·桑塔格（Susan Sontag，1933～2004）在《疾病的隐喻》中反思并批判了诸如结核病、艾滋病、癌症等如何在社会的演义中一步步地隐喻化，从“仅仅是身体的一种病”转化成了一种道德批判。精神分析人类学家弗洛伊德（Sigmund Freud，1856～1939）认为，为了适应社会规范及道德秩序，人不得不通过社会化的痛苦过程抑制其生物本能，而个人压抑生物本能的结果会使人类出现精神疾病。近些年来，国内关于乙肝等疾病的道德、政治歧视现象屡屡曝光，更有人论证善行与健康、恶行与疾病之间所存在的因果性。

总之，无论是在认识疾病方面，还是在医治疾病方面，都存在相关的道德评判和伦理关涉。

二、疾病管理伦理

疾病管理（disease management）属于公共卫生的范畴。在面对不同类型的疾病实施疾病管理时，医务人员的主要职责是疾病防控。为了真正实现相应的医学目标，疾病管理尤其是防控必须遵循基本的伦理要求。

（一）慢性非传染性疾病防控伦理

慢性病（chronic disease）全称是慢性非传染疾病，不是特指某种疾病，而是对一类起病隐匿、病程长且病情迁延不愈，缺乏确切传染性生物病因证据，病因复杂且有些尚未完全被确认的疾病的概括性总称。

1. 全面贯彻实行三级预防理念与措施 一级预防是预防慢性病发生的第一道防线。包括三个方面：一是针对个体的预防；二是针对环境的预防；三是对社会致病因素的预防。二级预防通过早期发现、早期诊断、早期治疗，可有效地延缓慢性病进程，提高患者的生活质量，减少社会损失。三级预防采取对症治疗，并辅以各种康复治疗，减少痛苦，延长生命，力求病而不残，残而不废，促进康复。

2. 强化对患者及其家属的知识教育和健康行为指导 慢性疾病患者往往将要带着疾病长期生活。因此，加强对患者及其家属的相关知识教育和健康行为指导，是公共卫生工作人员的基本职责。

3. 关注慢性病患者的心理健康，提供足够的社会支持 给予慢性病患者充分的心理和社会支持，改善其心理感受，促进其对待疾病的积极态度，提高其战胜疾病的勇气，并提供足够的社会资源，以分担患者及其家庭的生活压力。

（二）传染病防控伦理

传染病包括性病和艾滋病，具有传染性，能迅速在人群中散播，影响公众健康，社会危害性大，自古至今都是危害人类健康的主要杀手。随着免疫技术、抗生素、公共卫生等医学知识和技术的进步，目前人类在与传染病的斗争中取得了辉煌的成就，也总结出了传染病防控的伦理要求。

1. 严格执行隔离消毒措施和各项操作规程　隔离、消毒是传染病管理与防治工作中最重要的环节，也是公共卫生工作者与传染病斗争的重要内容。隔离是通过物理阻断的方式，防止传染病扩散。隔离对象包括：传染病患者、传染动物，疑似患者、疑似传染动物。消毒主要是采取有效措施杀灭传染病患者可能散播的细菌、病毒或其他传染源，对象包括居住的场所、日常用品、排泄物、分泌物、接触使用过的医疗器械等。与传染病接触的医务人员，在离开病区时必须采取消毒措施，避免将传染源带出病区。

2. 坚持预防为主的积极防疫思想　与一般疾病相比，传染病患者的治疗十分重要，同等重要的还有易感人群保护，控制器流行范围，避免发生社会灾难。从实际情况看，人类消灭天花是主动预防观念的胜利。通过预防接种，部分烈性传染病尤其是好发于儿童的烈性传染病得到有效的控制，明显降低了传染病的发病率。

3. 尊重传染病患者的人格和权利　在世俗观念中，传染病患者，特别是性病、艾滋病患者，往往被视为灾星，受到不应有的歧视、排挤，有时甚至发生惨剧。医务人员应该认识到传染病患者是传染性疾病的受害者，并不能为疾病、疾病传染负责，职责、歧视、排挤是错误的做法。在工作中，公共卫生工作者应尊重传染性疾病及疑似患者的各项正当权益。

4. 遵守国家法律规定，及时收集与上报疫情　现代社会已经建立了相对完善的传染病预防体系，及时发现、隔离、治疗各种传染病患者。相关的医务人员应按照国家法律规定主动关注、通报疫情。这既是法定义务，又是最基本的公共卫生道德要求。

（三）职业病防控伦理

职业病（occupational disease）是指特定职业的劳动者，因工作原因接触到粉尘、放射性物质或其他有毒、有害物质，但因防护措施不力等而引起的疾病。

职业病防控伦理要求主要有两条：

1. 始终坚持“预防为主，防治结合”的工作理念　职业病预防重于治疗。随着知识和技术的进步，相当于一部分职业病已经有了成熟的预防方法。公共卫生工作者应以《中华人民共和国职业病防治法》为指导，贯彻“预防为主，防治结合”的职业病防治方针，积极主动地进行普及职业卫生知识和技术的宣传教育，加强对特定职业劳动者的健康保护力度。

2. 始终坚持“深入一线，监督指导”的工作方式　监督指导包括两个方面：一是生产单位，二是劳动者。在职业病预防与控制中，公共卫生工作者只有始终坚持“深入一线，监督指导”的工作方式，才能取得真实的效果。从相关劳动场所的设计审查、竣工验收，到开工后的经常性监督检查；从对相关劳动者进行培训与职业病预防行为指导、及时开展体检，到发现职业病问题后及时报告与进行治疗，都需要第一手资料并亲临一线。

在工作中，公共卫生工作者还应针对社会发展中新出现的职业病问题开展科学研究工作，以提高对职业病未知领域的认识，促进职业病预防与控制工作与时俱进。

（四）地方病防控伦理

地方病又称水土病，是由水源、土质原因引起的具有地域局限的疾病。其特点是发生在某一特定地区，同特定自然环境密切相关，在一定地区内长期流行，且有一定数量的患者表现出共同的病征。在中国分布广泛的地方病有克山病、大骨节病、地方性氟中毒、地方性甲状腺肿、克汀病等。地方病的防控必须坚持相应的伦理要求。

1. 吃苦耐劳的工作精神 地方病多发生在经济不发达、交通不便、生活条件差、卫生保健条件落后的地区。在开展地方病的预防保健与疾病控制工作中，公共卫生工作者要能够吃苦耐劳，主动深入到条件艰苦的地区，坚持在一线发现问题，进行现场指导并解决问题。

2. 强化知识教育、技术指导和行为训练 地方病的预防与控制，需要生活在特定地区的每一个社会成员都了解地方病的预防与控制知识，熟练掌握相应的预防与控制技术，采取恰当的行为方式以避免疾病的发生。因此，公共卫生工作者应广泛开展认真细致的教育与训练工作，检查受教育者的行为表现，核实教育效果。教育工作不能走形式，要落实到每一个居民的具体生活之中。

3. 加强公共卫生体制与制度建设 在地方病流行地区，加强当地的公共卫生体制建设，才能将地方病的预防与控制转为经常性的工作。除了建立专门的地方病预防与控制体系之外，通过已有的社会体制实施公共卫生活动也十分重要。例如，依托已有的教育体系，强化知识教育和技术培训；依托已有的行政体系，强化预防与控制措施的落实；依托已有的卫生医疗体系，强化地方病的检测与治疗等。

三、健康教育伦理

（一）健康的概念

健康不仅是没有疾病，而且是一种个体在躯体上、精神上和社会适应上的完好状态。当然，健康的概念是在不断地完善和丰富的。为了梳理健康的概念，必须把它放在医学、心理学和社会学的三维框架下去审视。世界卫生组织在 1948 年就明确提出：“所谓健康不是单纯地指身体无疾病或不衰弱，而是不可分割地把肉体的、精神的和社会各方面的都包含在内，亦即是指一个完美的状态。”1978 年 9 月，在世界初级卫生保健会议上所发表的《阿拉木图宣言》重申：“健康不仅是疾病与体弱的匿迹，而且是身心健康、社会幸福的完善状态。”1989 年，世界卫生组织又一次深化了健康的概念，给出了健康新定义：“健康不仅是没有疾病，而且包括躯体健康、心理健康、社会适应良好和道德健康。”

（二）健康教育的概念

健康教育（health education）是指为促使人们自愿地改变不良生活方式和损害健康的相关因素，消除或减轻影响健康的危险因素，预防疾病、促进健康和提高生活质量，而有计划、有组织、有系统地实施教育活动。

健康教育的核心问题是促使个体或群体改变不健康的行为和生活方式，尤其是组织行为改变。诚然，改变行为与生活方式是艰巨、复杂的过程。许多不良行为并非属于个人责任，也不是有了个人的愿望就可以改变的。因为许多不良行为或生活方式受社会习俗、文化背景、经济条件、卫生服务等影响，更广泛的行为涉及生活状况，如居住条件、饮食条件、工作条件、市场供应、社会规范、环境状况等。因此，要改变这些行为，还必须增进有利于健康的相关因素，例如，获得充足的资源、有效的社区领导和社会支持以及自我帮助的技能等。此外，还要采取各种方法帮助群众了解他们自己的健康状况并做出自己的选择，以改善他们的健康，而不是强迫他们改变某种行为。所以，健康教育必须是有计划、有组织、有系统地教育工程，才能达到预期的目的。

健康教育的特点主要表现为：健康教育的目标具有终极性，即以健康为中心，以促进健康为目的；健康教育的对象具有广泛性，即社区的所有居民，包括患者和健康人；健康教育的过程具有连续性，即贯穿人的一生，但在各个年龄阶段，健康教育的内容、形式有所不同。

（三）健康教育的伦理要求

1. 积极主动，耐心细致 健康教育的目的是通过教育帮助人们了解哪些行为是有益于健康的，促使人们树立积极的健康意识，养成良好的行为和生活方式，以降低影响健康的危险因素。常言道，习惯成自然。人们习惯的养成，受其生活环境、生活观念等诸多因素的影响。要纠正不良的生活习惯和观念，是一项漫长、艰巨的社会工作。所以，在健康教育过程中，要做到积极、主动、耐心、细致。

2. 言传身教，为人表率 健康教育在很大程度上是一种卫生示范活动，即通过一系列的示范手段，如宣传、教育、具体操作、树立样板等，让人们懂得怎样做才是对的，才是对健康有益的。因此，预防工作者及临床医务人员自身的榜样作用很重要。要带头落实科学文明的生活方式和工作方法，不吸烟，不酗酒，平衡膳食，注意锻炼身体，爱护环境，生活有张有弛，乐观向上，健康思维等。这样才能使健康教育具有说服力和感染力。

四、健康筛分伦理

（一）健康筛分的概念及其伦理问题

健康筛分又称疾病普查，它是借助临床常用检查手段，结合普查对象的病史、体格检查等资料，进行的多项综合性研究。对群体的健康状况做出调查，其主要目的是能对疾病早发现、早治疗。

当前，健康筛分中存在的伦理问题主要有：①借助仪器检查的项目有增多的趋势。造成这种情况的原因有两种可能：一是科技的进步，先进检测设备、手段的多样化；二是一些医疗机构盲目追求经济效益。②草率检查甚至不检查就出具报告。检查者往往认为普查的受检者一般不会有什么问题，加之受检者人数众多，从而产生了麻痹大意思想，草率检查，甚至不检查就出报告，所有项目都为正常。受检者往往认为既省时又省力，也同意这种做法。③故意隐瞒或篡改检查结果。一些受检者被检查出阳性或阴性结果后，出于利益的考虑，通过各方面关系要求检查者故意隐瞒或篡改检查结果。如果检查者出具违背实际的筛分报告，会给社会带来一系列危害。诸如受检者逃避社会责任，另外有些身体不合格者蒙混过关，给国家和用人单位造成损失等。④不注意保护受检者的隐私，特别是一些隐私部位和难于启齿的疾病。⑤不尊重受检者的知情权，使受检者无法判断自己的身体健康状况。

（二）健康筛分工作的伦理要求

1. 检查要遵循最优化原则 最优价原则同样适用于健康筛分，具体应该做到：阳性率高的检查项目先于阳性率低的项目，安全无创伤的检查项目先于有危险有痛苦的项目，简便的检查项目先于复杂的项目，费用经济的检查项目先于费用昂贵的项目。因此，选择适当的检查项目，既发挥筛分应有的作用，又尽量节约医疗资源和减轻受检者痛苦是每一个医务工作者应该履行的道德义务。

2. 履行告知义务，尊重受检者知情权 医务人员履行告知义务是尊重受检者知情权的保障。医务人员和受检者都具有独立人格，但双方由于对医学知识掌握的程度不同，医务人员占有主动的优势，而受检者则常常处于被动地接受地位，但受检者并不因此丧失其独立自主的地位。所以医务人员在检查中，应尊重受检者，将检查数据表示的意义和结果如实地告知受检者。当然，遇到不良检查结果、预后不良的，告知时要讲究语言艺术，注意交流方式，亲切和蔼；介绍病情时讲话要负责任，措辞要严谨；对受检者的不合理要求，一定要坚持原则并耐心劝解。

3. 保护受检者的隐私权 隐私权是指自然人享有的对其个人的、与公共利益无关的个人信息、私人活动和私有领域进行支配的一种人格权。隐私的内容非常广泛，它包括公民个人的私人活动、私人信息等。在执业过程中，由于医务人员在健康筛分中的特殊地位和受检者的信任，决定了医务人员可以了解更多受试者的隐私。这时作为医务人员应为受检者保守秘密，未经受检者本人同意或法律许可，不得向他人泄露受检者隐私。保护受检者隐私，既是法律要求，也是职业道德伦理要求。

4. 如实出具筛分结果 在健康筛分中，医务人员要坚持原则，顶住压力，不受利益的诱惑和驱使，如实出具筛分结果，对国家、社会、集体和受试者的利益加以维护。

五、生态保护伦理

（一）生态伦理学

生态伦理学（ecological ethics）是以生态学为科学基础，是有关人与自然统一的整体主义的道德哲学。生态伦理学的基本问题是人与自然的关系问题。它把世界看作是有机的统一整体，即“人–社会–自然”复合生态系统。人类对自然界的行为应当以这个系统的整体性为目标，把对整个生态系统（生物圈和智慧圈）的健全作为价值的来源，把保护整个生态系统作为道德义务的重要方面。因此，生态伦理学把人与自然的协调这一价值观作为人类的价值方向，通过道德纽带调节人与自然的关系，建设人与自然交融的新世界。

生态伦理的思想自古有之。但是，作为一门具有特定研究对象和系统的思想及理论逻辑的学科，其形成与人类社会工业化、城市化进程紧密关联，是人类对资源过度开发和环境破坏、生态危机等问题深入反思的产物，是现代环境保护运动的产物。从 18 世纪末到 19 世纪初，是西方生态伦理学的孕育时期。从 19 世纪初到 20 世纪中叶，是西方生态伦理学的创立时期。两次世界大战所引发的经济危机加剧了对自然资源的掠夺式开发，造成西方部分地区生态环境的严重失调。许多学者进一步思考人与自然的关系，提出创立生态伦理学的任务，写出一系列生态伦理学的著作，例如，法国学者阿尔贝特·史怀泽（Albert Schweitzer，1875～1965）的《敬畏生命》、美国学者莱奥波尔德（Aldo Leopold，1886～1948）的《沙乡年鉴》等。从 20 世纪 50 年代到现在，是生态伦理学的发展时期。这一时期诞生的生态伦理学代表作有：美国学者蕾切尔·卡逊的《寂静的春天》，霍尔姆斯·罗尔斯顿（Holmes Rolston，1933～）的《环境伦理学：自然界的价值及其人类对自然的责任》，保罗·沃伦·泰勒（Paul Warren Taylor，1923～）的《尊重自然界》等。

（二）西方生态伦理学的主要派别

1. 人类中心主义 人类中心主义是一种认为人是宇宙的中心的观点。这种观点最初与神学世界观相联系。中世纪神学把人类中心论建立在托勒密地球中心说的基础上。按照这种理论，地球是宇宙的中心，但世界是上帝为了人而创造的，因而人是宇宙的中心，人可以利用、征服和统治自然界。它的实质是：一切以人为中心，或者一切以人为尺度，一切为人的利益服务，一切从人的利益出发。

2.生物中心主义 生物中心主义认为人对所有的生命都负有直接的道德义务，所有的生命都是道德关怀的对象。法国思想家史怀泽认为："善是保存和促进生命，恶是阻碍和毁灭生命"。由此他提出："如果我们摆脱自己的偏见，抛弃我们对其他生命的疏远性，与我们周围的生命休戚与共，那么我们就是道德的；只有这样，我们才是真正的人，只有这样，我们才会有一种特殊的不会失去、不断发展和方向明确的德行。"在史怀泽看来，敬畏生命的伦理原则在本质上是与爱的伦理原则一致的。因为敬畏生命本身就包含着爱的命令和根据，并要求同情所有生物。把爱的原则扩展到所有生物，这对伦理学是一种革命。另外，辛格"动物解放的伦理学"、泰勒"生物平等主义伦理学"亦属于这一派别。

3. 生态中心主义 生态中心论的环境伦理学家认为，物种和生态系统比个体更重要，因而他们提倡整体主义的环境伦理思想。生态中心主义强调，生物及其环境构成的生态系统和生态过程都是道德关心的对象。它强调生物物种和生态系统的价值和权利，认为物种和生态系统具有道德优先性。它的主要代表人物是莱奥波尔德。

（三）环境危机的现状

1. 当前存在的全球性环境问题 长期以来，人类的生产、生活活动，如过度砍伐森林、滥捕滥杀野生动物、过度排放污染物等，对环境的影响和危害急剧增加，出现了不少的环境问题，主要分为三类：一是原生环境问题，是指各种自然灾害和地方性疾病所造成的环境问题；二是次生环境问题，主要是指由人为的因素引起的环境问题，如环境污染和生态当前人类所面临的生态环境问题破坏；三是社会环境问题，主要是指由于社会经济的发展水平或社会结构的变化所带来的社会生活问题和粮食、资源问题，如人口剧增、经济无序发展、无节制的城市规模扩大等。其中第二类环境问题具有全球的普遍性和共同性，备受关注，其产生的环境危害和破坏也具有全球性。主要是：

（1）全球性气候变暖。温室效应是指大气层可使短波辐射直接透过，而吸收大部分来自地球的长波辐射，并以逆辐射的方式把热量传给地球，大气层对地面起到温度保护作用。人类活动导致温室气体的释放，加剧了温室效应，常见温室气体有 CO_2、CH_4、N_2O、O_3、CFC 等。由于地表温度的升高，导致了诸如海平面上升，心脏、呼吸系统疾病发病率、死亡率上升，热带传染病、一些虫媒疾病流行范围扩大，水分分布、土壤状况和季节变化，加剧粮食短缺，气候带移动，森林受严重破坏，物种灭绝加速等环境问题。

（2）臭氧层破坏。臭氧层对保护地球上的生命、调节气候具有极其重要的作用。某些人工合成的化合物如含氯氟烃（致冷剂氟里昂）、溴代氟烃（哈龙）、氮氧化物等，可以消耗臭氧层，使臭氧层变薄甚至出现巨大"空洞"。从而导致皮肤癌、白内障等疾病发病率大大增加；眼、呼吸道黏膜刺激炎症患者比例上升；人体免疫力降低；紫外线破坏植物的生长和生态环境，同时加重温室效应。

（3）酸雨。酸雨是当今最大的环境污染之一，降水（包括雨雪雹雾等）pH＜5.65 时称为酸雨。大气受到 SOx、NOx 等化学性污染是酸雨形成的主要原因。酸雨会导致水体酸化，促进重金属在水中溶出，影响人体健康；在大气烟雾事件中与其他大气污染物联合作用，增强污染物的危害；还会威胁水生生物生存和农作物生长。

2. 当前我国较为突出的环境问题 土地荒漠化和水土流失依然严重，森林资源和草地生态呈减少衰退趋势，大气污染形势严峻、以煤烟型为主，主要水系流域的污染呈上升趋势，固体废弃物回收利用率较低、未能全部实行无害化处理，高速发展的乡镇企业成为环境污染的重要污染源等。

（四）环境保护的伦理要求

1. 人和自然和谐相处 现在无论是东方，还是西方，人们普遍认识到人绝非是自然的统治者，而仅仅是自然中极普通的一员。人与自然共生共存的思想应该是人类的价值中心，追求人类的活动与大自然的协调是人类最高尚的境界。

2. 人与万物共尊 英国历史学家汤恩比（Toynbee，1899～1975）认为，宇宙全体及其中的万物都有尊严性，也就是说，自然界的生物和无机物都有尊严性。大地、空气、水、岩石、泉水、河流、海洋等，这一切都有尊严性。如果人类侵犯了其尊严性，就等于侵犯了人类本身的尊严性。

3. 注重生态环境和自然资源开发、利用的代际公平 人们对自然资源的开发和利用，不仅要对现在的人们负责，而且要对未来的人们负责。珍惜每一份自然资源、每一种野生生物，保护好生态环境，把一个完好的地球和健全的生态环境传递给后代，是每个时代的人应该承担的道德义务。

4. 人类合理节制自己的需求 造成当前生态危机的原因，在某种意义上可以归结于人类畸形的需求观念。人类应该过简朴的生活，用适度消费的道德代替对过度消费的追求，摒弃奢侈的生活习惯，提倡节俭美德。

5. 保持生态环境的可持续发展 可持续发展所要解决的是人类无限发展的需要与自然资源有限性这样一对基本矛盾。可持续发展不仅关怀人类现实的利益和发展，而且更关怀人类未来的利益和发展。只有保护生态平衡，才能保障经济发展和社会发展的可持续性。

预防医学不同于临床医学，其主要服务对象不是个体患者，而是社会群体。预防医学伦理从社会群体出发，在探讨个体与群体利益冲突、医务人员的社会道德责任、疾病预防与环境保护的关系等相关伦理问题的过程中，为预防医师和卫生工作者提供了伦理准则与操作规范。预防医学伦理扩大了传统医学伦理学的研究范畴，实现了由疾病救治向疾病预防的延伸，由维护个体生命权益向维护群体生命权益的扩展，由人类中心向人类—自然—生态和谐共处的转变。

第十三章 医院管理伦理

第一节 医院管理伦理

一、医院管理的伦理内涵

（一）医院管理与医院管理伦理的关系

医院管理是医院依照医院工作的客观条件和客观规律，对医院系统内各相关要素。我国公立医院是以救死扶伤、防病治病、保障人民健康为宗旨的实行一定福利政策的社会公益性事业单位。医院以医疗工作为中心，同时承担教学、科研、预防保健、指导基层和计划生育等任务。但公立医院又是具有独立法人资格的经济实体，承担经营责任。医院这种特殊的行业性质决定了医院活动的双重功能，既要为社会公众提供优质高效的医疗服务，同时又要为医院自身的生存谋求一定的经济利益。医院管理伦理就是要求医院在管理活动中做到社会效益和经济效益的和谐统一。

进行计划、组织、指挥、控制和协调的过程，以保证医院各项工作任务顺利完成，并提高工作效率和效益，实现资源的最佳配置。医院管理中的许多规定、规范等要求，通过风俗、习惯和传统等方式固定传递下来，经过总结与概括，不断升华到医院管理伦理层面，成为医院管理人员调整道德关系的准则，从而推动医院管理工作不断向前发展。

医院管理伦理是指依据医学伦理原则，指导医院管理的思想和行为，调节医院管理活动中人们之间的利益关系，保证医院管理的目标、内容、手段和方法符合医学道德要求。医院管理伦理是医院管理领域社会关系的反映，是医院管理者在医院管理实践中概括和总结出来的行为准则。现代医院管理既要以患者为中心，全心全意为患者服务，最大限度地满足患者的合理需要，又要坚持社会效益优先的原则，保证医疗公平、公正、合理。这是医院管理工作的出发点和归宿，也是医院管理伦理必须遵循的伦理原则。医院管理者只有遵循具有自身特征的伦理实施管理，才能推动医院可持续发展。

医院管理不同于企业管理，不能单纯追求经济效益。当医院管理决策对经济效益过分强调，以逐利为目标，导致与医学作为仁术所内蕴的伦理精神相冲突的时候，医院职工则不可避免陷入道德困境。医院经营中非道德因素增加，导致不道德现象发生，从而使医患关系日趋紧张，医患矛盾加剧。从某种意义上说，医院管理伦理就是要把医院管理导入“以人为本”的人文情怀。

（二）医院管理伦理对医院管理的重要性

1. 医院管理伦理有利于医院沿着正确的方向发展 医院管理伦理是规范医院各项管理的基础，是保证医院全部工作沿着正确方向发展的根本。医院管理伦理认为医院改革和发展应该维护和促进广大人民群众的健康权益，立足调动医务人员的积极性和创造性，有效地防病治病，提高医疗服务质量；各项改革政策的制定，卫生资源的配置，医院发展战略的变化，医疗新技术开发使用，医疗服务项目和收费标准调整等，必须首先做出伦理学判断，以保证医院改革发展沿着正确方向。如果管理者道德品质不高，违背为人民服务的宗旨，决策见利忘义，就会把医院发展引向歧途。

2. 医院管理伦理有利于提高医院管理效率 管理的目的在于提高效率，追求效益的最大化，否则管理就没有存在的必要。在追求管理的效率价值时，就包含着对管理活动中善与恶、公正与偏私、合理与不合理、正当与不正当的伦理评价。医院管理伦理涉及医院管理的各种原则、规范、制度，不仅可以为医院管理人员确立行为准则，使医院管理人员都在医院管理行为准则下约束自己的管理行为，而且促使医院管理者提高自身的道德品格，使管理活动有序、规范、高效，充分调动医务人员的主观能动性，激励他们积极进取，自觉完成工作任务，实现工作目标，提高医院管理效率。

3. 医院管理伦理有利于医院营造和谐的发展环境 医院发展必须与经济社会发展协调，医院管理者必须使医院管理伦理和社会伦理相适应，使医院内部和外部建立一致的伦理关系。当医院管理伦理与社会伦理协调适应时，既有利于医院塑造良好的社会形象，赢得社会公众、组织及媒体的支持，赢得广大患者的信赖，提高社会地位，也有利于社会和谐发展。同时，医院管理是否遵守伦理行为规范对医务人员会产生很大的影响。如果医院遵守社会伦理，尊重职工的人格和权利，公平地对待员工，就会增强他们对医院的信任感、归属感和责任感，以主人翁的面貌积极主动做好工作，形成互利、互助、和睦共处的亲密关系。因此，医院管理伦理是促进个人、医院、社会和谐发展的纽带和桥梁，是医院可持续发展的精神“法宝”和动力源泉。

二、医院管理的伦理原则

管理伦理的基本原则是指在活动中占据指导地位，贯穿管理过程始终的基本伦理原则，是管理活动全部具体伦理规范的纲要。它不仅是管理组织活动的最基本伦理准则，而且是衡量组织成员伦理行为与品质最基本的、最核心的伦理标准。

医院管理伦理的基本原则是医院管理实践的产物，是对医院管理伦理现象的根本概括。医院管理伦理原则必须反映医院管理规律，体现医院管理特点，制约和影响医院的管理活动，在整个医院管理伦理规范体系中占据主导地位，是医院各项管理工作的基础，是医院工作人员的行为准则，具有广泛的价值导向功能和约束力。

（一）经济效益和社会效益统一的原则

我国公立医院既是社会公益性行业，又是具有独立法人资格的经济实体，医院运行中涉及了大量的经济活动，必然要关注一定的经济效益，维持医院生存和良性发展。但是行业性质决定了医院的运行必须坚持社会效益优先。这是因为，一方面，医院经济效益的出发点和落脚点是社会效益。医院提高经济效益不是以损害患者的利益为基础，而是在维护患者利益的前提下，通过提高工作效率、提高医疗水平提升经济效益，促进医院发展，促进医务人员的发展，改善医疗环境条件，最终目的是更好地为患者服务。另一方面，社会效益中蕴涵着巨大的经济效益。医院通过规范管理、提供优质服务赢得患者的信任，打造了医院的品牌形象，提升了医院的竞争力，必将带来更好的经济效益。所以，医院的社会效益和经济效益不是对立的，而是辩证的统一体。在医院管理过程中既要追求经济效益，更要重视社会效益，坚持社会效益优先。

（二）医患利益兼顾的原则

医方的利益和患者的利益是紧密联系在一起的，两者相互依存，不可分割。医院的公益性质要求医院管理把为人民服务作为一切管理工作的着眼点和落脚点，坚持“一切以患者为中心”的原则，要在维护患者利益的前提下兼顾医方的利益，当两者的利益发生矛盾时，应始终把患者的利益放在第一位。

按照医院管理伦理规范，维护患者的利益和兼顾医方的利益是一致的。医院管理决策如果时刻考虑患者的利益，不但可以获得良好的声誉，而且还可以以优质服务的品牌形象在市场竞争中赢得主动，获得较好的经济效益。医务人员合法权益的获得必须以维护患者的权益为前提。医院管理的目的之一就是实现医患双方利益的平衡。

但是在市场经济条件下，由于种种原因，医患利益矛盾客观存在，特别是在政府卫生投入不足、补偿机制不健全、医疗保障水平比较低的情况下，医院和医务人员存在逐利行为，过分偏向经营管理，过分追求经济利益，公益性质淡化，医乃仁术的道德伦理观念退化，医患利益冲突不断，医患矛盾纠纷时有发生。

面对矛盾，如何处理患者利益和医务人员自身利益，重建和谐医患关系，是一个严峻的考验。医院管理必须强调尊重患者，方便患者，急患者所急，想患者所想，帮患者所需，赢得患者信任，提高患者满意度，以优质服务赢得发展空间，取得合理的经济利益，维护科室、医院和卫生事业的尊严和形象。

（三）公平和效率并重的原则

效率与公平是社会发展的两大目标，也是医院管理不可偏废的两大目标，两者的统一是调整医院各类利益关系，推动医院发展和保持稳定的重要伦理原则。

管理的本质在于提高效率。效率决定了医院的发展速度和服务能力。在医院管理中讲求效率的伦理意义在于：①讲求效率是对医务人员服务能力和服务价值的尊重；②讲求效率有利于激发医务人员的工作热情，形成积极进取的道德氛围；③讲求效率有利于为实行社会公平的医疗服务提供更丰富、更高水平的物质基础，创造更充实的“公平”内涵。

公平是每一个社会成员的基本权利。公平关系到人际关系的平衡、整体秩序的稳定，甚至直接影响个人和医院工作的效率。

医院管理的公平原则主要体现在三个方面：

1. 权利的平等 在医院管理中要充分尊重医务人员的权利，创造自主行使权力的条件，这是公平原则最基本的内容。平等地享有这些基本权利在本质上反映了人格的平等。

2. 机会的平等 提供平等的机会是实施公平原则的前提条件，也是它的实质内容。医院应该给每一个医务人员平等的机会，使他们站在平等的竞争起点上，通过自身的努力奋斗，获得成功的机会，获得应得的利益。

3. 利益分配的平等 这是实施公平原则中最敏感最直接的内容，也是最复杂的问题。公平的分配不是绝对的平均分配，而是尽量使每个人在机会平等的前提下按劳取酬，得到应该属于他的利益。这有利于调动广大医务人员的劳动积极性，提高医院整体工作效率，体现了对个体劳动态度和劳动能力的尊重。但是，收入分配不能无限度地拉大差距，差距过大容易引起职工心理不平衡，破坏人际关系的和谐。因此，医院管理的公平原则要求保证每个人的基本利益，适当控制利益分配的差距，这是医院管理的道德责任。

（四）管理与服务协调原则

管理与服务从广义上来讲，就是要求管理者从自身服务出发，把管理客体作为服务对象来为他们服务。我国公立医院的公益性决定了医院必须体现社会效益，要求在医院管理中必须坚持服务理念，服务好管理对象，服务好社会公众。

管理与服务协调是医院管理的基本要求。在实现医院职能过程中，医院的各级管理者必须树立“服务意识”，为医疗服务，为科研服务，为职工服务，为与医院相关的社区组织服务，为实现经济效益和社会效益协调发展服务。服务到位，才能调动职工的工作积极性，唤起医院广大职工思想上的认同，道德上的共鸣，工作上的主动，同管理者一道实现工作目标，完成既定的任务，管理才有效。

管理与服务协调原则反映了医院管理的价值取向。管理作为影响和决定医院工作成效的重要因素，越来越受到人们的重视。医院管理者能否做好管理工作与确立怎样的奋斗目标和价值取向直接相关。医院职工是医院各项任务的承担者，是医疗服务的实践者和直接提供者。医院管理者的道德责任在于调动医院职工的工作积极性，为医务人员出色地完成工作营造良好的环境和氛围。将管理服务落到实处，使医院职工切实感受到自身的工作与医院的发展密不可分，从而主动地、创造性地为医院、为患者努力工作。所以，确立为人民服务，为管理对象服务，应成为医院管理者的奋斗目标和价值取向。

管理与服务协调的原则，要求医院管理者在做好院内的各项服务工作的同时，积极做好医院为社会公众的服务，诸如疾病的预防、院外危重患者的抢救和社区卫生保健服务，参与社区公益活动等。公立医院的公益性决定了它不仅要关注自身的经济利益，更要着眼于社会公益职能，充分兼顾社会公众的利益，甚至在特定关键时刻还要牺牲本单位的局部利益，履行社会效益责任。

第二节　医院伦理委员会

医院伦理委员会是铸造医学人文关怀的组织形式，其宗旨是为了保护患者的生命健康权益和受试者的人格尊严。

一、医院伦理委员会概述

1. 医院伦理委员会产生的背景　科学技术迅猛发展，医学进步日新月异，强烈冲击传统的医学观念、医学模式。随着新的生物–心理–社会医学模式代替传统的生物医学模式，向医务人员提出了更新更高的道德要求，要求医务人员从生物、心理和社会等多个角度，从人类整体利益出发，用更符合人道主义的医学道德观念审视自己的医疗行为和医学科研行为。同时，许多先进医学技术的开发使用，给人们带来许多传统伦理观念无法解决的道德难题，如脏器移植技术、生殖医学、遗传因子治疗以及“克隆”技术等。此外，社会的发展进步，文化水平的提高，法制观念、人权观念的增强，使人们对患者权利、治疗和试验的知情同意、临终关怀、安乐死等问题的认识与关心程度大大提高。这些都向人们提出了必须建立一个能研究、协调和解决这些道德要求和道德难题的组织，更好地处理医患关系，保证医学科学向为人类造福的方向健康发展，最大限度地减少疾病诊治过程中可能带来的危害患者健康或利益的负效应。在这样的背景下，医院医学伦理委员会应运而生。

医院伦理委员会是实施医院道德化管理的重要组织形式。1971年加拿大学者提出了建立医院伦理委员会的建议。1975年美国《医学伦理学》杂志讨论了医院伦理委员会的组成和职能。到20世纪80年代末，美国已有60%以上的医院建立了医院伦理委员会。我国改革开放后，随着科学技术进步和医疗卫生体制改革的深化，医疗卫生事业有了长足发展。但改革中的市场化、功利化倾向，使医院公益职能受到影响，导致医患矛盾加剧，面临着诸多生命伦理难题，从而迫切地要求基层医疗单位建立研究、协调和解决这些新矛盾、新问题的专门机构。1988年中国学者开始提出建立医院伦理委员会的设想。1994年全国医学伦理委员会法规委员会发出了《关于建立"医院伦理委员会"的倡议书》，推动了我国医院伦理委员会的建立和发展。

2. 医院伦理委员会的组织形式　医院伦理委员会的成员应该包括医院管理者、有一定医学伦理学基础并具有丰富实践经验的医护人员、医学伦理学研究人员、社会工作者、社区代表和法律工作者。多学科人员参加委员会的工作，有利于从不同的角度更全面的分析问题。医院伦理委员会应制定自己的章程和工作细则，订立切实可行的工作制度和工作程序，规范地开展相关工作。

3. 医院伦理委员会的性质

（1）中立性：伦理委员会必须不受到政治–机构–专业及市场的影响，而对研究者–试者–社群的全部利益负责。这就是中立性，它体现了独立性的实质。

（2）民主性：医院伦理委员会的决策应是一种集体性的决策程序。它要求调动全社会的智慧，通过协商和讨论对道德冲突的各种层面及因素进行周密的权衡，从而求得理性论证基础上的道德共识。

（3）顾问性：伦理属道德和哲学的范畴，属非强制性。伦理委员会在给正规的药物临床试验提的建议由于受到的约束，得到了很好的执行。但对其他研究仅仅是咨询和建议，没有约束力。

（4）地域性和时空性：伦理委员会的地域性主要指接受对研究项目的审查任务时受到地域或机构的限制。时空性主要体现在遵循伦理和法律的时间性和空间性。

（5）程序共识性：伦理委员会建构道德共识的过程，是一个在理性论辩中对各种相关因素进行缜密权衡的过程。由于道德共识取决于建构程序，通过程序共识保障了伦理委员会的中立、民主和公正。

二、建立医院伦理委员会的意义

1. 保证医院改革的正确方向　医院改革的根本目的是为了增强医院发展活力，提升医院服务能力和服务水平，更好地体现公益性，更好地为人民群众身心健康服务。2015年，国务院办公厅发布关于城市公立医院综合改革试点的指导意见，认为当前还存在一些比较突出的矛盾和问题，公立医院逐利机制有待破除，外部治理和内部管理水平有待提升，符合行业特点的人事薪酬制度有待健全，人民群众就医负担依然较重等，迫切需要通过体制机制改革逐步加以解决。公立医院改革要着力解决群众看病就医问题，把深化医改作为保障和改善民生的重要举措，将公平可及、群众受益作为改革出发点和立足点。充分发挥公立医院公益性质和主体作用，切实落实政府办医责任，着力推进管理体制、补偿机制、价格机制、人事编制、收入分配、医疗监管等体制机制改革等。医院伦理委员会在医院改革发展中可以发挥重要作用，对医院的战略决策、政策制定、改革方向依据医学伦理原则，予以论证和把握，提出伦理咨询意见，破除医院的逐利机制和医务人员的逐利行为，确保医院的公益性质，确保改革的正确方向。

2. 调整医患关系 当前，医患矛盾突显，除了医疗卫生体制改革滞后，医院和医务人员逐利行为尚未有效扼制外，随着社会进步，患者权利意识的觉醒，要求平等地参与治疗决策，实现医疗关系民主化的呼声日益高涨。患者要求在医疗过程中实现个人的自主医疗权利，而作为掌握专业知识和技能的医生享有诊治的特权和垄断权，特别是医学高新技术的应用在很大程度使医生的这种权力更为明显。这与患者知情同意、自主选择医疗方案、建立平等医患关系的要求形成了一定程度的对立，从而成为医患之间矛盾的基础。同时，在生物医学模式下形成的传统医患关系模式，也造成了医患沟通不畅的困境，出现许多由于误解、服务态度以及沟通障碍导致的医患矛盾甚至纠纷。这些矛盾的激化引起了患者及其家属的焦虑、不满，也造成了医务人员的压力和紧张，影响了医患关系的和谐和医疗工作的顺利开展。这些矛盾冲突绝大多数属于伦理道德范畴，既不能诉诸法律，又不能完全依靠双方自行解决，最好的方法就是通过医院伦理委员会进行伦理咨询与调解。由于医院伦理委员会由各方代表组成，通过开展对话和进行伦理分析，既可以有效地维护患者的利益，也能实事求是的代表医务人员和医院的利益，从而为防止和解决医疗活动中的医患伦理冲突，协调医患关系，发挥积极的作用。

3. 解决医学高新技术应用带来的生命伦理学难题 医学高新技术的使用，使生命及生命的价值、医学的目的以及医务人员的责任等观念都发生了深刻的变化。医务人员面临着更多、更尖锐地道德两难选择。例如，在对不可逆转的终末期患者的治疗方案的选择中，延长生命与解除患者痛苦的矛盾、生命神圣论与生命价值论的矛盾；器官移植中的供需选择及稀有医疗资源的公正分配的矛盾；人工生殖技术应用中的伦理规范，以及医学科研中的当代医学发展需要与人类的长远利益之间的矛盾等，医务人员都首当其冲地被推向道德两难选择境地。医院伦理委员会将在这些两难选择中为医务人员及相关者提供伦理咨询，使医学高新技术的应用更符合人类社会、患者及各方面的利益。这是医院伦理委员会的重要功能之一。

4. 维护各方正当利益 医院改革带来了利益格局的变化，患者的利益、医务人员的利益、社会的利益、医学科学的利益会发生调整，相互之间既竞争又交叉。医院的宗旨是为患者和社会人群的健康利益服务。在高度专业化的医疗领域中，患者处在相对弱势的地位，其维权能力也相对有限。医院伦理委员会将站在公正的立场上，有效地维护患者和社会人群的利益。同时，也要切实维护医护人员的正当利益，这是维护患者利益、社会利益和医学科学利益的前提条件之一。因为医学是一个高风险的职业，没有对医务人员正当利益的保护，将降低医务人员承担风险的能力，最终损害患者的利益，也影响社会利益和医学科学利益。医院伦理委员会将正确评价医疗风险，合理保护保护患者利益和医务人员的利益。医院伦理委员会还将正确评价社会利益、医学科学发展利益与患者及医务人员利益之间的关系，并提供必要的伦理咨询。

三、医院伦理委员会的功能作用

1. 政策研究 医院的发展和改革面临着各种各样的伦理问题。如医院发展战略、高新技术开展、绩效分配原则、社会效益与经济效益协调等重大问题都具有伦理导向作用。医院伦理委员会将对医院发展的重要决策进行伦理咨询、确保医院的重要决策符合道德要求，符合医疗卫生事业的宗旨。

2. 医德教育　开展医疗道德和生命伦理教育是保障医院伦理委员会有效开展工作的先决条件。医院伦理委员会承担着对临床医务人员、医学科研人员和社区群众开展医学伦理教育和宣传的任务。同时通过知识讲座、案例分析、道德评议、自我教育等方式，对来自不同专业领域的委员会成员加强伦理学原则和方法的教育培训，提高相关人员的医学伦理素养，塑造其医学人文价值理念，为分析和解决现实的医学伦理难题提供伦理学方法的指导，保证伦理审查和医疗决策等不致偏离医学伦理原则。

3. 咨询服务　医院伦理委员会的咨询服务包括两方面。一是对医患之间的伦理纠纷提供咨询服务。医院伦理委员会在深入调查研究的基础上，通过与双方的沟通交流，对医患之间的矛盾提供伦理咨询意见，依据医学伦理原则调解医患关系。二是对临床治疗措施和特殊技术应用的道德性质提供咨询服务。如对临终患者维持或终止生命的方案选择，对器官移植供需双方的利益风险的取舍，对人工生殖技术适用范围的把握等。随着医学高新技术发展趋势，医院伦理委员会将越来越多的面对这一类生命伦理学问题。医学伦理委员会应以坚实的生命伦理学理论基础和敏锐的医学伦理思维与判断能力，为咨询者提供符合医学伦理原则的、有意义、有价值的咨询意见。这些意见并不具有强制执行的决定意义，在多数情况下仅供医务人员及家属和相关者参考。

4. 伦理审查　医院伦理委员的职能在于对所有涉及人体试验的研究项目进行独立的伦理审查、监督和指导，以减小试验性医疗行为和生物医学研究人体试验可能对受试者造成的损害。依照《赫尔辛基宣言》的基本精神以及我国卫生部关于《涉及人体的生物医学研究伦理审查办法（试行）》的原则规定，我国医院伦理委员会对研究方案进行伦理审查主要为以下几方面：研究人员的资格审查，研究方案和设计的科学性、合理性；受试者隐私权和医疗安全的保护；试验潜在的风险和社会利益的考量；知情同意、公正、有利等伦理原则的贯彻执行等。为此，要求研究者向伦理审查委员会提供有关资金、主办单位、结构成员、其他潜在的利益冲突和对受试者激励的信息，以供审查。在研究方案实施过程中，医院伦理委员会还要开展追踪审查，研究者有责任将监管的信息，尤其是一些相关的不良事件提供给伦理审查委员会。

第三节　医院管理与医德建设

一、医德建设在医院管理中的地位和作用

在医院管理中，医德建设对医院改革发展举足轻重、至关重要。正确认识医德建设在医院管理中的地位和作用，对加强医院管理、提高服务水平具有非常重要的意义。

（一）医德建设是医院管理的重要内容

医院管理的关键在于提高医院工作人员的思想觉悟和医德水准，保持医院正常的医疗秩序，不断提高医疗质量，为患者提供优质高效的服务。良好的医德有利于医院全体医务人员增强责任意识，有利于医院坚持公益性，促进经济效益和社会效益的和谐统一。

现代医院规模越来越大，分工越来越细，对患者的诊治需要多个科室的医护人员协调配合，团队作战。加强医德建设，可以使全体医务人员牢固树立以患者为中心的观念，全心全意为患者服务，共同完成救死扶伤的任务。

（二）医德建设是保证医疗质量的重要前提

医疗质量是医院管理的核心，是衡量一个医院服务理念、技术水平和管理能力的重要标志。医疗质量的高低既取决于医疗技术与设备，也取决于高尚的医德医风。医疗技术和设备是保证医疗质量的物质基础，而如何运用医疗技术、设备并发挥它最大效能，则与医务人员的医德水平密切相关。掌握技术设备的人医德高尚才能为患者提供高质量的医疗服务。作为一名医务工作者，应该对患者爱心和医术兼备。

医德高尚的人在运用医疗技术为患者服务的过程中，总是对患者热情负责，时时处处为患者着想；总是力争最理想的效果，尽量避免差错事故。他们的行为充满正能量，对患者是一种鼓舞和支持，使他们对战胜疾病充满信心，进而促进患者的身体恢复。因此，医德建设是医疗质量管理的重要组成部分，是提高医疗质量的重要保证。

（三）医德建设是执行医院规章制度的思想保证

医院各项规章制度是医院实行科学化管理的基础，是医院管理的重要手段，起着提高工作效率和服务水平，保证医疗质量，防止差错事故的重要作用。但空有规章制度，不能认真贯彻执行，再好的制度也是一纸空文。制度的执行一方面靠检查督促，更重要的在于全院医务人员自觉地贯彻执行，这就需要加强医德建设，使每一位医务人员以高尚的医德自觉模范地执行各项规章制度。良好的医德风尚，既是维护各项规章制度严肃性和权威性的重要保证，又是创造性执行制度的智慧源泉。执行制度是为了更好地为患者服务，而不能以执行制度为借口消极地拒绝患者提出的合理的应该满足的要求。执行规章制度的态度反映了不同的医德精神。

（四）医德建设是协调医务人员关系的行为准则

现代化的医院，是一个多系统、多层次架构运行的机构。医院管理的目标是使医院整个系统高效平稳运行，全院“一盘棋”。随着医学科学和医院管理学的发展，各种高新医学技术的临床应用，越来越多地依赖多科室、多专业医护人员的协调配合。如何使多部门彼此协调，关键还是医德建设。要以高尚的医德精神，以对患者高度负责的态度，充分发挥群体和团队力量，避免推诿、埋怨、指责甚至发难，使医院的一切工作始终以患者为中心运转。

二、医院管理中医德建设的道德原则

当前医院管理伦理面临严峻地挑战，面对新情况、新问题，有些医院管理者伦理道德观念不适应新的生物–心理–社会医学模式，不适应新时期医疗卫生改革和发展的需要。“以人为本”的管理理念尚未牢固树立，缺乏医德管理意识，一旦发生问题，习惯从经济上、技术上找原因，很少或者不善于从伦理角度进行反思，人文关怀与心理激励缺位，医患矛盾突显。因此，转变伦理观念，加强医德建设，是提高医院管理水平的重要途径。

（一）坚持“以人为本”的管理理念

管理的一切活动都是为了人，以满足人的需要为根本目的。医院管理必须坚持“以人为本”的管理理念，用管理伦理塑造医务人员，提高医院的管理水平。一是以患者为本，在医院管理的过程中，从维护患者的正当利益出发，把满足患者合理医疗保健需求、促进患者健康作为医院各项工作的重心。二是以职工为本，明确人在管理过程中的主体地位，强调给每个人提供展示才能、实现自我价值的舞台，围绕充分调动职工的积极性、主动性和创造性开展医院的一切管理活动。

（二）提升医院管理者的伦理素养

良好的医德和医学人文精神是医学伦理学的核心，也是医院管理的职能和医学发展的保障。首先，管理者要更新管理理念，注重管理能力和管理技巧培训，提高自身人文素养，做到管理与服务并重，制度管理与人文关怀结合，坚持医疗服务的伦理原则，始终将医德建设放在医院管理的首要位置。其次，管理者良好的道德素质是赢得感召力和吸引力的精神动力。“其身正，不令而行；其身不正，虽令不从。”管理者公平公正，医院风清气正，才能激励全体职工努力工作，保证医院预期管理目标的实现。最后，要加强人文建设，注重人文关怀，加强情感激励，培养医务人员良好的职业素质、道德情操，形成和谐、愉悦的工作氛围。使医务人员牢固树立服务意识，强化行为自律，为患者提供优质高效的医疗服务。

（三）切实加强管理伦理建设

医院的性质和宗旨等决定了在医院管理中不仅需要规章制度的“硬”约束，更需要伦理道德的“软”约束。医院制度是医院管理的重要组成部分，是医院工作有序进行的保证，也是伦理道德原则的体现。管理伦理渗透于医院工作的全过程，用制度来体现管理伦理原则，让管理伦理原则来指导医院管理制度的制订和实施，是依法行医和以德治院相统一的具体体现，是道德自律与他律的互补。

（四）注重发挥医院伦理委员会的作用

充分发挥医院伦理委员会的政策研究与参谋作用，为医院重大问题的决策提供伦理学咨询，确保医院重大决策符合伦理原则。同时指导医务人员对伦理难题进行正确的决策，预防和减少医患之间、医务人员之间及医院与社会间的伦理、法律纠纷，促进医院管理更加规范，医院发展更加健康。

第十四章　卫生经济伦理

第一节　卫生经济伦理学概述

一、卫生经济伦理学的概念

医疗卫生事业是具有一定福利性的社会公益事业，公民享有平等的基本医疗卫生服务权。医疗卫生领域的经济活动不是典型的生产活动和经济活动，具有一定的外部性，需要国家政府进行适当干预。

卫生经济伦理学建立在生命伦理学理论基础之上，以卫生经济行为和医疗政策作为研究对象；它运用经济伦理学理论、方法和知识，对卫生经济问题和医疗政策进行审视与评价，并通过相关学科的研究，指明维护和增进人类健康的卫生政策的基本价值定向和伦理选择。卫生经济伦理学作为生命伦理学的重要分支，以患者和公众享有医疗、保健、健康权利的研究为核心，用伦理学视角去评价卫生经济学领域中决策的道德价值，尤其重视公正、正义、公平在整个医疗卫生服务中的实现。

二、卫生经济伦理学的相关理论

卫生经济伦理建立在经济伦理学的基本理论基础之上，卫生经济伦理学的主要理论包括公正原则、功利主义、自由主义等。

（一）公正原则

20 世纪下半叶，约翰·罗尔斯最著名的伦理学著作《正义论》是现代伦理学的一个里程碑，其基本概念单纯而清晰：对所有人来说，什么是公平的，就是正义的。罗尔斯运用了“无知之幕”的创新概念来说明什么是公正，他认为若我们在不受任何社会影响的情况下，我们就能对有效的公正原则达成一致，从而去除了决策过程中社会压力的作用。他认为揭开了“无知之幕”，我们就会不知道自己应有的特性，如年龄、性别、种族及社会关系等，从而阻止我们从个人利益角度来阐述公正原则，因为我们不知道什么对我们有益。

一种经济制度或结构，如何安排才算是公平或正义的呢？罗尔斯提出了两个原则，第一个是“自由的平等原则”，强调每一个人都“平等”地享受政治自由等各种权利；第二个是“差别原则”，强调社会经济的不平等，必须能够促使社会中“处境最不利”的成员获得最大的利益。尽管罗尔斯把“公平”作为“正义”的核心，但他并不要求一种全面的“平等”或“公平”，他允许不平等的存在，但要为它“设界”，使处境不利者获得最大的利益。

在医疗卫生领域，对于公平的概念，无论是卫生资源分配，还是个人权利满足的程度，都涉及价值判断问题。个体的条件不一，需求千差万别，若决策人均等分配权利，结果就不公平。卫生服务公平是指社会成员应该以需求为导向获得卫生服务，而不是取决于社会地位、收入水平等因素。卫生服务公平包括卫生服务筹资公平、卫生服务利用公平、卫生资源分布公平及健康公平。卫生经济领域的公平强调一个公平的卫生系统应当是在一定的经济水平下，根据人们的支付能力进行卫生筹资，按照人们的需要提供卫生服务，同时达到理想的满意度。

（二）功利主义

功利主义认为，所谓善是“大多数人的最大幸福”，善亦可被描述为“效用”，效用是道德的基础，是正当与错误的最终判据。如果一个决策的效用比任何别的选择都大，便是道德的。功利主义假定人们可以对某个决策或行为所产生的利弊后果做出权衡，可以对几种决策备选方案进行成本–效用分析，然后选择能产生最大效用的行动方案。

卫生经济伦理学对功利主义的应用，目的是通过最适度的卫生资源配置和最适度的医疗保健权利（机会）分配，使整个医疗健康福利极大化。卫生经济研究的中心问题是解决资源稀缺性和需求无限性的矛盾。一般情况下，当一定量的卫生资源用于某一卫生规划时，这些资源就不可能用于其他卫生规划，究竟这些卫生资源用于哪一项备选方案效果更好，为使有限的资源发挥最大的效益，就需要对备选方案进行比较，从中选择最优方案，以帮助决策部门确定卫生服务的重点和优先，保障基本的公共卫生服务和基本的医疗服务。

（三）自由主义

古典自由主义强调个人的财产权和人身权，人们可以自由地进入自己的国家，自由地选择他认为对自己及其家庭最有利的东西。古典自由主义哲学家大多支持税收，并经常强调其所偏好的如政府计划之类的能够增进社会成员福利的事情。与古典自由主义者的理论相比，现代自由论者罗伯特·诺奇克则运用了完全不同的分析方法。他认为，政府必须限制自身的功能，应只限于提供必要的服务。诺奇克指出，任何社会的组织形式都应该禁止对他人的强制行为，所有的人都有权参与自愿交易和不受强制。

自由主义以亚当·斯密“无形的手”的理论为基石，认为市场机制具有完美的自动均衡能力，一切生产要素及其价格都可以通过市场机制的自我调节完成均衡。与自由主义相对的是干预主义，最典型的特征是承认市场机制有滞后性，应由政府运用积极的政策来调节总供求，通过政府政策的变动来影响经济个体的偏好和行为，从而使经济个体“自觉”地回到均衡的轨道中来。

卫生服务市场与其他市场相比具有一定的特殊性。卫生服务产品中有大量公共产品和准公共产品，这类产品虽然具有较显著的社会效益和经济效益，但由于其具有非排他性、非竞争性，导致在自由经济条件下供给短缺。因此，自由市场机制在卫生领域中不能实现卫生资源的有效配置。同时，卫生服务市场还存在供需双方信息不对称，存在垄断和诱导需求等特征，不能依靠市场的自我调节，需要政府的干预。在卫生服务领域，为了提高效率、促进公平，一方面需引入市场机制，另一方面需加强政府干预，使市场机制与政府作用有机结合。

三、卫生经济伦理学研究的主要内容

（一）卫生经济伦理规范研究

伦理学最终是为了解释世界，经济学和医学主要是为了改造世界。在医疗卫生领域，当我们决定应该做什么或怎样做时，就应该思考我们为什么做出这样的决定，这是卫生经济伦理的规范研究。是公平优先还是效率优先，政府扶持卫生服务供方还是需方，其理由本身就是一种道德原则。

（二）卫生经济伦理实证研究

卫生经济伦理原则既贯穿于宏观的卫生政策制定、卫生资源分配过程中，也涉及具体卫生技术、药品使用等微观领域的抉择。因此，在医疗卫生的具体实践中，需要运用卫生经济伦理的相关理论和研究方法，去评价卫生经济学领域中决策的伦理价值取向，尤其要重视公平、公正、正义在整个医疗卫生领域的实现。卫生经济伦理实证研究主要在卫生政策制定、卫生资源分配、医疗保险支付等领域。人们患病时选择何种治疗方法？生孩子是为了骨髓移植？对于生命质量低劣的患者，是否使用维持生命的治疗？何时终止这种治疗等，都是卫生领域常遇到的具体难题，亟待卫生经济伦理做出回答。

第二节　卫生政策制定伦理

一、卫生政策概念

卫生政策（health policy）属于公共政策的范畴之一，是政策制定者为解决特定的卫生问题、实现一定的卫生工作目标而制定的各种法令、法规、规章、规划、计划、制度等的总称，用以引导卫生事业发展，调节卫生资源配置，协调各相关群体利益、矛盾等，达到改善健康状况、维护社会稳定、推动社会发展的目的。卫生政策是对健康相关领域的某种价值的调整和再分配，为卫生领域的活动提供指南，为相关群体的利益调节提供杠杆。2009年，中国启动新的医疗卫生体制改革（简称“新医改”），国家出台了一系列政策，旨在调整不同利益群体之间的关系，提高卫生服务的公平性和可及性，实现人人享有卫生保健。2009年3月17日国务院出台了《中共中央国务院关于深化医药卫生体制改革的意见》（国发[2009]12号），该文件是医疗卫生体制改革活动的指南，为协调政府、患者及卫生服务体系三者之间的关系和利益调整提供了政策依据。该文件提出要逐步实现国家公共卫生服务均等化。

国家制定基本公共卫生服务项目，从2009年起，逐步向城乡居民统一提供疾病预防控制、妇幼保健、健康教育等基本公共卫生服务。实施国家重大公共卫生服务项目，有效预防控制重大疾病及其危险因素，进一步提高突发重大公共卫生事件处置能力。健全城乡公共卫生服务体系，完善公共卫生服务经费保障机制，2009年人均基本公共卫生服务经费标准不低于15元，到2011年不低于20元。加强绩效考核，提高服务效率和质量，逐步缩小城乡居民基本公共卫生服务差距，力争让群众少生病。

公共卫生服务均等化的政策旨在调整了居民、政府及卫生服务体系三者之间的利益关系。政府通过人均公共卫生服务经费的筹资，建立国家公共卫生服务项目，居民享受了疾病预防控制和健康教育等公共卫生服务，政府支出向居民健康福利转移，实现了少生病的政策目标。公共卫生服务利用增加，居民少生病，从而门诊或住院医疗服务利用减少，这在一定程度上实现了预防服务替代了医疗服务，调整了医疗机构与预防保健机构的利益关系。由于公共卫生服务项目是免费的，筹资完全来源于国家税收，经济收入相对低的农村居民收益更大，缩小了城乡差距，这在一定程度上也实现了富人向穷人之间的利益转移。

二、卫生政策制定的程序

卫生政策制定是指为了解决某个社会问题而提出的一系列可接受的方案或计划，在政策分析的基础上，进一步论证和审查备选方案，最后形成正式政策的过程。这个过程主要包括卫生政策问题确认、制定卫生政策目标、设计备选方案、评估和选择方案。

卫生政策问题确认（configuration of health policy）是指卫生政策制定的初始阶段，运用公认的科学方法和遵循合理的逻辑步骤，确认特定领域或范围内的关键问题，同时促进关键问题能够优先进入正常议程成为政策问题。如正常人被当作精神病患者“强制收容”问题，是否应该立法规范精神病患者的收容条件及相关权利？还有动物中抗生素滥用问题，污染人类的食物链，从而导致“超级细菌”产生，是否应该出台专门的标准规范农作物和动物的抗生素合理使用问题？政策问题确认的步骤通常包括特定领域界定、界定存在的问题、形成问题系统、明确问题的优先顺序、多重论证关键问题和关键问题进入政策议程。

卫生政策目标（health policy object），是卫生政策主体为解决卫生问题所提出的要求和所要达到的目的和效果。通常包括卫生政策的总目标、具体目标及政策目标实现途径，如政策主体在制定医疗保险政策时优先考虑穷人还是富人，老年人、儿童还是所有公民，是慢性病预防保健还是重大疾病临床治疗。制定卫生政策目标的意义在于使得政策问题的具体化，通过具体化可以衡量和评价的目标指标体系，才能高效地解决政策问题，正确的政策目标能起到事半功倍的效果。政策目标确定的步骤包括明确政策预期、确立目标体系和量化政策目标。

设计备选方案（design policy alternatives），是指在卫生政策目标的前提下，设计和构建实现政策目标的各种可能途径的过程，即提出各种备选方案。方案设计是政策制定的中心环节，是政策方案评估和优选的基础。如要解决中国“看病贵”的问题有很多种途径，如通过医疗保险的筹资水平和报销比例，降低患者自付比例；通过加强医疗机构监督管理，限制不合理处方行为，降低不必要的进口贵重药品和器械使用；通过加强预防保健投入，降低居民患病的概率，减少不必要卫生服务利用等。只有科学地设计各种备选方案，才能找到有效解决问题的途径。在政策方案设计时要综合考虑政策目标、政策资源条件及政策实施可能的障碍因素等，具体步骤包括资料收集与分析、政策方案设计和政策方案提出。

评估和选择方案（selection and appraisal scheme），是指在多个备选方案的基础上，对多个可行性方案进行比较、分析、评估和筛选，确定最优的政策方案的过程。择优是建立在对方案进行评估的基础上，评估是按照一定的标准，对备选方案的可行性和利弊进行深入的论证和分析，并按优先顺序加以排列。如降低看病贵备选方案中，提高筹资水平和报销水平在经济上是否可行？在提高报销水平的同时，是否会带来医疗资源的过度使用，社会文化上可行性如何？加强对医疗机构监管，在实际运行过程中是否有足够的人力和财力投入到监管，现实可操作性如何？是否可以通过提高反映医生价值的诊疗服务价格，降低药品和耗材的价格，从而减少看病贵的问题？对于医生来说这种方案是否合理，对于患者来说是否适应这种价格差异的策略？对于政策制定来说，还要考虑这些方案中哪个是最佳决策，哪个方案更符合低成本高效益的原则。因此，评估和选择方案的重点是评价各个方案的可行性，主要考虑各方案的经济、技术和社会可行性，同时要考虑备选方案的必要性、可操作性、科学性和合理性。

三、卫生政策制定伦理原则和伦理考虑

（一）卫生政策问题确认坚持自由主义与政府职责相结合

卫生政策问题的确认是政策制定和研究的起点，目的在于“找准问题”。美国学者 J.S. 利文斯顿 1971 年在《哈佛商业纵览》杂志中所言：“问题认定过程至关重要，一方面问题最初被认定的方式，会影响解决方案的本质；另一方面错误认定的政策问题，会导致选择错误的政策方案，而使原来的问题不但未能获得解决且易于日趋恶化，最后更难解决。”在卫生领域的很多社会问题，哪些问题该列入政策的议程优先解决，除了社会问题的严重性、重要性和可解决性外，我们该坚持怎样的伦理原则？卫生政策的制定是为解决社会卫生问题，而非特异化的具体私人问题。因此，卫生政策问题的确认应坚持自由主义和政府职责相结合。

经济自由主义理论认为，政府对经济干预得越少越好，或者干脆没有管制。亚当·斯密认为：“我们期望我们的晚宴不是来自屠夫、酿酒人或面包师的善心，而是出自他们对自己私利的关心”。在利己主义理性人假定下，个体或者组织会被“看不见的手”指引去促成某个目标的实现。他们在追求自身利益的过程中，不断促进社会利益。因此，具体卫生政策问题确认时应坚持自由主义思想，即凡是社会能够通过自身努力实现的问题，政府就没有必要花费大量的财力和物力去制定政策和实施政策。

近年来，政府为了降低患者的疾病负担，降低药品费用的占比成为政策的重点。从 1997 年到 2013 年，发改委连续进行了 32 次药品降价。从历次降价年份与平均降幅可以分成三个阶段：第一轮降价 1997～2003 年，降价 13 次，平均降幅 15%；第二次降价 2004～2007 年，降价 12 次，平均降幅 21%，第三降价 2009～2013 年，降低 7 次，平均降幅 16%。在历次药价调整中，抗感染药物降价次数、涉及品种数量最多、平均降幅也最大，这主要是抗生素滥用现象比较普遍，是国家重点调控的问题；而抗肿瘤和免疫调节剂和心血管系统药物作为重大疾病和慢性病治疗药物，临床用量大，居民负担重，也是物价政策重点关注的内容。以上两点体现药品价格对居民的负担影响的严重性和重要性原则。然而，政府通过主动降低药品价格是否可行？是否达到了政策的预期效果？在药品降价的过程是否出现了政策负价值，阻碍政策的实施？这些都是在政策问题确认时，政策制定者应该考虑的问题。

据《中国卫生统计年鉴》（2004 年和 2013 年），2002 年全国各地区门诊和住院次均费用分别为 108.2 元和 3910.7 元，其中药品费用分别为 59.2 元和 1748.3 元，药费占比分别为 54.71%和 44.71%；到 2012 年门诊和住院次均费用分别为 192.5 元和 6980.4 元，其中药品费用分别为 96.9 元和 2867.4 元，药费占比分别为 50.33%和 41.08%，药费占比的降幅远远小于药价的降幅，这说明药品降价政策并没有实现政策制定的初衷。

从卫生经济伦理学角度分析政策问题确认不成功的主要原因：①药品降价是属于企业自身的决策，政府如果不尊重市场规律，强行降低药品价格，违背了自由主义原则。强行降价，伤害了药品生产企业的利益，这时候可能产生“降价死”现象。②药品降价对于医院来说，降价药品降低了医院收入，医生可能选择同类替代品使用，从而导致降价药品没有得到充分的利用。③药品降价对于患者来说，降价的药品在市场上消失，医生不选择降价的药品，从而导致患者的利益损害，患者不能获有效经济的药物，反而增加患者的经济

负担，甚至导致新的药品滥用问题。④药品降价对于政府来说，政府聘请了很多专家制定了降价政策，花费很多精力促进生产企业去实施政策，政策效果并不明显。在资源有限的情况下，政府应把更多精力投入在关键的可行的政策问题上。

亚当·斯密认为，要使“看不见的手”正常工作就必须遵循某些准则。这些规则就是“看得见的手”，制定这些规则是政府的职责所在。因此，政府在政策问题确认时，要体现公益性和政府职责。有些社会问题市场机制无法发挥作用时，政府必须制定规则实现公众利益和社会利益，引导政策实施范围内的行业和个人的职业伦理价值。在卫生经济伦理领域内，强调伦理的广义上美德仁爱和博爱精神，一个伦理社会应当关注的是社会中处于最不利地位的居民，因为他们是最不能维护自己利益的人。因此，卫生政策问题确认时应坚持政府职责原则，关注一些处于最不利地位的居民利益，如贫困人口的医疗救助政策，弱势人群的社会保障制度等。

（二）卫生政策目标和备选方案制定设计要坚持公正原则

卫生政策目标是卫生政策方案制定、评价和论证的基础，也是决定政策价值的走向。在公平、公益、功效等价值目标的要求下形成的卫生政策才能够使政策价值得以实现。然而，政策目标依赖于政策制定者的价值判断，不同利益相关者对价值判断具有一定的主观性。因此，卫生政策目标制定必须坚持公正原则，才能实现政策预期的效果。

为了进一步降低药品费用解决“以药养医”的问题，新医改中国家实行基本药物制度，取消药品加成政策，基本药物以零差率销售（即药品进价等于零售价），新设药事服务费来弥补医疗机构的成本。药事服务费是指医疗机构在提供医疗服务过程中收取的一项费用，主要用于补偿其向患者提供药品处方服务的合理成本。药事服务费是根据医务人员提供药品服务的劳务价值来核算的，与销售药品的金额不直接挂钩，有利于切断医疗机构和药品销售之间的直接经济利益联系。药品零差率和药事服务费政策目标体现了公正原则，首先，对于就诊的患者来说，取消药品加成，国家基本药物由医疗保险目录支付，每个人都有机会享受到基本药物，实现了机会公平享有。其次，从医院和医生的角度来看，基本药物的零差率销售，减少了医生不合理处方行为，降低了不必要的药品消费，规范了医疗服务的提供。而通过药事服务费对医疗机构的成本进行弥补，从“形式上”实现了医院利益的均衡。药事服务费根据药品服务的劳务价值来核算，从“实质上”体现按劳动价值分配。这是基本药物零差率政策的初衷，然而政策的目标价值能否实现，还取决于政策方案的合理性和可行性等因素。卫生政策价值目标应考虑利益相关者的利益平衡和公正，体现了政府的公益性。

备选方案制定应坚持公正原则，主要在于程序上要求政策的利益相关者有平等的机会参与政策制定，备选方案的内容上应充分考虑利益相关者的利益公平公正。如政策制定主体首先应该能够代表公正的原则，达到“无知之幕”原始状态；其次备选方案制定过程中广泛听取利益相关者的政治和利益诉求，多次反复公开征求意见；最后，在备选方案制定时要进行利益相关者分析，充分估计该政策实施可能的阻力和动力，在各利益集团矛盾冲突时应坚持伦理公正的原则去完善修改方案。

药品统一招标政策被认为是解决“以药养医”问题的一剂良方，降低居民疾病负担。药品统一招标政策 1999 年试点，2000 年在全国范围内实施。政策设计初衷是希望通过多家医疗机构采用统一招标采购方式来降低药品价格，规范医药企业的购销回扣问题。该政策的实施在一定程度上降低了药品价格，部分药品甚至降低了50%。但是，该政策在实施过程中出现了一些政策的负价值，如导致临床医生用药结构变化，在“经济人”的行为决策模式作用下医院管理者以及开处方者的获利空间被压缩时会选择高价位、差价大的非中标药品，这就使中标药品的用量剧减，甚至于造成药品生产商停产。部分同名同规同厂药品医疗机构售价高于社会药店售价，甚至大部分药品的差率高于1/5。

从卫生经济伦理角度分析，出现上述问题的主要原因是：第一，药品统一招标决策主体是由相关领域的专家组成，这些主体并不能代表公立医院的利益，也不能代表患者的利益，决策主体不能实现“无知之幕”的状态下，投标企业对参加药品招标评审的专家和工作人员进行贿赂，被贿赂的专家代表的是厂商的利益，从而出现中标药品的价格高于零售价的现象。第二，药品中标的规则不公平，药品中标的主要标准是价格。低价的药品更容易中标，但是质量上又无法保证。医院会从经济角度和患者疗效角度考虑，选择价格贵的同类非中标药品，患者的疾病负担非但没降，甚至可能升高。第三，药品招标的程序不能保证公正性，一些大的生产企业可以通过内幕获取招标价格信息，通过低价中标，垄断整个医药行业，击垮规模小的企业。

（三）卫生政策备选方案的评估和选择要坚持功利主义

卫生政策备选方案的评估和选择就是对各种可行的方案进行比较，选择最优的方案。最优的选择标准决定备选方案的执行效果和政策价值的实现，因此，从卫生经济伦理的角度评估和选择的标准应坚持功利主义。功利主义认为所谓善是“大多数人的最大幸福”。善可以被描述为“效用”，效用是道德的基础，是正当与错误的最终判据。人类行为是否有道德价值，应从行为的目的及后果加以考量，包括行为（act）功利主义和准则（rule）功利主义。行为功利主义考察某一行为的总体后果，通常从短期角度来判断。而准则主义注重一系列行为的后果，从长期角度来判断。功利主义的判断手段之一是成本收益分析。

近年来，医患纠纷发生率呈上升趋势，恶性医闹事件、伤害医护人员人身安全事故经常发生。因此，如何预防和有效解决医患矛盾，是各级政府医院共同关注社会问题之一。通过专家咨询和国际社会的实践研究表明可能有以下几种方案：

（1）增加医院的警力安保人员配备，一旦有医闹等恶性事件，安保人员负责医患人员的人身安全。

（2）国家开设医疗疏忽和医疗过失的强制责任险，开业医生强制购买医疗责任险，当医疗纠纷发生时启动第三方协调机制和赔偿机制。

（3）政府成立医患互信机构，专门对医疗机构服务质量进行评估，评估内容包括医疗记录是否严格管理；对患者有没有实行主治医生责任制；每个病例是否进行了认真研究；有无医生进修制度；患者权利是否有明文规定。评估结果上网公布，评估合格发给合格证书。患者根据评估结果选择优质医疗的同时，又增加了对医生的信赖。

（4）成立医疗纠纷的调解中心，由医生代表、卫生行政人员、法务工作者、警察等代表组成。医疗事故发生后，患者或家属一般先与当事医生或院方进行直接接触以确认事实，并协商可能的赔偿问题。如果协商未果，患者可以向医疗事故调解处求助，该机构专为解决医患纠纷设立，目的是避免医患双方“对簿公堂”或打“马拉松医疗纠纷官司”。运用功利主义的原则分析各种方案的成本和收益。

方案一：从准则行为主义角度来说，短期内增加警力配备能够对有效维护医院的秩序，保护医护的人身安全。但是，从长期来看增加警力的成本较高，也不能有效地改善医患矛盾，反而会增加医护人员和患者的不信任感。方案二：成立医疗责任险，从短期来看，发生医疗纠纷就启动第三方付费的保险机制，能够有效缓解医患矛盾，减少医疗风险对医生的影响，患者也可以获得比较公平的赔偿，这是一种综合协调医患双方利益的综合方案。从长期看，增加了医生的职业成本，对医疗纠纷的预防效果不明显。方案三：政府成立互信机构，调查医疗机构的服务质量，并及时公布。短期内改善的效果很难看出，但从长期来看能够促进医疗机构提高服务质量，有效地减少医疗差错和医疗事故。方案三是一种预防性管理和过程管理的结合，能够有效地预防和改善医患关系。方案四是一种过程管理，能够在一定程度上解决医患纠纷的矛盾，但是不能很好地预防医患纠纷。不同地方政府可以根据自身的经济状况和医患关系的现状，在综合考虑远期利益和当前利益的基础上，选择一种或综合多种解决方案。

第三节 卫生资源的分配伦理

一、卫生资源分配概念

卫生资源（health resource）是指开展各种卫生服务所需社会资源的总和，包括人力资源、财力资源、物力资源、技术资源、信息资源等，是卫生事业管理活动的基础。合理配置卫生资源，满足居民的健康需求，提高资源配置的效率和公平，从而提高人民健康水平。随着社会经济的发展，卫生技术的进步，有限的卫生资源似乎很难满足居民健康需求。在卫生资源的配置方面应坚持怎样的伦理原则？政府应该处于什么样的角色定位？是政府主导还是市场自由？是公平优先还是效率优先？

二、卫生资源分配的现状

新时期中国卫生工作方针为“以农村为重点，预防为主，中西医并重，依靠科技和教育，动员全社会参与，为人民健康服务，为社会主义现代化建设服务”，该方针中明确了卫生工作的重点“以农村为重点，预防为主，中西医并重”，卫生工作的策略是“依靠科技和教育，动员全社会参与”，卫生工作的宗旨是“为人民健康服务，为社会主义现代化建设服务”。在现实的卫生资源配置具体决策中，是否实现了卫生方针政策制定的初衷和目标？中国卫生资源配置现状如下。

（一）国家卫生投入结构不合理

1. 重治疗轻预防 政府在具体宏观卫生经费分配方面，大部分的经费都用在疾病治疗方面，在疾病预防与公共卫生投入很少。中国政府长期忽视对公共卫生的投入危害，2003年传染性非典型肺炎的暴发流行，凸显了中国政府突发公共卫生事件应急能力薄弱。2003年以后，政府加大对公共卫生的投入，建立全国统一的传染病网络直报系统；2009年新医改中建立国家公共卫生服务制度，进一步向公共卫生领域倾斜。但是，总体上来说，国家卫生投入还是重医疗轻预防。据《中国卫生和计划生育统计年鉴 2014》，2000 年中国政府卫生支出 709.52 亿元，其中医疗卫生服务支出占总支出 57.39%（407.21 亿元），而人口与计划生育事务支出占总支出9.09%(64.5亿元);而2013年中国政府卫生支出为9545.81亿元，其中医疗卫生服务支出占40.21%（3838.93元），人口与计划生育事务支出占9.47%（904.92亿元）。

2. 重硬件轻软件 政府卫生投入更愿意分配到房屋、设备等物力资源领域，对于人才培养、管理领域的投入相对弱化，这种分配方式降低了卫生系统的运行效率。如一项新的医学技术投入（如超声检查技术）的出现，即意味着需要有一整批的专业技术人员来提供必要的服务。近年来，很多医疗机构热衷于购买PET-CT、MRT等高端诊疗设备。为了弥补新技术的成本，就可能出现一些过度检查过度使用的情况发生，从而推动卫生费用不合理增长，降低资源配置的效率。

3. 重城市轻农村 中国的国家投入通常按照床位数、卫生服务人员人头数进行补偿，城市、大型医院床位数多、卫生技术人员多，得到的补偿更多，加剧了城乡差异。表14-1显示了2002～2013年中国城乡医疗机构床位数的差异,2002年城市医院床位数占70.85%，而农村的床位数占22.65%,到2012年城市医院床位数占74.06%,而农村床位数占21.84%。经过十年的医疗改革发展，城市的医院床位数比例还上升，而农村的比例略有下降，这也说明尽管在医疗卫生改革中国家投入大量的资源，投入的结构还是值得去思考分析。

表14-1 2002～2013年中国医疗机构卫生床位数 （单位：万张）

年份	合计	医院	其中：综合性医院	基层医疗机构	其中：社区卫生服务中心	乡镇卫生院
2002	313.61	222.18	168.38	71.05	1.21	67.13
2003	316.40	226.95	171.34	71.44	1.21	67.27
2004	326.84	236.35	177.68	72.58	1.81	66.89
2005	336.75	244.50	183.47	76.19	2.50	67.82
2006	351.18	256.04	190.29	85.03	4.12	69.62
2007	370.11	267.51	197.16	97.10	7.66	74.72
2008	403.87	288.29	211.28	109.98	9.80	84.69
2009	441.66	312.08	227.11	119.22	13.13	93.34
2010	478.68	338.74	244.95	123.37	16.88	99.43
2011	515.99	370.51	267.07	132.43	18.71	102.63
2012	572.48	416.15	297.99	20.32	109.93	19.82
2013	618.19	457.86	325.52	134.99	19.42	113.65

数据来源：《中国人口卫生和计划生育年鉴2014》。

（二）卫生筹资的政府责任有所体现，地区间不平衡现象突出

卫生筹资的来源通常由三个部分组成：政府、社会和个人，其中政府筹资主要来自税收，社会筹资主要来源于医疗保险的保费，个人筹资主要来源于个人自费。2000年中国卫生总费用4586.63亿元，其中政府、社会和个人卫生支出分别占15.46%（709.52亿元）、25.99%（1191.94亿元）和58.99%（2705.17元），个人承担了60%的就诊费用，居民看病贵问题凸显，“因病致贫”和“因病返贫”现象频发。2003年世界卫生组织全球卫生服

务利用公平性排名中，中国倒数第三。2003 年国家启动新型农村合作医疗制度改革，2007 年启动城镇居民基本医疗保险制度改革，这两大保险制度都强化了政府的筹资责任，中国卫生筹资的公平性有所改善。到 2013 年，中国卫生总费用为 28119 亿元，其中政府支出占 29.99%（8431.98 亿元）、社会卫生支出占 35.67%（10030.7 亿元），个人卫生支出占 34.34%（9656.32 亿元），个人卫生支出降低到 30%左右，居民基本上能看上病，卫生筹资的公平性有所改善。

但是，由于各地方社会经济发展水平差异较大，卫生筹资地区差异较大。2013 年，吉林省个人卫生支出比例高达 45.7%，而北京、上海等市个人卫生支出比例在 20%左右，西藏更低，仅占 7.4%，具体见表 14-2。

表 14-2 2013 年中国部分地区卫生总费用及构成

全国省市自治区	合计	卫生总费用（亿元）			卫生总费用构成（%）			卫生总费用占GDP%
		政府卫生支出	社会卫生支出	个人卫生支出	政府卫生支出	社会卫生支出	个人卫生支出	
全国	28119.00	8431.98	10030.70	9656.30	30.00	35.70	34.30	5.41
北京	1190.01	320.40	600.96	268.65	26.90	50.50	22.60	6.66
天津	479.75	120.90	184.37	174.47	25.20	38.40	36.40	3.72
河北	1248.10	368.32	353.03	526.76	29.50	28.30	42.20	4.70
山西	665.04	206.68	222.70	235.65	31.10	33.50	35.40	5.49
内蒙古	619.03	204.46	175.21	239.37	33.00	28.30	38.70	3.90
辽宁	1011.96	233.02	382.73	396.21	23.00	37.80	39.20	4.07
吉林	647.96	174.02	177.75	296.19	26.90	27.40	45.70	5.43
黑龙江	823.72	191.00	279.84	352.88	23.20	34.00	42.80	6.02
上海	1092.35	232.49	646.51	213.35	21.30	59.20	19.50	5.41
江苏	1892.02	483.75	863.51	544.75	25.60	45.60	28.80	3.50
浙江	1543.70	342.67	689.32	511.71	22.20	44.70	33.20	4.45
安徽	1112.02	365.75	300.83	445.44	32.90	27.10	40.10	6.46
福建	678.21	222.81	263.37	192.02	32.90	38.80	28.30	3.44
江西	658.24	269.45	175.06	213.73	40.90	26.60	32.50	5.08
山东	1928.88	498.38	726.42	704.09	25.80	37.70	36.50	3.86
河南	1517.63	489.46	381.86	646.30	32.30	25.20	42.60	5.13
湖北	1093.96	305.89	335.88	452.19	28.00	30.70	41.30	4.92
湖南	1075.69	338.82	305.35	431.52	31.50	28.40	40.10	4.86
广东	2185.30	587.32	858.11	739.87	26.90	39.30	33.90	3.83
广西	782.47	286.69	235.55	260.23	36.60	30.10	33.30	6.00
海南	180.33	66.82	59.45	54.06	37.10	33.00	30.00	6.31
重庆	621.54	195.56	204.80	221.19	31.50	33.00	35.60	5.45
四川	1405.91	473.89	467.31	464.71	33.70	33.20	33.10	5.89
贵州	480.23	242.62	97.97	139.64	50.50	20.40	29.10	7.01
云南	757.67	288.23	211.84	257.60	38.00	28.00	34.00	7.35

续表

全国省市自治区	合计	卫生总费用（亿元）			卫生总费用构成（%）			卫生总费用占GDP%
		政府卫生支出	社会卫生支出	个人卫生支出	政府卫生支出	社会卫生支出	个人卫生支出	
西藏	63.97	43.49	15.78	4.70	68.00	24.70	7.40	9.13
陕西	860.52	257.49	276.12	326.91	29.90	32.10	38.00	5.95
甘肃	444.72	168.88	113.94	161.91	38.00	25.60	36.40	7.87
青海	142.49	61.72	42.26	38.50	43.30	29.70	27.00	7.52
宁夏	135.00	51.80	36.51	46.69	38.40	27.00	34.60	5.77
新疆	566.30	190.00	224.26	152.03	33.60	39.60	26.90	7.55

数据来源：《中国人口卫生和计划生育年鉴 2014》。

（三）卫生人力资源配置结构不合理

1. 农村地区卫生人力资源的数量不足 据 2011 年中国卫生统计年鉴，2010 年城市地区每千人口卫生技术人员数为 7.62 人，农村为 3.04 人；城市地区每千人医生数 2.97 人，农村为 1.32 人。卫生人力资源配置的不公平性，加剧了城乡卫生服务利用的不公平性。

2. 无论是农村还是城市，从事基本卫生服务和预防保健服务的卫生人力资源数量不足 2010 年城市各类医院卫生人员数为 422.73 万人（52.0%），城乡基层医疗卫生服务机构卫生人员数 328.21 万人（40.4%），而公共卫生服务机构的卫生人员数为 62.45 万人，仅占 7.7%。

3. 卫生人力资源质量方面差异大 优质的卫生人力资源在农村、基本卫生服务、预防保健领域的配置严重不足，这些领域的卫生技术人员学历和职称明显偏低。2010 年中国城市医院本科及以上学历的卫生人员占 32.6%，城市社区卫生服务中心和乡镇卫生院比例分别为 19.0%和 5.7%；副高及以上职称人员比例分别 10.3%、4.3%和 0.9%。优质卫生人力资源过度向城市、大型综合医院集中，加重了绝大多数人就诊时的时间和空间障碍，影响了卫生服务的利用。

4. 卫生人力资源的专业结构分布不合理 突出表现在医护比过低。国际上普遍的医护比应在 1∶2 及以上，而中国 2010 年城市的医护比为 1∶0.54，农村为 1∶0.39。除了医护比不合理外，还存在缺乏足够、高质量的药师、影像技术人员、检验技术人员和管理人员。相关的辅助管理人员不足、质量不高，导致整个医疗服务系统工作水平和效率下降，等候时间长、服务不到位、群众满意度低，影响卫生服务利用。

三、卫生资源配置的伦理原则

宏观的卫生资源配置主要体现在以下问题中：应该提供什么种类的卫生服务保健服务？谁将获得这些服务，理由是什么？费用如何分担？谁将提供这些服务？谁将控制这些问题？微观分配是指谁将获得稀缺资源（如住重症监护单元、先进技术、器官移植）等个人化的决定。卫生资源分配方式主要包括按需要分配、按价值分配、按贡献分配、按社会价值分配、按平等分配等。

（一）宏观卫生资源配置坚持国家职责，坚持义务论与目的论结合

从卫生服务的性质来看，公共卫生服务等属于纯公共产品或准公共产品，这就决定了国家卫生投入责任。基本医疗卫生服务是我国“人人享有卫生保健”的策略，要保证居民的健康公平性，这部分具有一定准公共品性质，居民的健康是最重要的生产力，为社会创造财富，具有正向外部性，因此，政府无论是通过国家购买服务形式的筹资，还是直接举办医疗机构承担基本医疗服务，都是政府的职责所在。

从义务论的角度来说，将国家的卫生资源配置给最应该得到帮助的人、最应该得到救助的疾病领域，而无论这种投入的健康收益如何。如终末期肾病的患者，每年的透析治疗需要数十万元，如果肾移植需要花费更多，那么政府是否在该领域投入呢？儿童白血病患者治疗费用也是需要几十万元，救活一个儿童的社会价值可能更大。70岁以上的老年癌症患者可以数十万元就可以治疗，救活一个老年人的社会价值可能相对较低。在资源有限的前提下，该如何去配置资源呢？

从目的论角度来说，卫生资源应该配置给能够用更少的经济代价换取更大社会健康收益的领域，有可能会导致最需要救助的人没有得到充分的救助，最终影响整体社会健康收益。如投资一个医院，在偏远农村地区投入的成本远远高于医院的收入，而是城市的经济中心收入要高于成本，这时候按照目的论角度来说投资在城市医院，政府获得较好的经济收益。然而，该策略带来的远期问题是，偏远农村地区缺医少药，居民医疗服务的可及性差，卫生服务利用不足，居民健康状况较差，社会生产力低下，社会效益损失巨大。

（二）卫生资源微观配置应坚持目的论，适当地兼顾义务论

医保中心主任刚上班就接到两个电话。居民甲：我患糖尿病多年，血糖控制一直不太好，现在有一种进口的长效胰岛素，控制血糖效果不错，但是目前医保不报销，主任能够把该药纳入医疗报销的范围？居民乙：我儿子患者血友病A，现在有种新药“ALN-AT3”能够治疗我儿子的病，该药价格非常昂贵，我们负担不起，救救我儿子吧？从卫生经济伦理的角度来看，该如何决策？

居民甲和居民乙的问题都是药品是否应纳入医疗保险报销范围的问题，区别在于糖尿病是发病率高，治疗药物比较多，选择方案比较多；而血友病A是罕见病，全球人群发病率在15/10万到20/10万，中国的发病率3/10万左右，没有特效治疗药物，研发生产厂家少。面临这两个药物选择时，该如何决策呢？

从目的论角度来看，卫生资源应该配置给能够用更少的经济代价换取更大社会健康收益的领域。功利主义经常被用于卫生资源的分配，方法是成本效果比。居民甲治疗糖尿病的药物有很多种，其中二甲双胍是最经济且效果不错的药物，已经在医保报销范围内。如果现在有个进口的长效胰岛素，按照功利主义的原则，就是比较进口胰岛素治疗糖尿病的成本效果比，如果这个胰岛素的成本效果比低于目前医保目录中的胰岛素，很可能就不会选择新胰岛素。但是，血友病A目前没有特效药，也没有可以比较的对照药品。这时候，政策决策部门到底是否给予医保报销呢？由于罕见病治疗的药品，通常研发成本较高，药品的定价也很高，从功利主义原则去考虑肯定不给予报销。

从义务论的角度来看，将国家的卫生资源配置给最应该得到帮助的人、最应该得到救助的疾病领域，而无论这种投入的健康收益如何。从发病率的角度来看，每个人都有可能

患血友病，如果控制和治疗得当，提高罕见病患者的生命质量的同时，也提高人口健康质量。所以，促进罕见病治疗的可及性不仅使罕见病患者满意，解决了患者和家属的经济负担，而且还能使得更多的人因此获益。药厂也有动力去研究新的药品，促进医疗科学技术的发展。因此，当某个具体社会实践，整个社会利益超越个人利益时，卫生资源配置应兼顾义务论原则，对一些罕见病治疗和临床新技术引入给予更多的扶持，纳入医疗保险的报销范围。根据其对社会科学技术发展和社会公众利益贡献的大小，可以适当地通过共同负担的比例，来促进罕见病的治疗，提高个人福利的同时，也提高整个社会福利水平，实现了多数人的最大幸福。

第四节　国家医疗卫生事业改革的伦理案例

一、美国的医疗卫生改革及伦理选择

医疗卫生事业关系所有人的生命健康，是政府伦理责任的重要体现，也是各国专家学者关注的重点。任何国家，不管处于什么发展水平，都需要进行持续的医疗卫生事业改革，这已成为整个社会政治改革的一部分，政策手段的选择以不同的形式影响着卫生服务的公平、效率、可行性和承受力，体现了政府的伦理态度和价值观。

美国从西奥多·罗斯福总统提出实现全民医疗保障倡议到奥巴马政府通过基本实现全民覆盖的新医改法案，美国医疗体制改革已历经百年。迄今为止，美国医疗体制形成了以私有为主、公共为辅的“双轨”制，但医疗保障至今仍未覆盖全民。美国医改历程的最大特点是漫长曲折充满争议，这是由于美国人的价值取向不同、特殊利益争夺和医疗体制本身的复杂性所造成的。

1929 年，美国爆发经济大危机，民众收入骤减，患者经常因无力支付医疗费用而延误治疗。胡佛政府奉行“放任主义”不干预政策，推动了美国最大的非营利医疗保险组织“蓝十字”和“蓝盾”的成立。尽管“蓝盾”和“蓝十字”是社会化低保费计划，但许多陷入“大萧条”困境的民众还是买不起保险，因病致贫成为严重的社会问题。罗斯福就任后希望“政府主办健康保险计划，使民众得到良好的、及时的、负担得起的医疗保障”，但最终搁浅。

第二次世界大战战后初期，时任美国总统杜鲁门采取“公平施政”，进一步开展“新政”式社会改革，呼吁国会通过《社会保障法》修正案，添加医疗保险条款，规定医疗保险由联邦政府强制运行，从而达到全面普及。但随着冷战开展，建立国家强制计划脱不了社会主义“公费医疗”之嫌。1950 年美国通过的《社会保障法》修正案，并未涉及杜鲁门的相关建议。与杜鲁门不同，艾森豪威尔认为“国家医疗计划在根本上是行不通的，因为涉及政府财政问题，赞成限制政府干涉，让自由市场运行”。艾森豪威尔执政期间，由雇主提供的医疗福利逐渐成为就业者医疗保障的主要途径。

20 世纪 60 年代，美国“老龄化”和“贫富分化”日益加剧，私有医疗体制市场化排挤弱势群体的社会问题越来越突出。1965 年，国会顺利通过了“老年医疗照顾”（Medicare）和“低收入医疗救助”（Medicaid）计划。这两项政府公共计划作为私有医疗体制的补充，弥补了市场化产生的漏洞，使美国医疗体制成为公私“双轨”制，医疗保障覆盖率逐步上升到 85%左右。尼克松时期，美国经济出现“滞涨”，引发医疗费用快速上涨。尼克松在

社会经济领域采纳凯恩斯主义，强调政府干预。医改的关注点从扩大覆盖率转向控制费用，提出优化医疗组织，改革给付制度。共和党和民主党联手设计了管理式竞争模式，希望发挥市场竞争，加大政府监管，“健康维护组织”（HMO）是该模式的典型。福特政府和卡特政府忙于应付石油危机和通货膨胀，对医改关注不大。里根通过减少政府医疗计划来降低医疗成本财政支出。里根政府控制医疗费用上涨的政策“是联邦政府企图把公共医疗保障责任推给州和地方政府的第一步，是联邦政府在医疗领域发挥积极作用的倒退”。

20 世纪 90 年代，美国进入“新经济”时代，实现全民覆盖的医改，特别引人关注。克林顿上任之初提出了“一揽子”医改计划，希望政府承担更多责任，建立覆盖全民、合理收费、高质量、多选择的医疗体制。由于该法案牵涉社会方方面面的利益，医改方案冗长，尤其是共和党的坚决封杀，导致“克林顿医改”惨败。

由于 21 世纪美国无保障人数又增至 4500 万，且快速增长的医疗费用正吞噬教育、公共安全、环境、基础设施建设等其他公共优先项目的经费，所以 2009 年奥巴马上任后重启医改。2010 年 3 月通过了包括扩大覆盖面和控制医疗费用等综合内容的新医改法案。

二、英国的医疗卫生改革及伦理选择

作为世界上第一个福利国家，英国在卫生保健方面，建立的是国民健康服务体系（national health system，NHS），即“贝弗里奇”模式的医疗保障制度。该模式以高度的公平性和福利性闻名于世，在为国民提供全方位的免费医疗服务上取得了显著成就，成为当今世界典型的医疗保障模式之一。尽管 NHS 具有高度的福利性和公平性，但其实施后逐渐暴露出不少问题。NHS 实施后第一年，英国医疗保健的支出就以未曾预料的速度增长，之后每年持续攀升。在过于强调覆盖的广泛性和服务提供的公平性同时，缺乏对患者的制约和激励，从而产生道德风险等问题，患者没有遏止费用上涨的激励机制，加重了财政的负担。同时，计划管理的模式，容易产生官僚主义和对信号判断的失真，使得医生积极性不高、医院运行效率低下。

在经历了 20 世纪 60 年代经济迅速发展的“黄金时代”后，在 70 年代石油危机的冲击下，英国出现了严重的经济衰退，福利国家的筹资基础被动摇。在高赤字、高通胀、高失业和低经济增长率之下，英国政府开始重新审视医疗费用控制和医疗质量与体系的效率问题。1979 年，保守党上台执政后，撒切尔政府针对福利制度进行了大刀阔斧的改革，而其后的梅杰政府的改革措施也与之一脉相承。在医疗保障领域，撒切尔政府和 1990 年上台执政的梅杰政府主要实施了以下几个方面的改革：第一，采取总额预算控制费用，将卫生支出的比例控制在 GDP 的 6%左右；第二，精简机构，提高管理集中度；第三，引入综合管理制度，提高效率；第四，引入内部市场竞争机制，实行医疗服务购买者和提供者的分离，重组国民健康服务体系的各级管理机构。改革突出了对医疗保障制度实施私营化和市场化，转向以市场调节为主，利用市场机制的竞争作用提高医疗服务效率，增强信息透明度，并使得公众对医疗服务体系的满意度有所提高。

1997 年 12 月，布莱尔政府发布了纲领性文献《新国民健康服务体系》，规定增加医疗经费来源，明确患者权利和完善评价指标，提高服务效率和质量，改革内部市场和计划机制，降低管理成本，建立卫生服务地区网。这体现出既要控制医疗保障费用又要提高服务效果的双重目标。

由保守党和自由民主党联合组成的英国新政府开始执政后，提出“公平和卓越——解放 NHS”的核心理念，试图推进新一轮医改。2010 年 7 月，联合政府出台了卫生新政策的白皮书，提出的目标是：将患者利益放在首位，以患者为核心；改善健康照顾的结果；进一步提高临床工作人员的资质要求，增强其责任感；减少官僚行为，提高效益。2011 年 1 月 19 日，新的医改草案公布，旨在减少政府在医疗卫生体制中的作用，进一步实现医疗服务需求方和供给方的分离。新医改突出的理念是通过医疗服务供需分离来提高医疗体系的效率，确保医疗卫生服务的质量和公平。

三、中国医疗卫生事业改革现状及伦理选择

我国的医疗卫生制度经历了注重公平到追求效率的发展过程。在注重公平的历史阶段，一度走进平均主义的死胡同。因此，从 20 世纪 70 年代末开始，为满足人民群众日益增长的医疗卫生服务需求，针对不同阶段群众关注的突出问题，开始改革创新。医疗卫生改革大致分为三个阶段：

第一阶段是 1978 年至 90 年代中期，当时国家财力不足，医疗卫生机构补偿不足，缺乏活力，不能满足人民群众日益增长的医疗卫生需求，该阶段改革的主要特征是放开搞活，增加动力，打破平均主义。但同时公平优先的指导思想也一并遭到了不合理的否定。舍公平求效率，在很长一段时间内确实发挥了重要的作用，促进了我国医疗卫生事业的快速发展。但是医疗服务过度市场化、政府责任不到位和伦理缺席将卫生改革引向了功利主义的死胡同，使得卫生改革背离了公正目标。市场导向重视了一部分有能力和有经济实力患者的更多更多元化的选择，但很明显地将穷人排除在医疗之外，使医疗卫生事业出现了忤逆公平的严重价值失范。

第二阶段是 90 年代中期到 2002 年，该阶段的改革特征是“三医联动”，开始全面综合改革，医疗机构活力进一步增加，多渠道服务格局基本形成。该阶段医疗改革突出的体现之一是以高效率、高利益为目标，推行医疗机构的市场化、商业化。而医院产权的变更是市场化、商业化的重要体现。2000 年，国务院办公厅转发了国务院经济体制改革委员会、卫生部等八部委《关于城镇医药卫生体制改革的指导意见》，之后相继出台了《关于城镇医疗机构分类管理的实施意见》等 13 个配套政策。在政策的支持下，地方政府陆续出现了一系列医院产权的改革。2000 年 3 月，宿迁公开拍卖卫生院，拉开了医院产权改革的序幕；2001 年无锡市人民政府批转《关于市属医院实行医疗服务资产经营委托管理目标责任的意见（试行）的通知》，提出了托管制的构想。医院产权化改革的尝试与探索是医疗改革市场化、商业化的重要举措，提高了医疗机构的运转速度，实现高效率，带来高效益。但是，以效率和利益为目标，过度市场化、追求医疗机构的商业化，实质上违背了医疗服务的公益性质。医院产权改革并未解决“看病贵”“看病难”等问题，医疗问题成为越来越突出的社会问题。国务院发展研究中心课题组 2005 年在《对中国医疗卫生体制改革的评级与建议》中总结了之前的医改，认为“医改总体上是失败的……问题的根源在于商业化、市场化的走向违背了医疗卫生事业发展的基本规律”，并指出医疗卫生服务的公共品性质与商业化、市场化服务方式之间存在矛盾。医疗卫生服务具有公益性，以效率、效益等数字化、量化为医改的标杆，必然造成医疗机构以利益作为至上追求，而不是以患者为中心。

第三阶段是2003年以来深化改革、制度创新，力争改变“看病贵、看病难”的现状。2009年中共中央、国务院出台了两个重要文件，即《关于深化医药卫生体制改革的意见》和《医药卫生体制改革近期重点实施方案（2009—2011）》，标志着深化医药卫生体制改革正式启动。整个医改的制度设计描述为：一个核心理念，即把基本医疗卫生服务制度的建立作为公共产品向全民提供，实现人人享有基本医疗卫生服务；一项总任务和总目标，即建立基本医疗卫生制度，为群众提供安全、有效、方便、价廉的基本医疗卫生服务；四个服务体系，八项政策支撑和五项近期重点工作，即建设公共卫生服务体系、医疗服务体系、医疗保障体系、药品供应保障体系四位一体的基本医疗卫生制度，同时完善医疗卫生的管理、运行、投入、价格、监管体制机制，加强科技与人才、信息、法制建设等八个方面的支撑条件，以保障四大体系的有效规范运转。五项近期重点工作，一是加快推进基本医疗保障制度建设，二是初步建立国家基本药物制度，三是健全基层医疗卫生服务体系，四是促进基本公共卫生服务逐步均等化，五是推进公立医院改革试点。推进五项重点改革，旨在着力解决群众反映较多的“看病贵、看病难”问题。推进基本医疗保障制度建设，将全体城乡居民纳入基本医疗保障制度，切实减轻群众个人支付的医药费用负担。建立国家基本药物制度，完善基层医疗卫生服务体系，方便群众就医，充分发挥中医药作用，降低医疗服务和药品价格。促进基本公共卫生服务逐步均等化，使全体城乡居民都能享受基本公共卫生服务，最大限度地预防疾病。推进公立医院改革试点，提高公立医疗机构服务水平，努力解决群众“看好病”问题。新一轮医改是30年卫生改革的延续和深化，进一步摆正了价值取向，以公益性为主线，把基本医疗卫生制度作为公共产品向全民提供，实现人人享有基本医疗卫生服务。

医疗卫生改革应该以人为本，以个体的生命至善为最高价值目标。有学者认为，在卫生经济的伦理学问题中，“善和公正是生命的终极价值”。回归医改的伦理本位，建构医改的哲学基础，是医疗卫生改革成功的基石。通过伦理道德的约束和规范作用，可确保医疗改革决策过程中的合理性，增强医改政策的可行性，同时从伦理实体、道德实体上加强引导，可唤醒医疗机构实体认同感以及医务人员的道德认知度。

第十五章　医学技术伦理

第一节　基因诊断和基因治疗伦理

一、基因诊断和基因治疗的概述

（一）基因

基因（gene）是对具有遗传效应的特定核苷酸序列的总称，是染色体上具有遗传效应的脱氧核糖核酸（DNA）分子片段，是遗传物质在上下代之间传递遗传信息的基本单位。每一种生物都有不同数目和结构的染色体，人体共有 23 对染色体，每个染色体可能只含有一个 DNA 分子，而每个 DNA 分子是由四种核苷酸构成的双螺旋结构，人类的遗传密码就存储在这种双螺旋结构中，按照不同的顺序排列，传递不同的遗传信息。

从基因角度可以把人类疾病归为三大类：①单基因病，是由一个致病基因引起的；②多基因病，涉及多个基因的改变；③获得性基因病，是病毒、细菌等传染引起的。

（二）基因诊断

基因诊断（gene diagnosis）也称脱氧核糖核酸（deoxyribonucleric acid，DNA）诊断、分子诊断，指的是从人体内提取 DNA 或核糖核酸（ribonucleic acid，RNA），应用分子生物学技术，通过检查基因的结构及其表达功能，分析基因的类型和缺陷及其表达功能是否正常，从而判断患者是否有基因异常或携带病原微生物。基因诊断以基因为探查对象，具有以下特点：针对性强，特异性高；来源广，取材用量少，灵敏度高；适应性强，检测范围广。

人类疾病都直接或间接与基因有关，开展基因诊断，既可以达到病因诊断的准确性和原始性，又可使诊断工作达到针对性强、准确性高，简便快捷的目的。与传统诊断手段相比，基因诊断能更早发现疾病的隐患，也更可靠。目前，基因诊断检测的疾病主要有三大类：①感染性疾病的病原诊断：主要有结核病、柯萨奇 B_3 病毒感染的心肌炎、乙型肝炎病毒（hepatitis B virus，HBV）、丙型肝炎病毒（hepatitis C virus，HCV）、人类免疫缺陷病毒（human immunodeficiency virus，HIV）等；②各种肿瘤的生物学特性的判断：主要有胃癌、乳腺癌、大肠癌、骨肿瘤、视网膜母细胞瘤等；③遗传病的基因异常分析：主要有苯丙酮尿症、地中海贫血、糖尿病、血友病、亨廷顿舞蹈病、进行性肌营养不良等。

广义的基因诊断称为基因检测（genetic test），其中包括针对新生儿的基因筛查，以及针对普通人群的症状前检测，这种检测可用于预测一些成年后才发病的疾病（如亨廷顿病、癌症或糖尿病等代谢性疾病）。基因检测的目的在于确定引起疾病或与疾病的相关基因；基因检测的好处是促进疾病的诊断、疾病遗传易感性的早期检测、为开展基因治疗以及药物基因组学的“定制药物”奠定基础。

（三）基因治疗

基因治疗（gene therapy）指的在 DNA 水平上对异常基因进行修饰以达到纠正基因缺

陷所导致的一系列病理生理的治疗，包含治疗和预防两层含义。

目前，基因治疗的方法包括两种：①体内法，指的是直接将目的基因导入体细胞，此法相对简单，但转导效率不高，基因表达短暂；②体外法，是指从机体内取出靶细胞，在体外进行培养并插入目的基因，然后将这种经过修饰的细胞移植回患者体内，此种方法转导效率高，并能以稳定的方式表达基因产物。

基因治疗包括三种基本类型：①基因修正，指对有缺陷的基因进行原位修复；②基因替换，指用正常的外源基因来替换有缺陷的基因；③基因增补，指不需要去除异常基因，而是另外转入与缺陷基因同源的有功能的基因来弥补功能缺陷。

严格意义上的基因治疗应满足以下四个条件：①作用对象是人（患者）；②所选用的物质对象为核酸；③治疗机制在于影响基因的表达；④对疾病相关基因应具有高度的选择性。

基因治疗的实质是将具有治疗作用的基因简便、安全、靶向地转入病变组织细胞中，因而基因转移技术是决定基因治疗成败的关键。基因治疗的根本目的是治疗人类疾病，不是增强人类的某些功能，因此转移的目的基因都是疾病相关基因。目前，所采用的基因转移方法是转移基因在受体细胞组随机整合，使整合部位被取代的基因失去功能，这种方法有可能影响相邻基因的表达。

二、基因诊断和基因治疗的伦理问题

（一）基因诊断引发的伦理问题

1. 基因功能判定问题 在基因研究中，某些基因被看作“致病基因”“有害基因”，发现它们在另一种情况下也会对机体起保护作用，如H基因，有两条这种基因的就是镰状细胞性贫血患者，而有一条这种基因的就是携带者，但他们比普通人更能在疟疾猖獗的环境中生存，能提高对疟疾的免疫力。这样一来，又将如何确定基因的好坏，是否剔除所谓的“缺陷基因”呢？若对未出生的胎儿进行遗传检测，尽管可以实现准确的产前诊断，以确定胎儿是否携带缺陷基因，但是我们对携带遗传病或将来可能发病基因的胎儿是该继续保留还是舍弃呢？又有多少胎儿完全没有携带缺陷基因呢？

2. 基因歧视问题 基因诊断可以检测出一个人的基因特征，假如对普通人实施基因检测成为常规，那么人们是否会因自己生而有之的基因特征或基因缺陷而受到歧视呢？有报道称有的国家的不少公司已开始对其职员或求职者进行基因检测；某些研究机构正着手建立所谓的“智力基因库”。这类事情如果处理不当能保证不发生如下社会问题吗？如因携带缺陷基因而招致保险公司拒绝投保、公司招聘不予录用、追求配偶不予选择等。检测后的基因信息不仅会影响个人，也会影响家庭和社会，甚至有人预测将会引起基因歧视浪潮。

3. 基因隐私和保密问题 反映一个人的生命奥秘的基因图谱正在改变着我们传统的“隐私权”的含义。基因诊断可识别正常基因，特别是在人类基因组计划完成后，根据个体基因谱，在人们一出生就可以预测将来的疾病倾向、发育状况和智能水平，这都涉及基因隐私权的保护。这样做的原因不仅仅是为了患者自己的利益，也是为了患者家庭和亲属的利益。如果通过基因诊断患者携带缺陷基因甚至致病基因被泄露，有可能使其在升学、就业、投保、婚姻等方面受到社会歧视，沦为“基因贱民”，而另一些人因占有某些“优势”基因而傲视人群。在很多情况下，遗传信息对患者本人及其亲属都非常重要，应建议患者将其有关信息告知其亲属，以便使他们知道相关的遗传疾病风险。

因此，尽管基因诊断有许多潜在的益处，但是目前推广使用基因诊断方法是否合适，在伦理学上还值得商榷。

（二）基因治疗引发的伦理问题

1. 技术和疗效的不确定性问题 基因治疗是通过 DNA 水平的操作而达到治疗或预防疾病的目的，对生物系统的操作不同于物理和化学手段，医师无法确保绝对的安全和理想的纠正效果，而且对最终的治疗效果还没有足够权威的医学统计和临床证据，医师不可能预先明确地判断基因治疗的效果。因此，基因治疗有可能会对患者及其后代带来难以预计的后果，错误一旦发生，从技术角度看，要想再加以纠正，也是非常困难，甚至是不可能的，这种错误甚至会影响到后代。

2. 医疗资源分配公平性问题 基因治疗的费用颇高，以单基因型家族性高胆固醇血症患者进行基因治疗为例，其费用高达 7.5 万美元，虽然治疗具有一定的效果却并不能彻底治愈疾病，这种高昂的投入和微薄的收益会带来两个问题：其一，基因治疗的代价问题。当许多人的基本医疗需求还得不到保障时，有没有必要花这么多的钱去研究和应用这项高精尖技术，即使是基因治疗的方法可以用于临床，真正受益者也只是少数富人；其二，基因治疗的公平性问题。由于应用该项技术的费用很高，那么穷人、没有医疗保障的人就可能因为缺钱而失去接受基因治疗的机会，这对于他们来说显然是不公平的。

3. 基因设计问题 随着基因组学研究的深入，一旦完全破译了人体遗传密码，揭示了人类生命的奥秘，就意味着人类同时获得了重新设计自己的能力。所谓基因设计就是人类用基因来编制理想的自我及后代，如植入人体以控制肥胖基因使之保持较好的身材，植入人体生长激素基因使之长成大个子，植入人体高智能基因使之成为智力超群的科学家等。这就涉及一个更深层次的问题：如何理解医学的价值和终极目标，即医学的目的仅仅是治疗疾病和弥补缺陷，还是按照人们的理想去制造"超人"？而今，体细胞基因治疗只是通过替代的方法弥补原有细胞功能缺陷，而并不对异常基因进行修复，有缺陷的基因仍然存在于患者细胞内，这就使原本可以被自然淘汰的基因留存在人类基因库中，继续传给后代，导致人类的退化。生殖细胞基因治疗，增强细胞基因工程和优生基因工程都涉及后代遗传责任问题，假如由于生殖细胞基因改变或增强基因插入导致非人类的性状特征出现或产生人种变异，那将是人类极大的悲哀。

三、基因诊断与基因治疗的伦理原则

1. 坚持科学性原则 开展基因诊断、治疗必须要有严谨的科学态度，决不可急功近利，更不能为了经济利益而给患者带来痛苦和伤害，只有尊重科学规律，才能切实保障并维护患者利益。在临床上，必须具备下列条件才能进行基因治疗：①具有合适的靶基因，即作为替代、恢复或调控的目标基因；②具有合适的靶细胞，即接受靶基因的细胞；③具有高效专一的基因转移方法，以便外源靶基因导入靶细胞内；④基因转移后对组织细胞无害；⑤在动物模型实验中具有安全有效的治疗效果；⑥过渡到临床试验或应用前需向国家有关审批部门报批。总之，整个基因治疗实施过程必须符合医疗规范和伦理规范。

2. 坚持保密和公正公平原则 通过基因诊断可以发现人的基因缺陷，出于人格尊严与平等的考虑，医务人员应对患者的基因隐私予以保密，以防患者因其基因信息被泄漏而遭到歧视，得到不公平对待。医务人员应该像对待携带正常基因的健康人一样，平等地对待携带缺陷基因的患者，尊重其人格和权利，坚决反对基因歧视。而且不能把患者仅仅作为治疗或实验的对象，更不能为某种利益或压力而损害患者利益。基因技术的应用，不应该给患者、当事人、受试者以及利益相关者造成伤害，那种打着改良人种的幌子，滥用基因技术，危害人类的行为是极不道德的。

3. 坚持知情同意原则 实施基因诊断和治疗，医务人员出于对患者个人自主权的尊重，一定要向患者或其家属就研究与应用的性质、风险、效益等信息进行说明，让其充分了解有关信息，然后再做出是否接受基因诊断、治疗的决定。医务人员绝不可用蒙蔽、欺骗、压制等办法剥夺患者的知情选择权去实施基因诊断和治疗。发达国家的某些机构为了基因研究，曾经到发展中国家采集基因样本，但是对基因提供者隐瞒自己的研究目的，这种行为显然违背了知情同意原则，是不道德的。

4. 坚持最后选择原则 最后选择原则，也称优后原则，是指由于基因治疗的独特优势和技术上的不确定性和复杂性，某种疾病在所有疗法都无效或微效的最后阶段才考虑使用基因治疗。如排除某些遗传性疾病的扩散就可以通过传统的方法（包括预防和治疗），甚至是不太艰难的婚前检查，而无须开展基因诊断。根据“最后选择原则”，基因治疗的主要病种为恶性肿瘤、神经系统疾病、遗传病、感染性疾病（如艾滋病）和心脑血管疾病等。绕过最后选择原则对本不该用基因治疗的患者使用基因疗法，是不合乎伦理的。

5. 坚持治病救人原则 基因诊疗技术的研究和应用只能是为了更有效地预防和治疗疾病、挽救人类生命，维护和增进人类健康，而期望通过植入一个补充的正常基因使人的某些特征得到所需要的改变，是不被允许的。为此，要解决好如下两个问题：首先，对基因治疗方案要有严格的审批程序并进行道德评价。基因治疗应限于没有其他方法可以治愈而通过基因治疗有治愈希望的疾病，不能用于人种的改良；必须对患者有益和有利于医学的发展；接受基因改造的只能是体细胞而非生殖细胞；必须经过相关部门的批准。其次，大力加强基因治疗的宣传普及工作，使公众对基因治疗的方法、原理、适应证、治疗效果与副作用等有一个全面的认识，使其克服对基因治疗目的的不当理解。如期望改变人类的某些特征、加进某些“聪明基因”“美人基因”等，这种非治疗性的增强基因工程运用（或滥用）会导致严重的社会伦理后果，给人类的发展造成巨大威胁。

第二节 人类胚胎干细胞研究和应用伦理

21 世纪是生命科学快速发展，干细胞及其衍生物组织器官的临床应用，预示着将战胜帕金森症、老年性痴呆、糖尿病等顽症，是人类最大科技成果之一，必将产生一种全新的治疗技术，是对传统医疗观念和医疗手段的革命性变革。干细胞的获得方式具有特殊性和未来应用的不可预测性，不可避免地会带来一系列的伦理问题，因此，建立干细胞研究和应用原则、准则来约束和规范研究者和应用者的行为是十分必要的。

一、人类胚胎干细胞研究和应用概述

（一）人类干细胞的概念和分类

干细胞（stem cell）是具有自我复制和多向分化潜能的原始细胞，是变成人体各种组

织和器官的原始细胞。人类干细胞是人体内一种独特的基本细胞类型，可以分化成各种专门的细胞或者组织，替代损伤组织，恢复组织结构和功能，可以用于治疗疾病和损伤。干细胞按其来源，可以分为成体干细胞和胚胎干细胞。

成体干细胞（adult stem cells）是指成体出生以后，为替代和修复机体丧失的细胞（如因疾病、损伤）或者正常死亡的细胞而产生的干细胞，成年动物的许多组织和器官，如表皮和造血系统，具有修复和再生的能力，成体干细胞在其中起着关键的作用。在特定条件下，成体干细胞或产生新的干细胞，或按一定的程序分化，形成新的功能细胞，从而使组织和器官保持生长与衰退的动态平衡。

胚胎干细胞（embryonic stem cells，ES）是一种胚胎发育早期，能够在体外培养高度未分化的细胞，具有不断自我复制及多向分化增殖能力，可以无限增殖及诱导分化成机体几乎所有类型的细胞。当受精卵分裂发育成囊胚时，内层细胞团的细胞即为胚胎干细胞，胚胎干细胞是受精后大5～7天期间未分化细胞。胚胎干细胞可以分为三种类型：

（1）全能干细胞：它具有形成完整个体的分化潜能。受精卵和合子经数次分裂，产生216种不同的细胞形式组成整个人体，受精卵和它前三次分裂产生的8个细胞每个都有能力发展成一个完整的人体。这样的细胞被称作“全能细胞”。全能干细胞只能通过胚胎获取。

（2）多能干细胞：最基本的多能干细胞存在于早期胚胎中，它具有分化出多种细胞组织的潜能，但却失去了发育成完整个体的能力。

（3）专能干细胞：是与特定器官和特定功能相关的一类干细胞，只能向一种类型或密切相关的两种类型的细胞分化。在有些成熟组织中存在有少量部分分化的干细胞，这些有能力形成数量有限的专门细胞的干细胞被称为专能干细胞。其功能是取代那些损耗和受损的完全分化的细胞，如骨髓干细胞补充不同类型的血细胞。

（二）人类胚胎干细胞研究的发展

干细胞的动物试验开始较早，斯蒂文斯等在1958年就对畸形瘤干细胞和胚胎肿瘤细胞进行了研究。人胚胎干细胞研究进入20世纪90年代才有报道，1996年吉贝利生产了产生类似人类ES细胞。1998年11月，美国科学家在美国杂志《科学》报道说，他们已成功地使用人工授精并在体外发育到1周龄的囊胚，建立5株能在体外培养中长期传代的胚胎干细胞（多能干细胞）。这使科学家们看到了可在体外人工诱导干细胞分化而获得所需的不同细胞、组织和器官，取代患者体内的坏损组织、器官，因而在多种疾病治疗上有巨大应用前景，带动了全世界的胚胎干细胞的研究热潮。

我国的胚胎干细胞研究也取得了很多成就：1998年广东中山医科大学首次在国际上报道了“人体干细胞体外分离培养成功”，2001年国内建立了第一个中国人胚胎干细胞系。虽然整个研究尚处于刚刚开始的阶段，但目前国内研究在两个方面已经处于世界领先水平：一是利用于细胞治疗糖尿病动物试验已经完成，二是将干细胞技术应用于人的角膜移植。20世纪90年代以来，外周血和脐血干细胞移植也逐步普及应用于治疗肿瘤和血液病，我国现也已掌握了脐血干细胞分离、纯化、冷冻保存以及复苏的一整套技术，并且许多省市都建立了脐血库。

（三）人类胚胎干细胞应用的现状

人类胚胎干细胞研究在临床医学、组织工程、克隆动物、转基因工程等领域具有重要的理论价值与实践意义，可应用于体外研究人胚胎的发生发育、非正常发育（通过改变细胞系的靶基因）、新人类基因的发现、药物筛选和致畸实验，以及作为组织移植、细胞治疗和基因治疗的细胞源等。

人类胚胎干细脑的研究方法主要是采用细胞核移植克隆技术，通过该项技术首先获取干细胞，然后将其培育成移植用的细胞、组织或器官。这项技术目前主要被用来治疗疾病和修复损伤的组织，在医疗上被普遍认为具有重要的应用前景。如从糖尿病的患者身上任何部位取下一些体细胞，通过细胞核移植克隆技术，将其体细胞核显微注射到去核的人卵细胞中，通过电击诱导这个改良的卵子加以复制，5～7 天后便可培育出与供者遗传物质完全相同的胚胎干细胞，然后在体外诱导它产生胰岛细胞，再移植到发病部位，则能够修复患者受损的器官，治疗糖尿病。据报载，目前全球科技界已经以毁坏性方式从胚胎中取得了约 60 种不同基因的干细胞系，这些细胞能无限地复制，它们为等待组织、器官移植的患者带来了巨大的希望。

由于移植细胞与患者的基因完全相同，不会产生通常器官移植中的免疫排斥反应，修复的组织或器官将良好地履行职责，无须使用免疫抑制剂。利用胚胎干细胞培育出的组织和器官对治疗癌症和多种因遗传缺陷、疾病或损伤所导致的细胞或组织缺损与功能障碍，尤其在心肌梗死、心肌坏死、脊髓损伤、白血病等顽症的治疗方面，具有广阔的应用前景。而引发这场“医学革命”的关键技术——人胚胎干细胞技术已经出现，将随着人胚胎干细胞研究的深入而逐步完善，但因此而生出诸多的伦理争论，探讨其伦理问题。

二、人类胚胎干细胞研究和应用的伦理问题

人类胚胎干细胞研究与胚胎伦理地位、克隆人等一系列敏感问题有着密切联系，伦理争论的焦点集中在胚胎的伦理地位、来源和人类胚胎干细胞研究是否会滑向生殖性克隆问题上。

（一）胚胎的伦理地位问题

在人类胚胎干细胞研究中，胚胎具有何种道德地位？关于胚胎的道德地位问题，在美国 1973 年罗伊诉韦德案中就开始引起激烈争论。关于人类胚胎道德地位的观点主要有三种：①从生物性来界定胚胎的道德地位，受精卵就是人的生命；②从理性功能来界定胚胎的道德地位，胚胎不是人；③从人的潜能性来界定胚胎的道德地位，胚胎在 14 天后出现原始脊索条纹，才开始了向各个组织和器官发育的分化活动，也意味着这时的胚胎具有了一种发育为一个独一无二人类个体的能力。在这些争论中，人们常常把社会人和生理意义上的人区分开来。一般认为，胚胎尽管是生物意义上的人，但并不满足作为人之位格的某些标准，因而并不具有完全意义上的人的道德地位。因此，目前的人类胚胎干细胞研究领域中通常采用的一个标准就是：实验研究只可以用 14 天以内的人类胚胎，这时人类胚胎还只是一个球状的胚泡，没有神经系统和大脑，既无知觉也无感觉，尚属于一般的生物细胞，还称不上道德意义上的人。另外，以治疗为目的的人类胚胎干细胞研究，包括胚胎分离和培养干细胞，并不意味着对胚胎的不道德和不尊重。即便如此，也必须遵循严格的伦

理规范，经过严格的伦理程序。

（二）人类胚胎干细胞的来源是否合乎伦理和法律的问题

目前人类胎胚干细胞主要有以下五个来源：①用选择流产的人类胚胎组织产生；②用不孕症治疗后的剩余胚胎组织产生；③用以研究为目的捐献配子体外受精的胚胎产生；④应用体细胞核移植技术产生，即把患者的体细胞核取出转入去核的卵细胞中，在体外发育成一个胚胎；⑤应用嵌合体胚胎：把人的体细胞核移植入动物的卵泡中产生嵌合体，从而解决了人类卵子有限和获取困难的问题。

尽管人类胚胎干细胞有着巨大的医学应用潜力，但围绕该研究的伦理道德问题也随之出现。这些问题争论的焦点就是人类胚胎干细胞的来源是否合乎法律及道德？应用过程中所产生的伦理及法律问题该如何处理？赞成胚胎干细胞研究的人认为，科学家并没有杀死胚胎，而只是改变了其命运，尤其是那些辅助生殖剩余的胚胎，与将其抛弃相比，不如利用它进行研究，以利于科学发展和人类健康。此外，由于胚胎干细胞只是胚泡中的内细胞群，没有滋养层的支持，不可能独立发育成胎儿，所以他们不是胚胎，因此胚胎干细胞研究并不违反伦理道德。也有一些科学家用体细胞核转移的方法生成胚泡，然后分离培养多能干细胞系，他们认为既然实验用的卵细胞是去核和未受精的，无不同个体的遗传物质融合，从而未发生受精过程，所以用这种方法制造的干细胞并不违反道德和伦理准则。而反对者则认为，从胚胎中搜集胚胎干细胞是不道德的，因为人的胚胎也是生命的一种形式，无论目的如何高尚，破坏胚胎是对生命的不尊重，是无法容忍的；有些人担心，为获得更多的细胞系，有些公司会资助体外受精获得囊胚及人工流产获得胎儿组织，可能导致人工流产的泛滥；还有人认为，如果胚胎干细胞和胚胎生殖细胞可以作为细胞系通过买卖获取，将会对传统伦理道德产生巨大冲击。

选择不孕症治疗剩余的胚胎作为胚胎干细胞研究的来源相对来说是最好的，但对来源要做如下限制：捐献者自主决定是否继续存储胚胎或捐献给另外夫妇；捐献者销毁的决定先于捐献给研究；捐献者的决定不能是强迫的；不许有预先设计地获得胚胎；不能买卖胚胎；应以最少量的胚胎用于最重要的研究；研究者不得在治疗不孕症时有目的地增加植入胚胎的数量和增加配子等。从国外进口的胚胎要符合国内的管理规定。捐献必须要强调知情同意，而且最好妇女及丈夫都要有知情同意，使他们确知怎样处置自己的胚胎，以避免被强迫和利诱。知情同意应告知：胚胎干细胞研究对胚胎捐献者不提供利益；拒绝和同意捐献胚胎都不影响将来的治疗和护理；告知目前此胚胎正在进行干细胞研究领域的一般情况和目前干细胞的特殊研究课题；告知此胚胎研究资金来源和商业利益；告知此胚胎将不会移植入任何妇女的子宫中，并且告知研究包括要销毁这个胚胎的情况。

（三）是否会滑向生殖性克隆的问题

胚胎干细胞研究也就是指治疗性克隆，和生殖性克隆的原理完全相同，均采用核移植方式，制造囊胚并从中获取胚胎干细胞技术。反对胚胎干细胞研究者认为，治疗性克隆与生殖性克隆的原理完全相同，获取人类胚胎干细胞必然会滑向生殖性克隆，成为克隆人的第一步；并且认为单纯为研究目的而用克隆技术创造一个胚胎，无异于将胚胎视为一个工具，而抹杀了生命的尊严和价值。赞成者则认为，虽然治疗性克隆与生殖性克隆第一步都要利用细胞核移植技术，将其他细胞的遗传物质注入卵细胞，让其生长并分裂，直至形成所谓的胚囊，实验者提取出干细胞后就会将胚囊摧毁，不会将它植入人体，用这种办法获取的干细胞虽然能形成多种组织，但干细胞自身不会发育成人。也就是说，两种研究的后续发展及结果大不相同，生殖性克隆制造的是活生生的人，其遗传背景是一个与细胞供者几乎相同的完整的胚胎；而胚胎干细胞是通过克隆技术获得早期胚囊，从中提出干细胞分化成各种组织和器官，用于治疗人类疾病所需的且不易使患者产生排斥反应的替代细胞、组织或器官。

那么治疗性克隆（胚胎干细胞研究）是否可能滑向生殖性克隆呢？这种争论在世界不同国家关于人类胚胎干细胞研究的态度上得到集中体现。在联合国大会《禁止生殖性克隆人公约》的研讨会上，美国、西班牙等国家要求公约禁止一切包含人类胚胎研究的克隆研究，他们认为如果不禁止治疗性克隆，那么将可能出现以科研试验为借口而滑向生殖性克隆；而包括我国和世界卫生组织在内许多国家主张，在坚决反对生殖性克隆的同时，应区别对待治疗性克隆技术。我们不能容许科学研究损害人类尊严的做法，但同时也不能因噎废食，禁止可能造福于人类的医学研究与实践。

三、人类胚胎干细胞研究和应用的伦理原则

为了使我国生物医学领域人胚胎干细胞研究符合生命伦理规范，保证国际公认的生命伦理准则和我国的相关规定得到尊重和遵守，促进人胚胎干细胞研究的健康发展，2003 年 12 月 24 日科技部和卫生部联合下发了《人胚胎干细胞研究伦理指导原则》，提出了相应的伦理要求和原则，共 12 条，主要内容概括如下：

1. 禁止进行生殖性克隆 人类胚胎干细胞研究中会涉及体细胞核转移技术，运用人的体细胞核与去核卵细胞结合，形成研究用实验胚胎，从中取得胚胎干细胞用于基础研究，该技术路线与生殖性克隆早期是一致的，因此应特别注意严格伦理评审和监督。

2. 严格控制胚胎干细胞来源 用于研究的人胚胎干细胞只能通过下列方式获得：①体外受精时多余的配子或囊胚；②自然或自愿选择流产的胎儿细胞；③体细胞核移植技术所获得的囊胚和单性分裂囊胚；④自愿捐献的生殖细胞。

3. 严格开展对待胚胎实验 利用体外受精、体细胞核移植、单性复制技术或遗传修饰获得的囊胚，其体外培养期限自受精或核移植开始不得超过 14 天，不得将已用于研究的人囊胚植入人或任何其他动物的生殖系统。不得将人的生殖细胞与其他物种的生殖细胞结合。

4. 严禁商业化 应提倡捐赠进行人类胚胎干细胞研究所需的组织和细胞，禁止买卖人类配子、受精卵、胚胎或胎儿组织。

5. 贯彻知情同意和知情选择原则 进行人类胚胎干细胞研究，必须认真贯彻知情同意与知情选择原则，签署知情同意书，保护受试者的隐私。知情同意和知情选择是指研究人员应当在实验前，用准确、清晰、通俗的语言向受试者如实告知有关实验的预期目的和可能产生的后果和风险，获得他们的同意并签署知情同意书。同样，将来在将干细胞研究用于临床时，也必须将有关信息告知受试患者及其家属，获得他们的自由同意，并给予保密。

6. 严格审查监控原则 从事人类胚胎干细胞的研究单位应成立包括生物学、医学、法律或社会学等有关方面的研究和管理人员组成的伦理委员会，其职责是对人类胚胎干细胞研究的伦理学及科学性进行综合审查、咨询与监督。务必使人类胚胎干细胞研究符合国际

上有关的章程、宣言或准则，符合我国的有关政策法规，以切实服务于人类健康。

第三节　克隆技术研究与应用伦理

一、克隆技术概述

克隆（clone）即无性生殖，又被称为无性繁殖，是指利用生物技术由无性生殖产生与原个体有完全相同基因组之后代的过程。通常把人工遗传操作动物繁殖的过程称为克隆，这门生物技术称为克隆技术，在现代生物学中被称为“生物放大技术”，主要是将高等生物的干细胞经过特殊培养，采用无性繁殖的手段，依靠细胞分裂和遗传信息的自我复制能力，人为地创造出新的生物个体。1963年霍尔丹（J.B.S.Haldane）在题为“人类种族在未来2万年的生物可能性”的演讲上采用“克隆（clone）”的术语。

克隆技术同整个生物界的进程一样，也是由低级到高级、由简单到复杂不断发展和进步的，可分为三个时期：第一个时期是微生物克隆，如把一个细菌很快复制出成千上万个和它一模一样的细菌群落；第二个时期是生物分子克隆，如把某个生物基因拼接到另一质粒分子上，经克隆而得到重组DNA分子的无性系；第三个时期是动物克隆，通过细胞核转移到另一个动物的细胞（通常是去核的卵细胞）中，克隆出新的动物个体。

德国的汉斯·施佩曼在1938年最先提出采用细胞核移植技术克隆动物的设想，即从发育到后期的胚胎（成熟或未成熟的胚胎均可）中取出细胞核，将其移植到一个卵子中。这一设想是现在克隆动物的基本途径。1981年，剑桥大学的一个研究组用延迟着床的胚胎内细胞团分出胚胎干细胞系供核，成功地克隆出动物。1996年英国罗斯林研究所报道了采用“体细胞核移植”技术的克隆羊多利（Dolly又有译为桃莉、多莉）的诞生，突破了以往只能用胚胎细胞进行动物克隆的技术难关，首次实现了用体细胞进行动物克隆的目标，标志着生命高科技水平已经进入一个崭新的阶段。2001年美国马萨诸塞州先进细胞技术公司宣布已经克隆出了人类早期胚胎。2002年雷尔教派资助成立的“克隆援助”公司首席科学家布里吉特·布瓦瑟利耶在美国佛罗里达州举行新闻发布会上宣称世界首个克隆女婴“夏娃”已经出生。

根据克隆技术的新进展，克隆可分为：①胚胎细胞克隆，指用胚胎细胞移植的方法，包括胚胎细胞和胚胎干细胞移植，以克隆出新的个体；②体细胞克隆，指将体细胞核移植到去核卵细胞质中，以克隆出新的个体。它包括同种体细胞克隆和异种体细胞克隆两个方面。

根据克隆技术的应用目的，克隆可分为：①生殖性克隆，指用无性繁殖的手段制造出与供体遗传上完全相同的动物或人。目的是产生一个独立生存的个体；②治疗性克隆，又称为研究性克隆，是指用人的体细胞克隆出胚胎，目的是获取具有分化能力的胚胎干细胞——胚胎，或原始生殖细胞经体外分化抑制培养筛选出的具有发育全能性的细胞，人们可以利用这些胚胎干细胞克隆出人类所需要的组织或器官。

二、克隆技术研究与应用的伦理问题

克隆技术作为生物工程的关键性技术，在基础生命科学、医学、农业科学研究与生产中，具有广阔的应用前景。利用克隆技术可以促进生命科学基础研究纵深发展，在抢救珍奇濒危动物、扩大良种动物群体、提供足量实验动物、推进转基因动物研究、攻克遗传性疾病、研制高水平新药、生产可供人移植的内脏器官等研究中发挥作用等。但将克隆技术的研究应用到人类自身的繁殖上，将会产生怎样的后果，引发了持续多年的伦理争议。

（一）赞成者的论点

1. 克隆有助于人充分享有生殖权　生育权是许多国家的法律所明确规定的公民基本权利之一，克隆是生殖的一种形式。如果夫妇双方丧失生育能力及无法通过人工辅助生殖技术生育后代，而他们又想要一个和自己在遗传上相关的孩子，克隆就成为解决这个问题唯一的办法。另外，当患有严重遗传疾病的一对夫妇有可能通过有性生殖将严重遗传疾病传给下一代时，他们有权选择克隆来避免后代的遗传病。因此，克隆技术适用于不孕不育或有严重遗传性疾病不能通过有性生殖要孩子的夫妇，让他们也同等享有生育权。

2. 克隆不是完全复制现存的人，可以给孩子带来开放性的未来　生殖性克隆只是复制了一个人的基因型，而一个完整的“人”只有一部分特征是由基因决定的，其他的则取决于非遗传因素，如生活环境的影响、个人经历以及基于自由意志的个人决定等，是不能被生殖性克隆所复制。克隆出来的孩子不会拥有其成年亲本的记忆，不一定会继承供体的个性、外表、欲求。因为这些品质主要取决于其本人的童年经历、所选择的塑造性格的活动、教育以及社会关系。任何克隆所生的成年人都将具有自由意志，能为自己的性选择、健康行为、学习成绩、朋友选择以及职业选择承担责任。另外，基因的设定可能暗含着父母对孩子的某种期望，但是这并不意味着会限制孩子未来的开放性，还要依靠父母的培养和教育。

3. 克隆人有利于疾病治疗或器官移植　干细胞研究将给患有不治之症的患者带来生的希望，要用干细胞治疗必须使用核细胞转移技术，即治疗性克隆，其潜在利益和发展前景巨大，会给许多患者带来福音；另外，如果克隆每个人出生时的胚胎，并冷冻起来，需要时产生备用器官利用，可有效解决器官移植过程中的排斥反应难题和供移植的器官严重缺乏的难题。人类胚胎伦理地位不妨碍有控制地利用胚胎达到治病救人的人道主义目的。

（二）反对者的论点

1. 克隆人是对人权和人的尊严的挑战　人不仅是自然人，还是有价值观念的社会人，因此人具有双重属性，是生物、心理和社会的集合体。而克隆人只是与他的亲本有着相同基因组的复制体，是一个丧失自我的人，而非完整的人。我们只把克隆人当作手段、工具，这将严重违反人权，危害人类尊严。1997 年法国国家伦理咨询委员会在答复共和国总统关于生殖性克隆技术的报告中认为：“人类用一种求助于克隆技术的生殖方法来取代生育，在生物学、象征性和哲学方面构成了一种严重损害人的尊严的重大决裂。”1997 年 11 月联合国教科文组织《世界人类基因与人权宣言》中规定：基于教科文组织宪章宣言“互相尊重人的尊严、平等这一民主原则”，不允许进行与人类尊严相违背的做法，如生殖性克隆人。

2. 克隆人违反生物进化的自然发展规律　自然界生命繁殖开始时都是无性的，后来才发展成为有性的，这是生物进化的规律。从有性繁殖回到无性繁殖，这是违反自然进化规律的。从遗传和进化的角度来看，通过父母的精卵结合使父母双方的遗传基因相混合，能使子女在质量上超过父母，而单靠体细胞克隆人，后代的质量根本无法超过前代，群体里的每个个体都一样，导致人类基因库的单一性，丧失多样性，人类的进化又从何谈起，而且还可能会诱发人类无法控制的新型疾病的传播，从而增大了人类被消灭的风险。另外，任何生物为了生存，都依赖自身的调节和适应机制与自然环境取得某种平衡，而克隆人将导致人类的局部利益与整体利益之间、眼前利益与长远利益之间的矛盾不能正确缓解，导致人口与资源严重的不平衡状态，必然给人类社会带来新的动荡和纷争，最终将危及全人类的生存和发展的根本利益。

3. 克隆人将扰乱传统的社会关系 首先，克隆人的身份难以确定。克隆人的出现将彻底搞乱代际关系和家庭伦理定位，克隆人过程中可以出现体细胞核供者、卵细胞供者及孕育者三位生物学父母，以及抚养者社会学父母的多种选择，克隆人与被克隆者只是生物学上复制，人类世代的传承也将被打破，家庭伦理关系含混不清。其次，传统的婚姻家庭关系将解体。尽管当今世界出现了多样化家庭类型，但一夫一妻和子女所组成的核心家庭，仍然是这个世界家庭的主要形式。传统人类的生育模式是两性生殖，缺少男女一方都不可能实现，而克隆人只要有女性存在，人的生殖繁衍就可继续，即能提供成熟卵细胞和子宫，男性对人类的繁衍将不再是必要的因素，由此一夫一妻的核心家庭结构和相应的伦理规范也将面临解体。第三，社会结构将遭受巨大冲击。传统的生育模式中男女性别比例基本是 1∶1，而克隆人可以事先明确知道性别，这在性别有偏见的地区和家庭将会导致性别比例失调，甚至有人借此建立男权或者女权社会，从而引发相应的社会问题。

4. 克隆人本身面临健康的威胁 从生理上来说，克隆人基因复制于原型，可能会出现原型的所有先天生理缺陷，患有原型身上与基因有关的所有疾病；从心理上来说，因其生理性状预先完全受到人为的控制，社会生活中悲观心理和宿命感可能比自然生育的人更强烈。

5. 克隆技术的安全性也值得怀疑 体细胞核移植的克隆技术涉及亚细胞水平的操作，这种亚细胞水平的操作与体外受精那样的细胞水平操作相比较，偶然损失核内遗传物质的风险显然远高于后者。克隆羊多莉是英国科学家经历了 227 次失败后才获得成功的一例，而克隆羊多莉的早衰致死亡证明了运用克隆技术克隆高等哺乳动物的安全性并未解决。有统计表明，在动物自然繁殖的情况下，胚胎出现基因异常的比例不足 1%，试管繁殖出现基因异常的比例是 15%，而克隆繁殖出现基因异常的比例要超过 40%，甚至危及代孕母亲的生命。即使成功，生殖性克隆也将带来人与人、人与其他物种、人与自然环境等关系的不确定性。

三、克隆技术研究与应用的伦理原则

（一）不伤害原则

不伤害原则是要求行为主体在从事克隆技术研究和应用时，应尽最大的努力避免伤害发生或把伤害控制在一定限度。科技手段造成伤害不仅彻底背离生命科技和医学为人的健康服务的宗旨，也将侵犯到人的基本权利。因此，不伤害原则是生命伦理最基本的原则和义务，任何人任何时候都不能以任何借口来利用生物医学技术伤害任何人。所以说不伤害的道德义务具有某种绝对性，属于生命伦理体系中的底线伦理。不伤害他人的生命和健康既是最低的道德要求，又是最普遍的道德要求，是处理人与人关系最起码的行为准则，也是人道主义的核心原则，因而它具有作为底线伦理的绝对优先权。

（二）有利原则

有利原则是指行为主体在从事克隆技术研究和应用时，本着对人类健康、人类生存发展有利的目的下开展研究和运用。无性生殖主要是帮助生育能力存在缺陷或功能不完善的人，以及有严重遗传疾病的人而实施的，而且还必须是在合法原则下进行。不得滥用无性生殖技术，导致人类出现法律上和伦理道德上的混乱。在此前提下，我们才能进而追求有利于生命、尊重生命、实现社会公正等其他价值目标，才能进一步要求行为主体履行积极的道德义务。

（三）尊重原则

尊重原则指在从事克隆技术的研究和应用中，要尊重科学规律和尊重受试者的人格及其各种权利。在从事克隆技术的研究和应用中，首先要尊重的就是科学的理论和科学的规律；不能为了研究者的个人名利而背离科学和规律的精神，搞虚假的东西；其次，要在为接受无性生殖帮助的人进行无性生殖研究试验时，尊重试验者的人格和其他各个方面权利，并且严格限制试验范围，不得违反国家相关的法规限制。进行“生殖克隆人”实验是一种超范围、不负责任的行为，是违背尊重原则的。事实上，从国际国内看，无论是支持还是反对克隆人，只要能理智、科学地认识生殖性克隆的现状，正视克隆技术远未成熟而导致的大量失败，那么在技术尚未成熟前，禁止克隆人是能够形成普遍共识的。再次，尊重原则就是尊重现有的相关法规。2003 年 11 月，我国卫生部发布了十项禁令，严禁克隆人和单身妇女通过手术怀孕，修订了人类辅助生殖技术与人类精子库相关技术规范、基本标准和伦理原则，进一步表达了我国政府反对克隆人的态度。

（四）公正原则

公正原则就是在从事研究和运用克隆技术时，对于一些有限的资源的利用应该本着公平的要求进行分配。对于一种刚出现不久的高技术的运用，往往是不能普及的，不是所有人都能比较轻易地享受或获得的，在实施克隆技术研究和应用时，应该遵守一定的规范，公正使用克隆技术，不得把这种技术用来为少数人的名利而服务，应该是公正地为人类共同利益而服务。

参考文献

阿尔贝特·史怀泽，1992. 敬畏生命. 陈泽环，译. 上海：上海社会科学出版社.
阿拉斯代尔·麦金太尔，1955. 德性之后. 龚群，译. 北京：中国社会科学出版社.
丁玉宝，2013. 和谐社会视野下医患关系研究. 济南：山东师范大学出版社.
杜治政，1985. 医学伦理学纲要. 南昌：江西人民出版社.
杜治政，2000. 医学伦理学新探. 郑州：河南医科大学出版社.
恩格尔哈特，1996. 生命伦理学基础. 范瑞平，译. 长沙：湖南科学技术出版社.
樊明胜，张金钟，2009. 医学伦理学. 北京：中国中医药出版社.
何兆雄，1998. 中国医德史. 上海：上海医科大学出版社.
何兆雄，1985. 医学伦理学概论. 南京：江苏科学技术出版社.
侯胜田，张永康，2014. 主要医患沟通模式及 6S 延伸模式探讨. 医学与哲学（A），35（1）：54-57.
桓煜，2010. 社会工作视角下和谐医患关系构建. 郑州大学出版社.
李盈，2013. 从哲学视角看和谐医患关系的构建. 兰州：西北师范大学出版社.
李正关，冷明祥，2009. 医患关系研究进展综述. 中国医院管理，29（3）：40-43.
刘平，2014. 医患沟通与医患沟通现状及促进策略的综述. 重庆：重庆医科大学出版社.
鲁英，2006. 论医学人道主义的发展及其对医德建设的启示. 医学与社会，19（10）：27-29.
陆树程，2015. 论西方神圣思想及其当代价值. 医学与哲学（8）.
丘祥兴，孙福川，2007. 医学伦理学. 北京：人民卫生出版社.
邱仁宗，翟晓梅，2003. 生命伦理学概论. 北京：中国协和医科大学出版社.
邱仁宗，1987. 生命伦理学. 上海：上海人民出版社.
邱仁宗，1996. 生育健康与伦理学. 北京：北京医科大学、中国协和医科大学联合出版社.
尚俊芳，杨慧，王洪奇，2012. 医患沟通模式的比较研究. 医学与哲学，33（9）：71-73.
施卫星，何伦，黄钢，1998. 生物医学伦理学. 杭州：浙江教育出版社.
宋发彬，2011. 基于医患关系的医务人员法律地位研究. 武汉：华中科技大学出版社.
孙慕义，徐道喜，邵永生，2003. 新生命伦理学. 南京：东南大学出版社.
孙慕义，1999. 后现代卫生经济伦理学. 北京：人民出版社.
孙慕义，2008. 医学伦理学. 北京：高等教育出版社.
孙瑜，2014. 医患沟通管理研究. 北京：首都经济贸易大学出版社.
王艳，2007. 病人的权利保护. 长春：吉林大学出版社.
卫生部，2012. 医疗机构从业人员行为规范出版社.
魏俊丽，2010. 我国医患关系的双方认知比较研究. 武汉：华中科技大学出版社.
伍天章，2010. 医学伦理学. 北京：高等教育出版社.
轩萱，2010. 构建和谐医患关系研究. 上海：复旦大学.
杨桂，2000. 试论医学人道主义的价值. 中国医学伦理学，（1）：4.
杨利剑，2010. 论和谐医患关系的构建. 华中农业大学学报（社会科学版），8（6）：110-114.
叶莉华，2011. 医患沟通过程现状及其影响因素研究. 长沙：中南大学出版社.
约翰·罗尔斯，1988. 正义论. 何怀宏，译. 北京：中国社会科学出版社.
张昱洋，2013. 构建和谐医患关系的伦理思考. 曲阜：曲阜师范大学出版社.
张忠鲁，2003. 过度医疗一个紧迫的需要综合治理的医学问题. 医学与哲学，24（9）：1-9.
章琪，2013. 我国医患纠纷现状、根源与化解对策. 宁波：宁波大学出版社.
郑大喜，2006. 构建和谐医患关系的着力点——经济学视角的观察与思考. 光明日报，5（2）.
郑汉洲，2014. 和谐社会视域下和谐医患关系的构建研究. 赣州：江西理工大学.
中国医师协会，2011. 中国医师宣言.
周俊，何兆雄，1994. 外国医德史. 上海：上海医科大学出版社.
周俊亮，吴晓萍，2004. 试述医患关系的法律性质及其特殊性. 广西中医学院学报，7（2）：134-136.
朱开梅，2010. 医患沟通在防范和解决医疗纠纷中的作用. 医学与社会，23（10）：54-56.

张昱洋，2013. 构建和谐医患关系的伦理思考. 曲阜：曲阜师范大学出版社.

张忠鲁，2003. 过度医疗一个紧迫的需要综合治理的医学问题. 医学与哲学，24（9）：1-9.

章琪，2013. 我国医患纠纷现状、根源与化解对策. 宁波：宁波大学出版社.

郑大喜，2006. 构建和谐医患关系的着力点——经济学视角的观察与思考. 光明日报，5（2）.

郑汉洲，2014. 和谐社会视域下和谐医患关系的构建研究. 赣州：江西理工大学.

中国医师协会，2011. 中国医师宣言.

周俊，何兆雄，1994. 外国医德史. 上海：上海医科大学出版社.

周俊亮，吴晓萍，2004. 试述医患关系的法律性质及其特殊性. 广西中医学院学报，7（2）：134-136.

朱开梅，2010. 医患沟通在防范和解决医疗纠纷中的作用. 医学与社会，23（10）：54-56.